藤山一雄の博物館芸術

満洲国国立中央博物館副館長の夢

犬塚康博

inudzuka yasuhiro

共同文化社

藤山一雄の博物館芸術——満洲国国立中央博物館副館長の夢＊目次

藤山一雄の博物館芸術

――満洲国国立中央博物館副館長の夢

はじめに

藤山一雄は、一九三九年三月から一九四五年八月にかけて、満洲国国立中央博物館の副館長だった人である。六年半の短いあいだに藤山は、博物館の理論と実践を、精力的に展開した。それは、当時の日本人の、まったき白眉であった。

最初に、プロフィールを観ておこう。

渡満以前の藤山一雄（一八八九―一九二六年）

藤山一雄は、一八八九年四月一六日、藤山浅治郎と千賀の長男として、山口県玖珂郡神代村（現在の岩国市由宇町神東、図1）に誕生した。生まれつき病弱だったためその回復を期し、六歳から中学まで文楽の師匠豊沢雷助について、義太夫と太棹を習うとともに真言密教の教えも受け、意密、身密、口密の三密の業を学ぶ。この体験が、食生活への関心や著述活動などとなって

図1　家郷の景色

彼の生涯を通じ続いていったと言う。岩国中学校時代には、アメリカ人英語教師を介してキリスト教にも接する。やがて、ヨハネによる福音書の冒頭句と口密の関係に注目し、かつ空海入唐以前に景教が中国に到達していたことにも想像をたくましくして、「空海上人は日本人最初のクリスチャンなり[1]」という解釈にいたり、一九一九年、下関の日本基督教会で受洗する。

また、東京帝国大学法科大学経済学科在学中に藤山は、北海道に酪農指導に来ていたデンマーク人農家で労働従事することがあった。このとき彼が得たものは、酪農の知識や技術にとどまらず、彼らの生活に触れて、食生活の改善こそが新しい日本の創造にいたることを確信する。生活の合理性の追求であり、これを彼は「生活芸術」と呼んだ。この関心は、デンマーク農業の研究、ラルフ・ワ

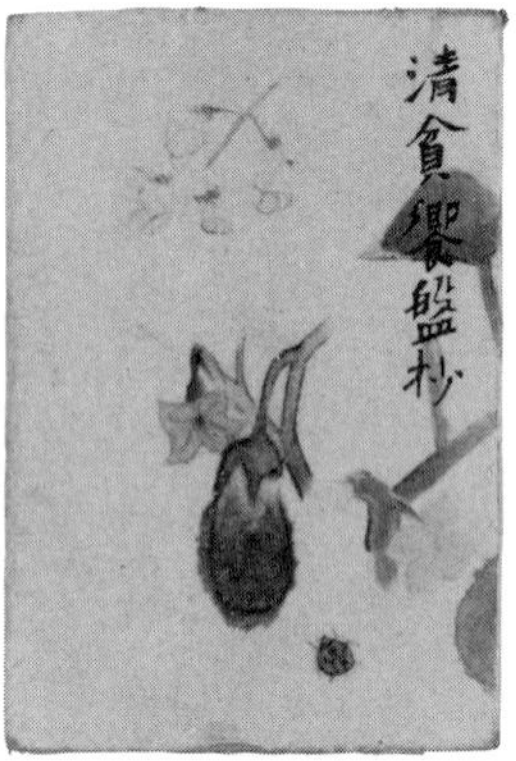

図2 『清貧饗盤抄』

図3 『住宅芸術』

ルド・エマソンならびにヘンリー・デイヴィッド・ソローへの傾倒となってゆく。六年間にわたる長門一宮（現在の下関市一の宮住吉）での生活は、ソローの『森の生活――ウォールデン』の試みであった。藤山は、この時期の思考と実践の記録を、自身の独立レーベル「壷南荘叢書」で出版してゆく。『清貧饗盤抄』（一九二五年、図2）と『住宅芸術』（一九二六年、図3）であり、さらにナショナル・ジオグラフィック・マガジンに掲載されたモーリス・フランシス・イーガンの"Denmark and Danes"の翻訳、村落経営論、衣裳論、教育論の続刊が予告されたが、果たされなかった。それは、一九二六年秋、藤山がこの生活にピリオドを打ち、大連に渡ったためである。そして渡満後の一二月、応募してあった毎日新聞の懸賞論文「五十年後の九州」で一等当選を果たす（図4）。藤山の生涯で大きな節目となる出来事であった。藤山一雄、三七歳の時のことである。

五十年後の九州
一等當選論文（一）
國際定期航空路の
大ステーション鹿兒島
大連 藤山一雄

図4　「五十年後の九州」新聞連載初回

満洲時代の藤山一雄（一九二六－一九四六年）

藤山一雄の満洲時代は、大連の福昌華工株式会社からはじまった。大連と営口における、中国人労働者の埠頭荷役をつかさどる、満鉄傍系の会社である。ここで藤山は、一方的な搾取―被搾取の関係を否定し、キリスト教的な愛による労使協調を考え、碧山荘における衣食住の保障や厚生施設として天徳寺を設置するなどしたが、上司からは社会主義的だと疎まれていたと言う。

一九二七年に藤山は、北満地方と蒙古地方を旅行し、満蒙経営に酪農が不可欠であることを確信する。給与生活を送る満鉄社員タイプの植民を批判し、先住の中国人やロシア人の生活と生産のスタイルに学ぶことを訴えた。この考えが当時の満鉄総裁山本条太郎の注意にとまり、その配慮で欧米視察旅行（一九二九－一九三〇年）をする。パレスチナの聖地巡礼、イギリスとドイツの港湾荷役作業および労働事情の調査、デンマークとスイスの農村での農業・教育などの社会調査を果たし、アメリカ経由で帰満した（図5）。

図5　太平洋上の藤山一雄

一九三二年に満洲事変が起こると、関東軍の要請で「満洲国独立宣言」文案を作成する。「かつて満州新聞に連載した〝群像ラオコーン〟のごときは、立派な作品で、多くの専門家から絶賛されたものである(2)」と星野直樹が伝えるように、新聞連載や雑誌寄稿をよくおこなっていた藤山の文才が、買われてのことであったらしい。しかし後の藤山の証言によれば、満洲のデンマーク化をうたいあげたが公表されたときはまったく改稿されていたと言う。また、石原莞爾の口述筆記をしたようなものだったとも。いずれにせよ、これが縁で満洲国国務院実業部の初代総務司長に登用され、藤山の官吏時代がはじまる。しかし、日本の満蒙開拓移民政策に反対してわずか半年で監察院に異動。さらに国務院恩賞局へといたるが、ここでも関東軍の恣意的な恩賞要求と対立し、軟禁される事件も起きた。彼は「左遷」の一途をたどり一九三七年に辞官するが、一九三九年、国立中央博物館副館長に再登用される。博物館のような「閑職」にあっても、なお生活改善と新しい農業を創出すべく民俗博物館を企画立案し、「新博物館態勢」を打ち出すのであった。

一九四五年二月に藤山は、辞表を提出する。渡満以前の職場であった下関の梅光女学院の学院長廣津藤吉から、次期学院長への就任要請があったためである。戦争の拡大による博物館事業の停滞や博物館内部の確執など、理想とする博物館の実現に限界がきたしていたこともあったのだろう。しかし、第二次開館式までの在任が求められ、辞表は受理されなかった。第二次開館式は一九四五年八月一五日であった。

引き揚げ後の藤山一雄（一九四六－一九七五年）

敗戦後藤山一雄は、カザフスタンのアルマアタ（アルマトイ）に連行されたと言う。すぐに釈放されて、一九四六年秋、藤山一家は中国から引き揚げた。以後は家郷で農業を営み、周東養鶏農業協同組合の理事および組合長となって「新しい農家」を追求する。それは、日本人のカロリー摂取を穀物澱粉から動物性脂肪蛋白へ転換する食生活の改善であり、家畜農タイプの農業への転換の組織的な試みであった。“One man, one egg, one day”をスローガンに掲げた同組合は、一九五六年に農林大臣賞を受賞するにまでいたる（図6）。さらに藤山は、山口県がおこなった農村振興事業にもかかわり、一九五四年以降は請われて山口県顧問に就任した。引き揚げ後の藤山のあゆみもまた、渡満以前の大学時代にはじまり、満洲時代を通して育んできた食生活の改善と新しい農業の創出という、彼の理想を実現する過程の延長であったと言える。

藤山は、一九六〇年代から博物館を創る計画を練っていた。彼の作品を展示する美術館で、「イスラエル館」と言い、候補地もあがっていた（図50）。しかし、これの実現を果たすことな

図6　周東養鶏農業協同組合、農林大臣賞受賞

く、一九七五年四月一〇日、八六年の生涯を閉じるのであった。

彼の生涯をながめるとき、引き揚げ後を除くと、国立中央博物館の在籍期間が最も長くかつ安定していたことがわかる。博物館の思考を「一つの芸術的創造なりといってよい(3)」と言っていたことを想うと、職務遂行と芸術的創造とが一致する幸福な時期だったのであろう。星野直樹も書いていた。「後、私が総務長官となったとき、満州国に博物館をつくることになった。私はこの仕事を藤山君に任せた。氏ははじめて、魚の水を得たる思いがしたのであろう。安心してのびのびと毎日嬉しそうに働いていた(4)」と。

「博物館」以前の藤山一雄

藤山一雄は、博物館副館長に就く以前から、博物館について文章を書く人であった。私たちがいま知ることのできるものは、一九二六年の「五十年後の九州」

と、一九三七年刊行の『帰去来抄』に収録された「博物館小考」（一九三五年執筆）である。前者については、別の書で陳べた。後者は、本書の第Ⅰ部で詳しく見てゆく。いずれも、単なる博物館見学の感想文ではなく、歴とした博物館論であった。もちろん、そのときに突如思い立ち、書くようになったわけではないだろう。先行する未知の著作があるに違いない。一九二六年以前の彼の博物館体験は言うにおよばず、博物館に関連するさまざまな体験にも注意をはらってゆかなければならない。

そうしたなか、少年期に藤山は、「少年文学会」という組織をつくっていたことが、近年あきらかとなった[5]。一九〇四年、一雄少年が一五歳のときのことである。この会は『少年文学会報』を発行し、会のなかに「図書館」を設けた。一雄少年の本が多く寄贈されて、図書館の蔵書の中心をなしている。そして図書ごとに郵便料金を定め、会員への通信貸出も企図していたのである[6]。むかしもいまも、図書館で図書を借りて読む行為は読者の通有だが、その枠を超えて、藤山が図書をめぐる公共のシステムを作ったことは興味深い。おそらく鳴門村立小学校卒業直前の一雄少年ひとりでなしえたことではなく、家族や親族からの支援があったと思われる。「図書館長」に名のあがる藤山仁助は、一雄少年の年長の従兄弟であった。仮に「ごっこ」であったとしても、藤山が、図書の収集、保管、貸出、レファレンス等々のシステムを構想、構築し、実践していたことには、博物館の藤山を考えてゆくうえで、多くの示唆がある。

そして藤山は、いわゆる文学青年であった。彼の最初の自費出版は『潮声夜話』[7]（一九一六年）だが、これ以前の第五高等学校時代には、『龍南会雑誌』に著作数編を寄せている[8]。そして、や

は り書くだけではなく雑誌部委員を務め、『龍南会雑誌』の編集をしていた。ちなみに同じとき同会には、江口渙がいる。

また、藤山と文学との親密な関係は、生まれ育った環境にも存した。一雄は、一九一三年に、伊藤小太郎と富の長女弥寿と結婚する。弥寿の母富（旧姓石崎）は、伊藤に嫁ぐ前、国木田独歩と恋愛関係にあった女性で、独歩の作品『帰去来』の登場人物のモデルとも言われていた。地域や親族のあいだで、このことがいまも語り伝えられていて、一雄も親しく接していたに違いない。

このように、博物館以前の藤山一雄は、図書、図書館、出版、文学と強いかかわりを有していた。このうち図書館が、後の博物館の前触れとなったのではないかと考えることは容易であろう。

一方で私たちは、博物館の近代が図書館をシミュレートしながら生成してきたことを知っている。博物館に関するわが国最初期の単行書の一つ『眼に訴へる教育機関』[9]（一九三〇年）で、棚橋源太郎が参照し引用したローレンス・ヴェイル・コールマンの *Manual for Small Museums*[10]（一九二七年）は、小型図書館のマニュアルを博物館に応用したものであった。さらに、博物館令制定を求めた一九四五年以前の博物館関係者の先には、図書館令（一八九九年勅令第四二九号、一九三三年勅令第一七五号）をもつ図書館がいつもあった。こうした系統発生が、藤山一雄という個体発生のうちに繰り返されていたのではないか。そのような問いも生まれてくるのである。

藤山一雄は、博物館をどのように考えていたのか。そして藤山は、なぜ博物館を考える人になったのか。疑問の連鎖をたどってゆきたいと思う。

本書のタイトル「博物館芸術」は、藤山が使用したことばではない。これまでに私は、藤山の博物館を「生活芸術の博物館」と呼ぶ旨提起したことがある。今回、それを一歩進めて、「博物館芸術」と名指した。芸術の博物館、つまり芸術の容器としての狭義の博物館はこの世にごまんとあるが、それではなく博物館それ自身が芸術である、あるいは博物館を芸術することの謂いである。自身の博物館論を「一つの芸術的創造」と書いていた藤山であるから、「博物館芸術」の語をきっと許されることと思う。

本書は、一九九一年以降、藤山一雄について書いてきた論文などを改稿し、これらに新稿を加え一書にしたものである。そのため、内容の重複や表記の不統一がある。おおむね、Ⅰ部を理論、Ⅱ部を実践および実践的理論、Ⅲ部を応用とした。藤山論は前著『反博物館論序説――二〇世紀日本の博物館精神史』に収録したものもあり、あわせて一読いただきたい。

引用は、旧字体から新字体への改変、新聞記事などのルビの削除、原文横書きのアラビア数字を漢数字に変更するにとどめ、かなづかい、拗促音、句読点、地名、誤脱字などは原文のままとした。年号表記はすべて西暦年でおこない、人名の敬称は省略した。かぎ括弧は、引用文のほか、文章・文献・事業など固有の名称および単純かつ直接な強調に使用した。ただし、引用文中の括弧はこのかぎりでない。地名は基本的に当時のものを用い、現在の地名を任意に補足した。人名字体の新旧、法人形態の呼称の記載は統一していない。一つの章で頻出する固有名詞は、いちいち注記せずに略記していることがある。これは、略しても当該章中で他に重複がない場合にかぎっている。また、国立中央博物館による表記「博物館エキステンション」を尊重して「博物館エキステンション」を使用し、カタカナのみの場合は「ミュージアム・エクステンション」とした。初出で使用した図表のほか、本書のために、新たに図を加えた。

注

(1) 藤山一雄『イエスの世界』、マリア書房、一九七二年、一三四頁。
(2) 星野直樹『見果てぬ夢――満州国外史――』、経済雑誌ダイヤモンド社、一九六三年、四三頁。
(3) (広告)「新博物館態勢／藤山一雄著」『国立中央博物館時報』第八号、国立中央博物館、一九四〇年、裏表紙裏。
(4) 星野直樹、前掲書、四四頁。
(5) 梅光学院大学の佐藤睦子氏に教示いただいた。
(6) 藤山一雄編『少年文学会報』第一号、少年文学会、一九〇四年、参照。
(7) 同『潮聲夜話』、(私家版)、一九一六年、参照。
(8) 壷南翁「TURNER論」『龍南会雑誌』第一三九号、第五高等学校龍南会、一九一一年、一-二四頁、同「青春を離れ逝くの記」『龍南会雑誌』第一四〇号、第五高等学校龍南会、一九一一年、一二-二七頁、こなを「女の描ける画の話」『龍南会雑誌』第一四一号、第五高等学校龍南会、一九一一年、四三-五三頁、藤山一雄「ILLUSIONと亡び行くべき運動と而して其の批判」『龍南会雑誌』第一四二号、第五高等学校龍南会、一九一一年、一-二三頁、かづを「古き壁より出でし姉と弟――向山に眠れる母に――」『龍南会雑誌』第一四三号、第五高等学校龍南会、一九一一年、三九-五四頁、KF生「淋

しき人の心」『龍南会雑誌』第一四四号、第五高等学校龍南会、一九一二年、三一－四八頁、藤山一雄「熊本」『龍南会雑誌』第一四五号、第五高等学校龍南会、一九一二年、六八－七八頁、参照。

（9） 棚橋源太郎『眼に訴へる教育機関』、宝文館、一九三〇年、参照。

（10） Coleman, Laurence Vail. *Manual for Small Museums*, New York: G. P. Putnam's Sons, 1927、参照。

I

『新博物館態勢』の徴候——「博物館小考」

一　『帰去来抄』

「博物館小考」は、藤山一雄の著書『帰去来抄』に収録された随筆風の論文である。『帰去来抄』（図7）は、「余は本年（一九三七年—引用者注）七月一日恩命により、満洲国役人列より解放せられ、一介の野人に還元したり、本書は此の生活転換を記念するため、平常興に乗じて書きためたる雑筆中より多少。《ママ》満洲国に関係ありと思はるるものを蒐めて一冊となし、鉛槧に附したる」[1]ものであった。自身の境遇を、官を辞して帰郷した陶淵明の「帰去来辞」に重ねたことは理解しやすい。序の日付も発行日も、一九三七年九月一八日である。かつて満洲国監察院総務処長時代に、藤山が編纂した『于監察院長哀思録』の発行日を自身の誕生日と同じにして自らの新生の意を込めたように、満洲事変の九月一八日に重ねた『帰去来抄』には満洲国新生の願いが込め

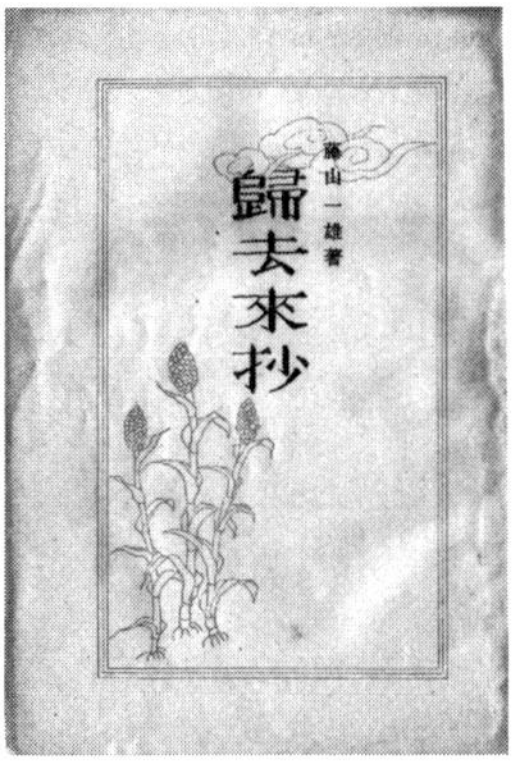

図7　『帰去来抄』

られていたと思われる。

藤山は、ことあるたびに私家版の著作をつくる人であった。『帰去来抄』にも、「（略）パンフレットとなし、大同二年十一月知友に頒布したものである[2]」とのリードを付した「国都建設について」が収録されている。このことは、当時の書評[3]からもうかがい知ることができる。また藤山は、講演もよくおこない、原稿を用意してその場に臨む人であった。同書所収の「日本的なるもの」には、そうした講演原稿の抄録であることが記されている[4]。しかし、『帰去来抄』に収録される文章の大半はコメントをもっておらず、「博物館小考」もその一つである。コメントのないもののうちには、「人間・機械及び愛」や「満洲帝国恩賞考」のように初出[5]の確認できるものがあり、「博物館小考」にもその可能性があるが、現時点では不明である。もちろん、未発表原稿だったかもしれない。

いずれにしても「博物館小考」は、文末に記載された日付、一九三五年六月二四日（月曜日）夜に脱稿された。この時期は、奉天の満洲国国立博物館（図8）の開館式（同月一日）および一般公開（同月五日）から間もないころである。藤山も、同館を訪れていたに違いない。満洲国最初の官立博物館たる国立博物館の登場が、藤山に「博物館小考」を書かせたと思われる。もちろん藤山の側にも、触発される条件があったことは言うを俟たない。

二　博物館批判と満洲国批判

「博物館小考」は、二つの章からなりたつ。第一章は、博物館に関する現状認識、歴史認識、方針提起、という三つの内容で構成されている。

まず博物館の現状認識は、「日本人には博物館といへば「骨董の陳列場」の様にしか考へられて居ない――といふのは何処の博物館に行つて見ても、仏像とか、古刀甲冑類や、陶瓦のかけら、乃至古書画、器具類が硝子戸棚に雑然と監禁せられて居るので、自然博物館といへば生きてゐるものではなく、それ自体が冷たい棺桶の様な感を与へる」[6]と、日本の博物館批判として語られる。そして、次の歴史認識が続く。

> 然し博物館の原語「ムゼヲ」「ミユージアム」の意味はギリシア語では「ミユーズの殿堂」といふことださうで、一般に文学、芸術の教養の場所を指し、その最も有名なりしものは亜歴山大帝が創設したアレキサンドリアのそれであつた、とい話《ママ》である。
>
> 　その後、世紀の移ると共に博物館の内包が次第に変化し、今日では歴史的、学術的乃至美術的の事物を蒐集、組織的に陳列して大衆に観覧せしめる様になり、只漫然たる古物的、怪奇的蒐集所ではなく、文化機関殊に社会教化機関として、最も重要なる意義を有し各国とも大学と博物館とをかなり密接なる関聯を有せしめ、その使命遂行に当らしてゐる。ソヴイエ

ツト、ロシアの如きは其の最たるものである。是等の博物館では有益な研究報告書を公刊して学術の進歩に貢献し、研究室、講堂を有し、毎日専門家により、観覧者に親切なる指導を与へ国民的、社会的教育機関としての絶大なる働きをなしてゐる。(7)

藤山一雄は、先の現状認識すなわち日本批判に、これを対置させるのである。この構図は、一九四〇年刊行の著書『新博物館態勢』に踏襲され、文章そのものも流用されてゆく。『新博物館態勢』では、この歴史認識が、博物館の「近代」となって、より明確な世界史認識となる。そして藤山は、「満洲国には未だ、大学の設立さへないが、大学を急ぐよりも、各都市に小さくてもよいから如上の意義（「文化機関殊に社会教化機関として」の意義─引用者注）を有する博物館設立の気運を早く醸成し、弁事処を設けてその組織的な内容の蒐集に当らせる。具体的に言へば細胞的に小学、中学、県公署等の手を利用して広義の博物館設立基礎運動を促進することは単に国民の為めのみならず、満洲遊覧客、或は研究者の為めにも稗益する処大なりと思ふ(8)」と、各都市での博物館設立運動を提起するのである。

三 「小さな営み」と「生ける博物館」

その参考として、一九二九年から一九三〇年にかけて藤山一雄が見学した、欧米の博物館のいくつかが紹介される。

スコットランド湖水地方に「ケスビック」といふ小さな村落がある。そこのステーシヨンを降りるとすぐ村端の公園地帯に、その村の経営する村落博物館がある。此の博物館は村のライブリ《ママ》ーも兼ねて居る小さな営みであるが私を驚かしたのは、その蒐集品及び図書の保管整理の行き届いてることで、公刊の目録の如きも実に堂々たるものである。かういふ博物館は此の附近の自然と人生を縮少してその建物内に収め、観覧者の頭の内で更にその自然なり人生なりを拡大再現する巧妙なレンズの役目を承まわつてゐる。時間のない旅行者の稗益する所甚大なることは私の経験した所である。

　亦アメリカのアリゾナ州なるグランドキヤニオン博物館といへば大きく聞えるが、実はあの国立公園の一角即ちコロラド河の絶壁の上にちよつぽりとあぐらをかいてる小石で積み上げて作つたコツテーヂに過ぎぬが、これは充分にグランドキヤニオン遊覧者の自然科学的慾望を満足せしむる常識的設備で、小屋の陳列室を一周することによりグランドヤ《ママ》ニオンの地文地理学を一冊読了するよりも、遙かに有効である。[9]

英・米二つの博物館は、規模の大小に拘泥される必要のないことの、端的な例示である。藤山が求める博物館は「小さくてもよ」いことに重点があり、大規模な中央博物館に対する積極的な必要性は語られない。なお、国立中央博物館副館長時代の藤山は、一九四二年ごろから小型地方博物館論に傾斜してゆく。[10]しかし「博物館小考」は、小型地方博物館論が、藤山のプライマリな博物館論であったことを教えている。

その一方で、藤山は、満洲国各地の博物館の国立中央博物館分館化[11]や博物館法による統制[12]をも主張するようになってゆく。これもまた、「博物館小考」には見られない内容であった。分館化や統制が、職務上の必要から来したことだったのかもしれない。しかし「博物館小考」も、一般論ではなく、満洲国の博物館に関する実践的関心から書かれているため、分館化や統制が含まれていてもおかしくないのである。「博物館小考」は、なぜ、以後も継続する小型地方博物館論は有し、それらに対する分館化や統制を言わなかったのか。

惟うにそれは、「博物館小考」が一九三七年の盧溝橋事件と第二次上海事変を経て、日中戦争が全面化する以前の博物館論であったからなのではないだろうか。満洲事変（一九三一年）および満洲国（一九三二年）は、大正デモクラシー体制の崩壊をその外部からもたらす危機として創出されたものであり[13]、同時にポスト大正デモクラシー体制、つまり戦時体制下のファシズム的総動員を日本に先んじて試行する[14]、すぐれて政治的な存在であった。その満洲国にありながら藤山が、分館化や統制など博物館政治を「博物館小考」で見せないのは、中枢たる日本の政治過程に収斂しない、衛星たる満洲（国）主義とでも言いうる立場で博物館を考えていたためと感じるのである。あるいは、主義さえも希薄で、「五十年後の九州」（一九二六年）の「火山博物館」以来の博物館思考を続けていたのかもしれない。そうであればなおさらに、「博物館小考」は、満洲国の時間、空間に延長された、大正デモクラシー的な博物館像だったと言えるのではないだろうか。ちなみに、満洲（国）主義は、次節でとりあげる文章にも看て取れる。

「博物館小考」は、さらに続ける。スカンセンとロンドン科学博物館を、「生ける博物館」の例として示す。

　スエーデンのスカンセンの博物館はこれ等とは、規模も大きく勿論同日の談ではないが、博物館といふものゝ再認識をなす一好例として見る必要がある。此の博物館は一つの建築ではなくて大きな自然の一角を切り取つた世界である。山があり。《ママ》耕地があり。《ママ》入江の一角には古代の海村が現存し、古風な住宅のうちには昔ながらの器具が置かれ、古風な衣をつけた住民が、そのまゝ中世紀の生活をして居る。生ける土俗博物館である。ロンドンに於ける科学博物館に於て新しい機械工業が到る所の室に於て運転工作し、何等の説明なくして無学のものにも新しき知識を注入して居るのと同じ意味で生ける博物館の種々相を私共に教へる。[15]

　これも、先の歴史認識とともに、現状認識、日本批判の文脈に位置づくものとみなせる。さらに欧米博物館の例示は続き、総体として「欧洲の諸都市、村落には種々の内容を有する大小の博物館が点在し、民衆の文化向上に資せられて居るのは羨しき限りである[16]」と小結する。

四　「特異性なき骨董倉」

「博物館小考」の第二章は、国立博物館批判、満洲国固有の博物館像の提起、国家づくり論一般、という三つの内容に概括できる。ここでは、国立博物館批判と満洲国固有の博物館像の提起

図８　満洲国国立博物館

とを検討しよう。

　吾国には唯一の国立博物館が奉天城内旧湯玉麟氏邸を相して経営せられて居るが、この内容は満洲自体の文化資料ではなく、天津方面より古牌銘、熱河離宮に保存されし古品、監察院長羅振玉翁の所蔵品を中核とする古銅器書画等何れも高貴の宝什のみではあるが、何れも隣国支那の文化資料が多い、《ママ》私は未だ北平博物館なるものを参観しないので、少々乱暴な独断と思ふが、奉天国立博物館なるものは人の牛蒡で法事をするの類で、北平博物館の出店としては貧弱であり、特異性なき骨董倉を余り出でざるものと思はれる。[17]

国立博物館批判の趣旨は、「特異性なき骨

董倉」の語に集約できる。「特異性なき」とは、その収蔵・展示資料に満洲国の固有性がないという意味である。

「骨董倉」の語は、直截には倉庫、すなわち陳列場ですらないことの喩えであろうし、第一章の「生きてゐるものではなく」「冷たい棺桶の様な感を与へる」博物館から連なるものと思われる。そして、同章でこれに対置した「生ける博物館」を想起させ、さらに続いて提起する「スカンセンの博物館の如く満洲農村生活を彷彿せしむる博物館」へと導かれてゆく展開に位置づく。「博物館小考」に貫かれた「生ける博物館」は、藤山一雄の博物館論の核心であったことが読みとれる。

五　「小博物館」と「農村生活博物館」

そして、「特異性なき骨董倉」に対置される博物館は、論理的に「特異性のある博物館」あるいは「骨董倉でない博物館」となる。

勿論北京まで行かなくて支那文化資料が奉天で参観し得られ、学問研究の参考となり得るは甚だ便宜であるが、それよりも現実焦眉の必要として満洲郷土自体の文化資料例へば高勾麗、扶余、渤海、遼、金、元、明、清の各朝に亙る遺跡より発掘される文化資料その他を早急に蒐集し、乃至之等の諸資料が海外に散逸しない様な方法を講ずる一助として、宴会費や贅沢千万な自動車調度費用を大削減し、今の処小規模、暫行的でもよいから然かるべき諸都市にハルピン博物館位の小博物館でよいから、自然及人文科学両方面の研究資料の一助として文教部などは博物館設立工作に出でゝ貰ひ度いものである。[18]

「特異性のある博物館」は、すなわち「満洲郷土自体の文化資料」を収蔵する博物館である。「小規模、暫行的でもよい」「小博物館でよい」と二度言うのは、第一章の「小さくてもよ」いことの繰り返しであり、ここでは哈爾浜博物館の例示も加わり、さらに強調されている。「自然及人文科学両方面の研究資料の一助と」するという、博物館の機能に関する言及には唐突な感があるが、哈爾浜博物館の性格を前提にした謂いだったと思われる。

哈爾浜博物館は、一九二三年設立当初の東省文物研究会（陳列所）が、自然科学、地質・自然地理、歴史・民族、工商業、美術、編集・出版、地方文化発展研究、医療獣医衛生、養馬育馬、参観遊覧の分野をもち、[19]満洲国の時代になってからも、自然科学（禽学、植物学、土壌学、古生物学、地質学）、考古学人種及歴史学、工商学を有し、[20]一貫して「自然及人文科学両方面」の総合性を備える博物館であった（図9）。

新国都の公園区域はかなり広大であるが、徒らにずんべらぐと遊ぶ設備のみでなく一つ名所をつくるとよい。それはスカンセンの博物館の如く満洲農村生活を彷彿せしむる博物館を造ることである。

図9　哈爾浜博物館

多くの汽車旅行や、都市訪問ばかりする観光客や、視察者は満洲の基調をなす現代の百姓の生活を全く見ない。現に都市に在住するものすら、彼等が如何に困苦貧窮の生活をして居るかを知らない。官用自動車を下駄の様に心得て居る役人などの為めに、社会教育の資料として、黄龍公園あたりに農村生活博物館を造ることを切に提唱する。(21)

「骨董倉でない博物館」を受けるのが、「スカンセンの博物館の如く満洲農村生活を彷彿せしむる博物館」である。この四年後に藤山一雄が、国立中央博物館で企画推進してゆく民俗博物館のアイデアが、ここで披露されている。実際の民俗博物館の敷地は、南湖公園にあった。藤山の言う黄龍公園が厳密にどこを指しているか詳らかでないが、拡張する以前の南湖公園の名称であったことにもとづくと、[22]「博物館小考」は民俗博物館の候補地をも予言していたことになる。

　民俗博物館は、藤山の近代批判という思想的契機と、満洲移民政策批判という社会的契機とから成るもので、個別民俗学の範疇にとどまる博物館ではなかった。[23]藤山は、一九二七年ごろから、彼の理想たる「生活芸術」実現の満洲版として満洲のデンマーク化を構想し、産業政策において農業の酪農化を主張していた。したがって政治・軍事的移民である日本の移民政策とは相容れず、一九三二年、関東軍など移民政策推進派との政治的攻防では敗退してしまう。しかしその三年後には、博物館という形式のもとに、この構想をふたたび顕在させるのである。それが、農村生活博物館であった。

　「博物館小考」において、民俗博物館ではなく農村生活博物館と記されているのは、日本の民俗学の影響が感じられず、藤山の構想が原形に近いかたちであらわれたものとみなせる。のちに、民俗博物館の開始に際して、民俗や民俗学の定義を、日本とドイツにわたっておこなうのも、[24]こうした経緯を物語っていると言えよう。加えて農村生活博物館が、公園行政批判、観光客・視察者・都市生活者・官僚批判をともなう点には、社会批評をトータルに体現するものとしてこの博物館がイメージされていたことにも気づく。かくして農村生活博物館、のちに民俗博物館は、藤山一雄の博物館論の、具体的な中心だったのである。

六　『新博物館態勢』の徴候

さて、冒頭の疑問に戻ると、一九三七年の辞官の後、ふたたび国立中央博物館副館長に藤山一雄が登用されることになるのも、彼が「博物館小考」を何らかのかたちで公にしていたからであろうと思われる。そしてそれは、彼の博物館論が満洲国政府に採用されたことをも意味した。

この過程とは、どのようなものだったのか。まず、国立中央博物館籌備処の側から、「博物館小考」の影響は見えない。一九三九年一月の官制施行以後、教育参考館時代からの遠藤隆次、木場一夫、野田光雄が学芸官に就任したが、藤山が副館長に就任する三月までの二ヶ月間の活動としては、資料収集のための野田の奉天市、彰武県への出張、満洲生物学会総会での講演のための木場の奉天市出張がわかる程度である。[25] さらに、藤山就任以前の実質的リーダーであった遠藤の国立中央博物館像は、総花的ななかにも研究機関の性格を第一義的に有するものであった。[26] また、官制について藤山は、第一条の末尾に社会教育が掲げられたことを序列と読み取って苦言を呈していたし、[27] 参考館的性格の規定は満鉄時代の残滓と言えるものであった。このように、国立中央博物館の準備は、おもに教育参考館関係者によるものと思われ、藤山が関与したことを積極的に示す痕跡を認めにくいのである。

しかし藤山が、国立中央博物館籌備に関わった可能性を、全否定するわけではない。国立中央博物館構想が、最初は教育参考館のみを継承する自然科学博物館から、人文系の国立博物館を統合した総合博物館に転換する過程には、「博物館小考」に見た「自然及人文科学両方面」との有縁が感じられる。また、一九三七年に辞官した後、藤山は民生部嘱託の職にあり、東方国民文庫の刊行に携わっていた。国立中央博物館を所轄したのは民生部であり、この点から藤山の関与が推測できる。藤山自身、戦後の新聞取材に対して「昭和十三年のころ関東軍と衝突して恩賞局長を辞め、しばらく遊んでいたが再び武官待遇で国立博物館の建設にのり出した。翌十四年には内容は別として形だけのはじめての中央博物館が生れ人文科学部長を兼ねてその館長のイスにすわった(28)」と証言している。ただしこの記事は、曖昧であることと、ほかの事実に明らかな誤謬があることから、信憑性に難があり、参考の域を出ない。

藤山に即して見よう。藤山は、民俗博物館計画が総務長官星野直樹の協力に負うところの大きかったことを記していた(29)。星野も、新設する博物館を藤山に任せた旨書いていて(30)、これに同調する。ここには、新京特別市北安南胡同で文字通りの隣家であり、同じクリスチャンであった、星野と藤山との公私にわたる親交のあったことが感じられる。この関係を背景に、星野が藤山の構想を採用し、あるいは藤山が星野に採用させ、その結果藤山の意向が、国立中央博物館政策の基本路線となっていった可能性があるのである。藤山が副館長に就任したことそれ自体、星野―藤山のラインを軸にして決定された印象が強い。藤山就任後に、裕昌源ビルの確保、本庁舎敷地の決定という基盤整備とともに、博物館の夕をはじめとする博物館エキステンションが実施されて状況が進展してゆくのも、藤山を介して政府およびその中枢と太いパイプをもったからと考えてよいだろう。中央通一二番地の本城ビル三階に、国立中央博物館の事務所を置くことができたの

図10　本城ビル前の藤山一雄と博物館員

も、同ビルに入所していた大東協会の会長・甘粕正彦の配慮によるものであった[31]（図10）。

藤山とその博物館論の登場は、生え抜きの学芸官たちから見ればトップダウンの様相を呈していたに違いない。しかし、一九三九年以降の著作「博物館運動の方向」や『新博物館態勢』で明言される博物館エキステンションおよびアメリカの博物館のモデル化というテーマは、「博物館小考」にまだ登場してはいなかった。これは、藤山にとっては「博物館小考」以降に獲得されたことがらと言え、スミソニアン・インスティテューションに留学した経験をもつ遠藤の影響が考えられる。『国立中央博物館時報』第一号に遠藤が寄せていたのは、ミュージアム・エクステンションの言及こそないものの、スミソニアンの紹介であった[32]。そして、一九三三年に開館した、アメリカ型博物館として知られる斎藤報恩会博物館の情報や活動に接する機会があったであろう、遠藤、野田の東北帝国大学出身者の存在も無視できない。

「博物館小考」は、やがて国立中央博物館という形式を得、『新博物館態勢』となって全面展開してゆく。初発においてすでに戦時下という不安定な状況のなか、不充分ながらしかし華やかに国立中央博物館がその活動を遺せたのは、自らを「願望」とせず小規模であることから開始したためと言ってよい。そのことは、藤山の「博物館小考」が繰り返し述べていたことでもあった。そしてここには、以後に濫用されてゆく小型博物館＝安上がりの便法(33)とは異なる質が、存在しているように感じられるのである。そして、「小博物館」と「農村生活博物館」とが、一つのものになってゆく事態にも、私たちは遭遇する。

「博物館小考」は、『新博物館態勢』の徴候であった。このことは、こののちさらにあきらかになるであろう。

注

(1) 藤山一雄「序」『帰去来抄』、東光書苑、一九三七年、(序の頁)。
(2) 同「国都建設について」『帰去来抄』、五一頁。
(3) 南峯生「藤山君の近著「国都建設批判」を読みて／遠藤総務庁長に与ふ」『満洲改造』第一五号、満洲改造社、一九三四年、一九－二二頁、参照。
(4) 藤山一雄「日本的なるもの」『帰去来抄』、二一頁、参照。
(5) 壷南翁一郎「機械、苦力及び愛」『満蒙』第一一年第九号、中日文化協会、一九三〇年、一一三－一二二頁、藤山一雄「満洲帝国恩賞考」『満洲行政』第四巻第三号、満洲行政学会、一九三七年、一七－二六頁、参照。
(6) 同「博物館小考」『帰去来抄』、一〇七頁。
(7) 同論文、一〇七－一〇八頁。
(8) 同論文、一〇八頁。

(9) 同論文、一〇八―一〇九頁。
(10) 犬塚康博「藤山一雄と満洲国の民俗博物館」『名古屋市博物館研究紀要』第一七巻、名古屋市博物館、一九九四年、八九―九〇頁、参照。改稿して本書「藤山一雄と満洲国の民俗博物館」に収録した。
(11) 藤山一雄「新博物館の胎動」『民生』第三巻第一号、民生部、一九四〇年、二頁、参照。
(12) 同「国立中央博物館を語る」『聯盟報満洲観光』第六巻第三号、満洲観光連盟、一九四二年、四〇頁、参照。
(13) 酒井哲哉『大正デモクラシー体制の崩壊　内政と外交』、東京大学出版会、一九九二年、八―四五頁、参照。
(14) 廣重徹『科学の社会史　近代日本の科学体制』(自然選書)、中央公論社、一九七三年、一四四―一五〇頁、参照。
(15) 藤山一雄「博物館小考」、一〇九頁。
(16) 同論文、一〇九頁。
(17) 同論文、一一〇頁。
(18) 同論文、一一〇頁。
(19) 「黒竜江省博物館機構沿革」孫長慶・高暁梅編『黒龍江省博物館七十年』、黒龍江人民出版社、一九九三年、一頁、参照。
(20) 同論文、三頁、参照。
(21) 藤山一雄「博物館小考」、一一一頁。
(22) 越沢明『満州国の首都計画』(都市叢書)、日本経済評論社、一九八八年、一四三頁、参照。
(23) 犬塚康博「藤山一雄と満洲国の民俗博物館」、七五―九六頁、参照。
(24) 藤山一雄「民俗博物館について」『国立中央博物館時報』第四号、国立中央博物館、一九四〇年、一―三頁、参照。

(25) 「博物館本館行事展望／調査出張の件（康徳六年一月-六月）」『国立中央博物館時報』第一号、国立中央博物館、一九三九年、一八頁、参照。
(26) 遠藤隆次「満洲国国立中央博物館の機構」『博物館研究』第一二巻第二号、日本博物館協会、一九三九年、三-四頁、参照。
(27) 藤山一雄『新博物館態勢』（東方国民文庫第二三編）、満日文化協会、一九四〇年、一七-一八頁、参照。
(28) 「あのころこのごろ／藤山一雄氏／〝引退して小説を書くよ〟／満州国立中央博物館の生みの親」『毎日新聞』、一九五六年五月二五日。
(29) 藤山一雄「〝ある北満の農家〟のこと（三度民俗博物館について）」『国立中央博物館時報』第一五号、国立中央博物館、一九四二年、一-二頁、参照。
(30) 星野直樹『見果てぬ夢——満州国外史——』、経済雑誌ダイヤモンド社、一九六三年、四四頁、参照。
(31) 犬塚康博「I-28　事務所前の博物館職員」犬塚康博・名古屋市博物館編『新博物館態勢　満洲国の博物館が戦後日本に伝えていること』、名古屋市博物館、一九九五年、三五頁、参照。
(32) 遠藤隆次「北米合衆国スミソニアン学会の紹介」『国立中央博物館時報』第一号、三-七頁、参照。
(33) 犬塚康博「藤山一雄と棚橋源太郎——小型博物館建設論から見た日本人博物館理論の検討——」『名古屋市博物館研究紀要』第一八巻、名古屋市博物館、一九九五年、五四頁、参照。改稿して本書「藤山一雄の小型地方博物館論」に収録した。

ダブルアレンジメントの先駆——「新博物館の胎動」

一　一九三九年の藤山一雄

満洲国国立中央博物館は、一九三九年一月一日の官制施行によって開始する。南満洲鉄道株式会社教育研究所附属教育参考館以来の職員が配属されるとともに、同年三月には藤山一雄が副館長に就いた。藤山は、一九二六年の「五十年後の九州」で理想の博物館像を描き、一九三五年には「博物館小考」を書いて、満洲国における博物館構想を提起していた。そして、副館長就任後、矢継ぎ早に博物館論を展開してゆく。早い時期のものとしては、「博物館運動の方向」(1)がある。同じころ、日本博物館協会の機関誌『博物館研究』に「満洲国立中央博物館の近況」(2)が掲載されるが、これが藤山の日本博物館界デビューとなった。『国立中央博物館時報』が刊行されるようになると、「博物館の使命」(3)を皮切りに、エセーや論文を精力的に執筆していったのである。

図11　日本博物館協会第9回全国博物館大会

藤山は、一九三九年一一月一一・一二・一三日、東京の帝室博物館で開催された日本博物館協会第九回全国博物館大会に出席した(図11)。二日目には、「満洲国内に於ける博物館事業の現況」と題した講演をおこなっている。日本博物館協会から要請されての出席、講演であり、プログラムの上では、「協議」と「研究発表」のあいだの独立した講演であった。また、この大会の協議事項には、保留となったものの、「次回大会開催地を満洲帝国に開くの意見もあ[4]」るなど満洲色が随所に見られ、藤山や国立中央博物館がクローズアップされる大会だったようである。これに先立つ七月六日の理事会では、藤山が日本博物館協会の評議員に推薦されてもいた。

藤山は、この大会出席の前後に、朝鮮および内地の博物館を視察した。その印象記を中心にしてまとめたのが、「新博物館の胎動」[5]である。口語体の文章であるため、講演会の記録と思われる。掲載誌の性格からは民生部主催のそれであろうが、博物館が民生部所管であるから、博物館の講演会かもしれない。現に藤山は、一九三九年一二月二日に開催された第五回博物館の夕で講話していた。

> 第二部の科学講演に先だつて臨時に藤山副館長が壇上に立たれて、最も新鮮な日本の博物館視察の感想談をされた。最も新鮮なといふ意味は、藤山副館長が日本の博物館視察から帰任されたのは当日の午後五時二〇分であり、文字通り旅装を解く間もなく会場に駆けつけられ早速壇上に立たれたからである。[6]

このときは、いわば飛び入りであり、時間の制約もあったであろうから、長文の「新博物館の胎動」は別の機会のものと思われる。記事の内容から、一九三九年一二月におこなわれた講演と想像できる。末尾にある「最後に皆様に御願ひしたい事は、より良い民俗博物館を誕生させる為に、土俗に関する豊富な智識、御経験を是非共私達の方へ供給していたゞきたい事でありまり《(す)》」[7]からは、土俗に通じる分野の研究者、あるいは地方公署関係者の集まりでの講演だったのかもしれない。そうだとすれば、民俗博物館に関する言及の多かったこともうなずける。

二　「新博物館の胎動」の構造

「新博物館の胎動」は、おおよそ次のように進む。まず、日本、朝鮮の博物館視察の経緯を書きつけ、日本の博物館の状況、日本博物館協会全国博物館大会の印象、満洲国の博物館の展望を概観する。一二館の視察記がこれに続き、総括的な感想と博物館に関する藤山一雄自身の理想が披露される。国立中央博物館の民俗博物館、科学博物館、奉天分館などの現状と展望を述べ、特に民俗博物館への協力を読者、聴衆に呼びかけて終わる。中心となるのは、視察記である。以下、本章もこれを中心にして見てゆこう。

藤山は、富民協会農業博物館（大阪）、海軍館（東京）、東京科学博物館、東京帝室博物館、民芸館（東京）、新潟郷土博物館、朝鮮総督府博物館慶州分館、日本赤十字社赤十字博物館（東京）、奈良帝室博物館分館、早稲田大学坪内博士記念演劇博物館（東京）、斎藤報恩会博物館（仙台）、大阪市立電気科学館の一二館を、順に記した。なお、この直前で、藤山の感興をひいた博物館七館が掲げられ大原美術館（倉敷）の名が見えるが、以下の視察記には出てこない。

一二館のなかで、藤山が高く評価する、または好意的に紹介するのが、農業博物館、海軍館、民芸館、新潟郷土博物館、朝鮮総督府博物館慶州分館、奈良帝室博物館、演劇博物館、斎藤報恩会博物館、電気科学館の九館である。残る三館、東京科学博物館、東京帝室博物館、赤十字博物館の評価は、芳しくない。

この三館から見てゆくと、東京科学博物館は「沿革が悪い為に其の活動が行きつまりの状態にある様[8]」だと言い、赤十字博物館は「貸出博物館として全国中稀なもので館の経営者も亦これが非常に得意らしく見えました[9]」とそっけない。とくに東京帝室博物館に対しては、「新建築が余り立派すぎ、反つて国宝的内容も瘠せて見え」るとし、「素通りしてゆく普通の観覧者には、何等の学問的な感銘も与へぬだらう」し、「これだけ多数の金を使つて居て、現実の国民生活に如何なる効果を与へ得るか疑問であり」「博物館の概念を歪めさせるのではないか[10]」と、容赦ない。

帝室博物館は、一九二三年の関東大震災で被害にあったが、一九二八年の天皇即位礼を記念した官民による復興運動がおこなわれて、本館（復興本館）が一九三八年一一月一〇日に開館していた[11]。藤山の言う「新建築」は、これを指している。「新建築が余り立派すぎ」の謂いにせよ、「ぜいたく過ぎる程に注意深く設備された採光や換気、温湿度適正装置等はかなり念入りに出来てゐる様であります[12]」にせよ、復興本館を直截に非難してはいないものの、「博物館の概念を歪めさせるのではないか」と結びゆくのは宮内省批判であり、当時においては不敬の類に相当しよう。だからであろうか、『新博物館態勢』では「東京の○○博物館[13]」と伏せられて、それでもなお帝室博物館批判は続けられるのであった。

藤山が批判した館は、赤十字博物館が大正末期の一九二六年一二月開館（当初は日本赤十字社参考館）であり、帝室博物館こそ本館が新築されたばかりとは言え、明治以来の歴史を有する館である。一方、ほかの九館のうち、農業博物館（一九三二年）、海軍館（一九三七年）、民芸館（一九三六年）、新潟郷土博物館（一九三四年）、斎藤報恩会博物館（一九三三年）、電気科学館

（一九三七年）の六館は、一九三〇年代昭和に新設の博物館であった。これらは、一九三九年立の満洲国国立中央博物館と同世代の一群であり、藤山には興味深かったに違いない。

なお、演劇博物館の評価は悪くなかったが、「内容は未だ完しとは申されません[14]」とされたのは、これら六館に比べて早い一九二八年開館だったからであろうか。また慶州分館は、古い建物を利用した施設が、一九二六年六月に朝鮮総督府博物館へ移管されたものであり、新設の範疇には属さない。しかし、いきなり「私の好きな博物館の一つでありましてストックホルムのスカンセン（土俗博物館）を思はせます[15]」と書きはじめるのにあきらかなように、スカンセンを参照しながら満洲国で民俗博物館を推進する藤山には特別な意味を持つ博物館であった。一九三五年執筆の「博物館小考」でもその名があがっていたし、一九四〇年の著書『新博物館態勢』では単独の章が与えられて、とりあげられてゆく。

奈良帝室博物館もまた、帝国奈良博物館として一八九五年に開館した明治以来のものである。藤山は「博物館としての活動はともかくとして[16]」と、博物館の新しさや進取性に対する評価は保留して、コレクションの優位とその象徴性を賞揚していた。一二館のなかでは、費やされた文字数がもっとも少ないことから、位置づけもさほど高いわけではなかったようである。

三　最新の博物館

ここで、藤山一雄が各館に費やした文字数を見ると、多い方から順に、斎藤報恩会博物館（五〇九字)、民芸館(四八二字)、海軍館(四一一字)、新潟郷土博物館(二九三字)、帝室博物館(二八五字)、電気科学館(二四五字)、慶州分館(二〇八字)、農業博物館(二〇〇字)、赤十字博物館(一六八字)、演劇博物館(一二八字)、東京科学博物館(一〇八字)、奈良帝室博物館(一〇七字)となる。藤山の関心の所在が、俯瞰できるだろう。次は、これにしたがって観てゆきたい。

斎藤報恩会博物館については、「日本に於て最も近代的且理想的な科学博物館でありまして、其の構成より種々なるヒントを得ました」とはじめ、「多くの博物館は国民の生活及び他の学術機関と游離孤立することが、其の存在の理由を喪失し衰微、化石するのが常ですが、この博物館の活動状況を視て深く教へられる処がありました[17]」と結んでゆく。その間に、博物館における研究、博物館の建築、世界との学術交流、文献発行など具体的項目があげられている。国立中央博物館は、斎藤報恩会博物館や東北帝国大学と人事上の関係[18]があり、その活動も斎藤報恩会博物館にならったのではないかと思わせるものが散見できる。そうした事情を考慮すると、斎藤報恩会博物館の順位の高さは自明と言えるかもしれない(図12)。

民芸館は、慶州分館同様に、『新博物館態勢』にも継続する博物館である。民芸館は「極く小規模なものでありますが、其の内容は誠に立派なもので、一度こゝを訪ねてみて、すつかり感心させられます[19]」と書くように、このときの視察で藤山は気に入ったようである。そして、同年生まれの柳宗悦について次のように書く。

普通世人にゲテモノ扱ひにされる民芸品のよさを此処まで価値づけて来られた柳氏の熱心と

図 12　斎藤報恩会博物館

努力とに直面した時、私共は火の玉の様になつて働く人が一人でもあれば大抵のことは出来るものだとの自信を得ました[20]。

ここには、満洲国で民俗博物館建設を進めんとする藤山の、強い自負が込められている[21]。

視察の際の、藤山の関心は多岐にわたっていたが、その一つに職員組織に対するものがあったことがわかる。彼が副館長であることから来したものと言えるが、海軍館でそれがあらわれている。

又此所の従事員は全員で三十七名だそうですが、殆ど総てが海軍出身者であり、各員が能率的に活動してゐられる為、あらゆる点に手ぬかりなく、うまくいつて居るのに驚かされます。日本の博物館中最も進歩した組織と、新しい精神が漲つてゐます[22]。

軍隊組織の長所の暗示が感じられるが、農業博物館でも、科学的、近代的、印象的な陳列方法のゆえんを、大阪毎日新聞社の学芸部員のいることにおいて評価していた。

さて、新潟郷土博物館について、「私の観た郷土博物館として最も勝れたものであります[23]」と言い、評価は非常に高い。「この種の博物館が各地に出来る事を文化向上の為に切望してやみません[24]」という結語は、日本各地なのか満洲国各地なのか定かでないが、藤山が小型博物館の地方的展開を構想していたことを想起すると[25]、満洲国でのことと理解してよい。博物館内部にとどまらない、博物館外部のシステム[26]への関心があらわれている。

電気科学館への関心の中心は天象儀、すなわちプラネタリウムである。「満洲にも此天象儀の一ツは是非あつてほしいものと存じます[27]」の語に尽きるだろう（図13）。

図 13 『天象館案内　星の劇場』

ちなみに、一九四〇年代前半、大東亜博物館建設準備の仕事を担った木場一夫が参考にした国内の博物館に、農業博物館、斎藤報恩会博物館、電気科学館のあったことがわかっている[28]。木場が国立中央博物館の学芸官だったとき、上司の藤山の影響を受けたことは大いに考えられる。総じてこの三館は、当時最新の博物館として、斯界に流通していたのである[29]。

四　棚橋源太郎への忌避

さて、藤山一雄が批判した三館にもどり、これについてもうすこし触れておこう。三館のうち二館、東京科学博物館と赤十字博物館に共通するのは、棚橋源太郎が深く関わった点である。東京高等師範学校教授だった棚橋は、一九〇六年に同校附属東京教育博物館主事を兼務し、博物館のキャリアを開始する。一九一四年には同校附属でなくなった東京教育博物館館長事務取扱、一九一七年に同館館長、一九二一年の東京博物館改称後も館長を務め、一九二四年に退職した。その後、一九二六年には、赤十字社参考館の開設に関与する。東京科学博物館の沿革の悪さの言挙げ、赤十字博物館の貸出博物館を軽視する態度には、藤山の棚橋に対する批判があるように思えてならない。この傾向は、別稿(30)でも認めたところである。

しかも今回は、招かれて出席し、講演までおこなった、日本博物館協会の全国博物館大会について藤山は、「博物館の代表者達が集りまして、博物館の制定、皇紀二六〇〇年記念事業などについて、いろいろ審議を重ねましたが、会議の有様をみますと、余りに微力で大なる効果が挙る様には思へませんでした(31)」とまで言う。日本博物館協会とは、棚橋が発起人の中心になって一九二八年に設立した、日本ではじめての博物館関係者団体で、このときも棚橋は常務理事を務めていた。棚橋の組織と言ってよい組織の大会を、このように評するのは、もはや棚橋批判と言わずしてなんと言おう。満洲国での講演ゆえ、海を隔てた日本には聞こえないと、藤山は思ったのかもしれない。藤山の博物館関連の著作を通覧するとき、棚橋の著作を参照しているのが明らかであるにもかかわらず、棚橋の名、棚橋の業績に言いおよぶことがまったくないのも事実なのであった。

五　広瀬鎮への接続

ところで、棚橋の名はなくとも、「新博物館の胎動」には多くの個人名が記されていた。このときすでに亡くなっている、本山彦一（一八五三－一九三二年）、坪内逍遙（一八五九－一九三五年）、斎藤善右衛門（一八五四－一九二五年）を除くと、農業博物館の館長・西村健吉（一八九六－一九六〇年）、海軍館の副館長・新山良幸（一八八五－一九五四年）、民芸館の柳宗悦（一八八九－一九六一年）、新潟郷土博物館の館長・斎藤秀平（一八八四－一九六六年）、演劇博物館の館長・河竹繁俊（一八八九－一九六七年）、斎藤報恩会博物館の館長・畑井新喜司（一八七六－一九六三年）の六人である。[32]このうち、西村、新山、斎藤、河竹とは、全国博物館大会の出席名簿[33]によって、同席していたことがわかっている。名を記したのは、藤山と同様の館長、副館長クラスの人に対する社交辞令のようにも見えるが、満洲国でおこなった講演であるから、棚橋批判と同様に相手方には聞こえないとも言え、そうではないだろう。では、話題に箔をつけたのであろうか。そのようなことをせずとも、話し手、書き手として藤山は知られた人であり、やはり否定的である。このように、単なる博物館紹介ではなく、多少なりとも博物館論が展開されるなかで、個人名を掲げながら行文するケースは、寡聞にして知らない。

否、ある。広瀬鎮の『博物館は生きている』[34]がそうであった。無名、有名の個人を掲げながらおこなわれた広瀬の博物館論については別稿[35]で詳しく見たが、いまここで新たに、藤山と広瀬が同期、同調することを発見する。藤山の言った〈国民〉と広瀬の言った〈大衆〉が、お為ごかしではなかったから、両者の博物館論は、その構造において三〇余年の時間を超え、通じることになったのではないだろうか。

この点、伊藤寿朗の『ひらけ、博物館』にも触れると、そこに掲載された写真には、無名の人びとが多くいた。同書のイコノグラフィについても別に分析、評価した[36]ように、そこには伊藤の言う〈市民〉があらわされていた。三者を時系列にならべると、

藤山：有名の館長・副館長→広瀬：有名の大衆→伊藤：無名の市民

となる。同時に、

具象：藤山・広瀬／抽象：伊藤

という分類もでき、各博物館論の拠って立つところの差異を感じさせるが、通底するのである。

それはさて措き、藤山が名を掲げた六人のうち、年長で六〇代の畑井、年少で四〇代の西村の

ほかは、藤山とほぼ同世代で五〇代であった。棚橋源太郎（一八六九－一九六一年）と生年で二〇年遅れる藤山は、親子ほどの違いだけでなく、明治維新からの政治、経済、文化的な遠近もあったに違いない。一九三〇－一九四〇年代満洲国の藤山は、一方で棚橋を忌避すなわち明治から離れ、他方で接近、接続していたのが、一九六〇－一九七〇年代戦後日本の広瀬であったということになる。ここに、藤山の博物館論の特性があらわれている。

六　ダブルアレンジメントの発見

藤山一雄は、視察で得た日本の博物館の印象を、「その多くは陳列場だけで、奥行がないということであります[37]」と総括した。これを踏まえて、博物館の理想を、とくに陳列場に関し、概略次の三項において説いた。

① 博物館の内部を、陳列場は全体の1/3程度とし、他に保存倉庫（収蔵庫）、研究室、図書室、講堂、食堂等で構成する。
② 陳列場は二重とする。
③ 陳列場は「列品のニュース」と位置づけ、恒常的更新をする。

そして、「多くの既設博物館の如く陳列場の化石は全く御免であります[38]」という、常套句で結ぶ。この三項は、『新博物館態勢』などほかの博物館論に、そのまま受け継がれてはいないが、類似する内容は散見することができる。

ここでは、②について見ることにする。藤山は、陳列場を少なくとも二重に設けることを言う。すなわち第一に、

見物気分で来館する大衆の為の陳列場は小学卒業乃至中学一、二年生位の程度の智識で理解される興味中心のものとなし、(39)

第二に、

他に更に高級の陳列場を設け、一般観覧者から濾過された高級研究者の為にその整理された陳列場—保存倉庫を解放し、研究題目に適切なる部分のものを見せ、或は学芸官がその研究を指導することにしたいものです(40)

と。

藤山は、利用者を大衆と高級研究者に分け、それぞれに対応した陳列場設置を希望する。これは、〈大衆＝ポップカルチャー〉と〈高級＝ハイカルチャー〉を、博物館に内在する二様のあり方としてとらえて、それを展示の場面で表現したものと言うことができる。

図14　鳳来寺山自然科学博物館

そしてこれが、常設展示と企画・特別展示の二様ではなく、常設展示におけるそれである点が重要である。常設で二様の展示を設ける考えは、二重配列―ダブルアレンジメントが、戦後に知られている。これは、「分類展示室」と「総合展示室」との二重によるもので、分類展示室は「標本保管庫」と結ばれてもいた[41]。これを実現したのが、一九六三年に開館した鳳来寺山自然科学博物館（新城）である（図14）。

提唱者の新井重三は、次のように書く。

Double Arrangement Systemとは筆者が昭和三三年「博物館研究」誌上で発表した展示の基本的形態、展示物の配列様式に関する理論である。これは、博物館の利用者を対象として分類すると、その利用目的が大きく二つに分かれること。その一つは、いわゆる、特別な目的を持たない見学者の一群であり、他のグループに属する利用者は研究、鑑定等、具体的な目的を有する人達であるから、この二群を基盤として展示の形態も二つの様式に分けるべきであり、必然的に展示室も別にすべきであるという説である。[42]

これに続けて新井は、従来からある子ども博物館、子ども動物園が「見学者の年令によって横切りし、二つのグループに分けて、それに適応した展示や博物館活動をしようとする」のに対して、「見学者を縦切りして展示及び展示室を分けようとする」[43]のが、ダブルアレンジメントであると説く。さらに、新井の職場であった秩父自然科学博物館で検討した結果、「一般社会人の科学知識は中学校低学年のレベル」[44]であるとの結論にいたったとも書いていた。

もはや説明は不要であろう。一九三九年満洲国の藤山の希望した陳列場の二重論は、一九五八－一九六三年戦後日本の新井のダブルアレンジメントに、ほぼ等しいものであった。広瀬鎮だけでなく、新井を介したときも、すぐれて戦後的であった藤山の博物館論の発見に導かれるのである。

七　「新博物館の胎動」以後

藤山一雄の「大衆／高級」の二重展示は、紛うことなきダブルアレンジメントであった。ただし、『新博物館態勢』では、「特別の研究を要するものにのみ収蔵倉庫に図書室に、更に研究室に、或は実習所等に入場を許せばよい」[45]となり、陳列場への言及が削除されてしまう。ちなみに、陳列場の「列品のニュース」化すなわち展示の更新も、こののちの藤山の博物館論では影をひそめ、博物館エキステンションや民俗博物館の総合性にとってかわられてゆく。

ダブルアレンジメントは、藤山に瞬時あらわれた考えだったとしても、この事実はわが国の博物館の歴史に正しく記されなければならない。新井のダブルアレンジメントが、その二〇年前、すでに発想され、提起されていた、と。

一九五〇年代の博物館の構造化が、一九三〇年代からの博物館近代化の完成であったことは、別に見たとおりだが[46]、完成のあかつきには、再演もおこなわれていたことを、私たちは知る。「新博物館の胎動」は、朝鮮と日本の博物館の視察記と、藤山の博物館の理想像、そして現実の国立中央博物館準備の進捗状況報告であった。藤山の理想は、視察の結果得られたかのごとき展開を呈していたが、一九三五年の「博物館小考」や、これをさらにさかのぼる一九二六年の「五十年後の九州」を知ったいまなら、理想像は視察以前からのものであったことがわかろうというものである。「新博物館の胎動」は、国立中央博物館の宣伝という性格を強く帯びていた。しかし、そのような作品においても、藤山の博物館理論の先駆性、進取性に遭遇できるとは、まこと欣快に堪えないのである。

注

(1) 藤山一雄「博物館運動の方向」『北窓』第一巻第二号、満鉄哈爾浜図書館、一九三九年、一九―二一頁、参照。

(2) 同「満洲国立中央博物館の近況」『博物館研究』第一二巻第八号、日本博物館協会、一九三九年、三－五頁、参照。
(3) 同「博物館の使命」『国立中央博物館時報』第一号、一九三九年、一－二頁、参照。
(4) 「第九回全国博物館大会」『博物館研究』第一二巻第一一号、日本博物館協会、一九三九年、五頁。
(5) 藤山一雄「新博物館の胎動」『民生』第三巻第一号、民生部、一九四〇年、一－八頁、参照。
(6) 尊田是「新京本館動態／第五回博物館の夕（通俗学術講演会）」木場一夫編『国立中央博物館時報』第四号、国立中央博物館、一九四〇年、三〇頁。
(7) 藤山一雄「新博物館の胎動」、八頁。
(8) 同論文、三頁。
(9) 同論文、五頁。
(10) 同論文、三－四頁。
(11) 東京国立博物館編『東京国立博物館百年史』、東京国立博物館、一九七三年、四五五－五三三頁、参照。
(12) 藤山一雄「新博物館の胎動」、三－四頁。
(13) 同『新博物館態勢』（東方国民文庫第二三編）、満日文化協会、一九四〇年、七頁。
(14) 同「新博物館の胎動」、五頁。
(15) 同論文、四－五頁。
(16) 同論文、五頁。
(17) 同論文、五－六頁。
(18) これを筆者は、「仙台コネクション」と呼んだことがある。犬塚康博「I－55 国立中央博物館関係新聞記事④」犬塚康博・名古屋市博物館編『新博物館態勢 満洲国の博物館が戦後日本に伝えていること』、名古屋市博物館、一九九五年、四六頁、同「IV－25 "Saito Ho-on Kai Museum Research Bulletin"

No.1　一九三四年」犬塚康博・名古屋市博物館編、前掲書、一〇七頁、参照。
(19)　藤山一雄「新博物館の胎動」、四頁。
(20)　同論文、四頁。
(21)　これと同様の主旨のことを、同「ヂシツプリン即天才」『国立中央博物館時報』第四号、国立中央博物館、一九四〇年、四四－四六頁、で書いている。
(22)　同「新博物館の胎動」、三頁。
(23)　同論文、四頁。
(24)　同論文、四頁。
(25)　同「博物館小考」『帰去来抄』、東光書院、一九三七年、一〇七－一一一頁、犬塚康博「「博物館小考」解説」『博物館史研究』No.1、博物館史研究会、一九九五年、一〇－一四頁、参照。改稿して本書「『新博物館態勢』の徴候――「博物館小考」」に収録した。
(26)　犬塚康博「博物館外部システム論」千葉大学大学院人文社会科学研究科編『千葉大学人文社会科学研究』第一九号、千葉大学大学院人文社会科学研究科、二〇〇九年、九一－一〇六頁、参照。
(27)　藤山一雄「新博物館の胎動」、六頁。
(28)　犬塚康博「大東亜博物館構想と木場一夫」犬塚康博・名古屋市博物館編、前掲書、一〇二頁、参照。
(29)　電気科学館については、同「博物館史から見る橋下府政の博物館論」大阪民衆史研究会編『大阪民衆史研究』第六四号、大阪民衆史研究会、二〇一〇年、三－一一頁、を参照されたい。
(30)　同『反博物館論序説――二〇世紀日本の博物館精神史』、共同文化社、二〇一五年、五〇－五二頁、参照。（初出は、同「藤山一雄の初期博物館論――「五十年後の九州」の「整へる火山博物館」――」『地域文化研究』第二二号、梅光学院大学地域文化研究所、二〇〇七年、五－六頁。）
(31)　藤山一雄「新博物館の胎動」、二頁。
(32)　「新博物館の胎動」は、慶州分館について個人を載せていないが、『新博物館態勢』では、「現在は大坂金太郎氏が館長として熱心に経営せられてゐる」と書いている。同『新博物館態勢』、七六・七八頁、参照。

(33)「第九回全国博物館大会出席者名簿」『博物館研究』第一二巻第一一号、六－七頁、参照。

(34)広瀬鎮『博物館は生きている』（ＮＨＫブックスジュニア1）、日本放送出版協会、一九七二年、参照。

(35)犬塚康博、前掲書、一九〇－二〇九頁、参照。

(36)同書、二三二－二五二頁、参照。

(37)藤山一雄「新博物館の胎動」、六頁。

(38)同論文、六－七頁。

(39)同論文、六頁。

(40)同論文、六頁。

(41)新井重三「博物館における展示の基本的な七つの問題点とその解決法――再び Double Arrengement《ママ》 について――」『博物館研究』第三一巻第三号、日本博物館協会、一九五八年、二一－二二頁、参照。

(42)同「Double Arrangement System の採用――鳳来寺山自然科学博物館の完成――」『博物館研究』第三六巻第二・三号、日本博物館協会、一九六三年、一八頁。

(43)同論文、一八頁。

(44)同論文、一九頁。

(45)藤山一雄『新博物館態勢』、二三五頁。

(46)犬塚康博、前掲書、一三八－一八七頁、参照。

二重性の博物館論――『新博物館態勢』

一　『新博物館態勢』そのものへ

満洲国国立中央博物館副館長藤山一雄は、一九四〇年に著書『新博物館態勢』を世に問うた（図15）。博物館を主題にした日本人による図書としては、浜田青陵の『博物館』（一九二九年）、棚橋源太郎の『眼に訴へる教育機関』（一九三〇年）、後藤守一の『欧米博物館の施設』（一九三一年）などに続くもので、満洲国ではじめての書であった。しかし、一九四五年の日本敗戦と満洲国滅亡とにより、同書の寿命はいったん途絶える。戦後、木場一夫の『新しい博物館　その機能と教育活動』や日本博物館協会の『博物館学入門』が、文献リストのなかにその書誌を記したが[1]、内容におよんで参照することはなかった。

そして、伊藤寿朗の論文「日本博物館発達史」が同書に言及する[2]。さらに、同じ伊藤の監修に

図 15 『新博物館態勢』

図 16 新博物館態勢展チラシ

よる『博物館基本文献集』中の一冊として復刻され(3)、刊行後半世紀ぶりに再読がうながされることになった。書名を冠した一九九五年の名古屋市博物館特別展「新博物館態勢　満洲国の博物館が戦後日本に伝えていること」（図16）をピークに藤山の再評価が継起し、一九九六年開催の町政施行七〇周年記念特別展「――郷土の先覚――藤山一雄と博物館」（由宇町歴史民俗資料館）、二〇〇六年開催の梅光学院創立一三五周年記念・第一一回企画展「梅光女学院と藤山一雄――その人と生涯をみつめて――」（梅光学院大学博物館）に続いている。

一九九〇年以降しばらくは、藤山の博物館理論の全体把握が急がれたこともあり、同書をはじめとする諸論考の概観、通読が、作業の中心となった。この方法は誤りでなかったが、『新博物館態勢』そのものを精読、解析することも切望されてきた。本章は、これをおこなうものである。同書で藤山が紹介した博物館は、藤山にとって何を意味したのか。そしてその意味は、ただいまの私たちにとって何を意味するのか、に止目しながら、以下、検討を進めたい。

二　『新博物館態勢』の前提

「序」の冒頭から、藤山一雄は批判的である。

世界に現存してゐる多くの博物館が如何なる沿革を持ち、如何なる現状で、さうして如何に経営せられて居るかは、博物館に従事するものや、博物館に多少でも興味を持つて居るものの等しく知らんと欲するところであるが、此の種の文献中、専門的なるものはいざ知らず、一般への常識的食料になるやうなものは案外に配膳されて居ない(4)。

まず、同書の主題が「博物館に従事するものや、博物館に多少でも興味を持つて居るもの」にとってあることを書きつける。「博物館に従事するもの」とは著者たる藤山その人であり、「博物館に多少でも興味を持つて居るもの」とは、延長された藤山と言うことができるだろう。さらにそれは、「一般」にまで拡張されて、一般読者を一気に藤山との共犯関係に誘う。同書の構えはここにある。藤山が読者を連れ立って批判するのは、専門書（「此の種の文献中、専門的なるもの」）以外の一般書（「常識的食料になるやうなもの」）が、「世界に現存してゐる多くの博物館が如何なる沿革を持ち、如何なる現状で、さうして如何に経営せられて居るか」の問いを持たず、答えもないことに対してである。果たして、このような設問と回答が、一般の常識に必要とされていたのか否かは定かでないが、藤山はここからはじめる。

『新博物館態勢』は全一四章から成り立つ（表1）。食の喩えを用いて「皿に載せた博物館は凡て筆者が一度は馴染んだものである」[5]と言うように、章立てされた博物館は藤山の実見したものである。これらについて、「あるものは、どうして博物館が出来たかといふことを、あるものはどんなものが列べられてあるかといふことを、また、あるものはどんな仕組に出来てゐるか、どんな方法で展示されてゐるかといふこと」[6]に即して記述され、これにて冒頭の設問と回答を、同書がになう旨表明される。

そしてこの書の読了により、「私の博物館といふものが大体どんなものであるかを自ら味読せられるだらう」[7]と藤山は書く。「私の博物館」とは何か。博物館の一般論が語られるのではない。藤山の博物館なのである。同書の広告は、次のように書いていた。

本書は著者の理想する博物館をかつて訪問せる多くの世界博物館中より最も印象深きものを拉し来り、あるものは浪漫的に、あるものは沿革的に、あるものは構造的に、あるものは列品より、またあるものはスペースの分配等より観察し、通読綜合すればそこに筆者の夢が自ら幻影の如く浮び出づる特殊なる記述法により新体制下に必要する博物館及びその活動の進路を暗示するものでかゝる表現の方法をとれる記録は稀有のものである。然も著者は多くの博物館を藉り来り、実は自らの世界観と文明的要素を盛れる自己の生活の帰趨を暗示せる

表1 『新博物館態勢』の構造（章・節・図版）

章・節	図版
第一章 博物館について	
一、文化縮図	カイゼル・フリドリヒ博物館と大英博物館〔一、カイゼル・フリードリッヒ博物館と大英博物館〕
	〔二、カイゼル・フリードリッヒ博物館のプラン〕
二、その使命	
三、その対象	
四、死せる列品を生かす	
五、外に働く	
六、近代博物館の進路	
第二章 ゲーテ博物館	
一	〔三、ゲーテの家の紋章〕
	〔四、〕ゲーテ博物館とガルテンハウス
	右 シルレル 左 ゲーテ／静なるワイマールの町〔五、ワイマールの町とゲーテとシルレルの銅像〕
二	〔六、〕ゲーテ博物館〔館〕平面図
	ゲーテの倚りて死せる椅子。〔七、ゲーテ臨終の部屋〕
三	
四	
第三章 ベルリン国立民俗博物館	
第一民俗博物館	〔八、〕ベルリン民俗博物館
	ベルリン民俗博物館平面図〔九、ベルリン民俗博物館のプラン〕
第二民俗博物館	
第四章 北方博物館	
	〔一〇、〕北方博物館〔の景観〕
	北方博物館平面図〔一一、同 平面図〕
第五章 慶州博物館	
一	慶州博物館応接室の構造美〔著者筆〕〔一二、慶州博物館応接室の構造美〕

二	慶州博物館〔一三、同　本館〕 慶州博物館平面図〔一四、同　プラン〕
三	
第六章　日本民芸館	
一	
二	〔一五、〕日本民芸館 日本民芸館平面図〔一六、同　プラン〕 Ⅰ　日本民芸館露出展示方法〔一七、同　露出展示法Ⅰ〕 Ⅱ　日本民芸館露出展示方法〔一八、同　Ⅱ〕
三	
四	
五	
第七章　エヂプト博物館	
一	〔一九、〕エヂプト博物館 〔二〇、〕ツータン・カーメンの家具と女王タイアの父のミイラ
二	
三	
第八章　シエークスピア博物館	
一	STRATFORD-UPON-AVON IN THE TIME OF SHAKESPEARE〔二一、シエクスピア在世当時のスーラーホードオンアボンの地図〕 アボンの流とシエークスピア博物館〔二二、アボンの流とシエクスピア博物館〕 シエークスピアの少年時代使用せる机とシエークスピア博物館の内部〔二三、シエクスピアの少年時代使用せる机とその博物館展示の内部〕 〔二四、同　博物館プラン〕
二	シエークスピアの墓碑銘と妻の里方の玄関口〔二五、シエクスピア墓碑銘と妻の里方の玄関口〕 〔二六、〕トリニチー教会の大扉の引金
第九章　フランスの国立博物館〔フランス国立博物館〕	

注　目次と本文のタイトルに異同がある。本表は本文のタイトルにしたがい、目次のタイトルが異なる場合は〔 〕内に記した。本文、目次ともにタイトルのない図版については、〔 〕内に任意にタイトルを記した。なお、初出時の頁数欄は省略した。

もので、一つの芸術的創造なりといつてよい。博物館の仕事に従事せるものは勿論大方の読者の一覧を希望する。(8)

文体から推して、藤山自身による広告文と思われる。『新博物館態勢』は、藤山の「理想する博物館」、藤山の「夢」を描くものであることが端的に語られている。それがそのまま、「新体制下に必要する博物館及びその活動の進路を暗示するもの」となるところは、「序の」「博物館に従事するものや、博物館に多少でも興味を持つて居るもの」すなわち「一般」に飛躍する展開と通じ合う。しかも藤山「自らの世界観と文明的要素を盛れる自己の生活の帰趨を暗示せるもので、一つの芸術的創造なりといってよい」とまで言う。同書は、彼の生活と芸術とを総合する作品なのである。

なお、「此の労作は休暇帰家中の長男光太郎、次男雄治郎の助力によつた」[9]とあるのは、外国語文献の翻訳などの手伝いのことであったと言う[10]。

さて、表1に明らかなように、同書の章立て、節立てに整然としない部分が見られる。混乱も認められる。いくつかの理由が考えられるが、藤山の著作活動を考慮した際、この書が書き下ろしなのか、既発表稿の集成なのか、両者の混成なのか判然としないことも手伝っている。いずれの場合も想定しながら検討を進めてゆこう。

三　藤山一雄が当事主体とならない博物館

第一章の「博物館について」が総論、第一四章の「結語」が結論である。これまで私たちは、満洲国の博物館と藤山一雄の博物館論の実態把握を急いだこともあり、他章に比してこの二つの章を真っ先に読み込んできた経緯をもつ。そうした喫緊の要請がひとまずなくなった今回は、第二章から第一三章までの個別の博物館紹介から読みはじめたい。

これらは、対象となる博物館と藤山との関係の異同によって、大きく二分することができる。

① 第二章―第一〇章 ：藤山一雄が当事主体とならない博物館。
② 第一一章―第一三章：藤山一雄が当事主体となる博物館。

あらかじめ言えば、①の九館は、②から参照されている項である。①の九館の諸特徴を体系的に総合する博物館として、②の藤山が当事主体となる満洲国の博物館が構想される、という関係にある。

ここでもまた、私たちの過去の関心は②の一群に集中的に注がれ、①を周辺的にしてきた。よってまず①について、藤山が示唆した「如何なる沿革を持ち、如何なる現状で、さうして如何に経営せられて居るか」、および「あるものは、どうして博物館が出来たかといふことを、あるものはどんなものが列べられてあるかといふことを、また、あるものはどんな仕組に出来てゐるか、どんな方法で展示されてゐるかといふこと」、さらに「あるものは浪漫的に、あるものは沿革的に、あるものは構造的に、あるものは列品より、またあるものはスペースの分配等より」を念頭におきながら、藤山が、それらを紹介する主旨が何であるのかを見てゆこうと思う。

「第二章　ゲーテ博物館」

「一九二九年の晩秋、私はライプチツヒからミユンヘンへの旅の途中、年来の宿願であつたゲーテ博物館を訪ねるために、大まわりしてワイマールの町に下車した」[11]と、藤山一雄は書く。以下、ゲーテの事績とゲーテ博物館の説明が続き、章末にいたって博物館研究的記述がおこなわれる。

そして国家がかゝる由緒ある私宅をナシヨナル、ミユージアムとなせる所以もまことに意義あることで、殊にその内容がゲーテの世界を象徴し、芸術、科学のあらゆる分野に亘れるに於て、「世界博物館」の本来を象徴して余りありといつても過言でないと信ずる。[12]

かぎ括弧でくくられた「世界博物館」の語は、藤山には稀である。この語は、藤山の他の著作には登場しない。ゲーテに対する、藤山の最大級の献辞とみなすことができよう。「芸術、科学のあらゆる分野に亘れる」ことが、同章における藤山の眼目である。

「第三章　ベルリン国立民俗博物館」

この章は、ベルリンの中心にある「博物館の島」の数館について略記した後、「然し最も私の興味を引いたもの[13]」に、ポツダム広場近くの民俗博物館を掲げる。これ以外に藤山一雄の感想は記されず、「此の博物館がいかなるものを列べて居るかを記述する[14]」として、展示室ごとに展示資料を列記する。「あるものはどんなものが列べられてあるか」や「列品より」に対応すると思われるが、行文からは、それらの列品が、藤山の興味をひいた理由や満洲国国立中央博物館への参照項目を、直接うかがい知ることはできない。

「第四章　北方博物館」

この章も、ベルリン国立民俗博物館同様、展示室ごとに展示資料が単調に記述され、「あるものはどんなものが列べられてあるか」および「列品より」のケースに該当すると思われる。ただし、北方博物館の方が筆致流麗である。「これらの歴史的記念物は文明の潮におし流され、とつくの昔に何処かに失はれたゝめに、何処の国に於ても、こゝ程完全に、中世の文化や昔の民俗を保存してゐるところは見あたら無い[15]」という藤山一雄の評価が、この記述の背景にあるようだ。さらに、この博物館をつくったアルツール・ハツェリウスの事績に対して「不屈の努力[16]」として触れていることから、「如何なる沿革」および「どうして博物館が出来たかといふこと」も含まれているとみなせる。

なお先取りして言うと、後の「日本民芸館」の章で北方博物館に関する記述が登場するが、これに接続させて藤山はこの章を先行して設けたのかもしれない。本章も、先に引用しておこう。

昭和四年の夏、柳氏浜田氏等は遇然、北欧の旅に出で、ストックホルム市スカンセン丘上に落ち会ひ、「北方博物館《ノルヂスカムゼー》」にドクトル・ハゼリウスの尨大な農民美術品の大コレクションを観、北方民族のもつ工芸美から強き刺戟を享け、「日本民芸館」発芽の種を蒔かせられるに至つた[17]。

「第五章　慶州博物館」

書き出しから藤山一雄は、この博物館に関する自己の意見を披露する。

慶州博物館は正式に言へば「朝鮮総督府博物館慶州分館」であるが、新羅文化の本質を広く展示する役目をもつ郷土博物館としては、「新羅博物館」といふのが一番響がよく、また本質的でもあると思ふ[18]。

ここには、慶州博物館の「本質」を実体的に視る藤山がいる。「ほんとを言へば」として続く次の段落も同様で、慶州博物館には藤山の「本質」や「ほんと」がある。「ほんとを言へば今日の慶州の町及びそれを囲繞する東西約八キロ、南北一〇キロに亙る盆地の風物悉くが大きな「露天博物館」である[19]」と、藤山の「ほんと」が「露天博物館」へ続いてゆくことは重要である。さらに、この博物館の前庭に対しても、「「露天展示場」の意義を有して居る[20]」と評価する。「露天」がキイワードである。

慶州博物館については、「新博物館の胎動」で「私の好きな博物舘の一つでありましてストックホルムのスカンセン（土俗博物館）を思はせ」、その展示を見学すると「慶州を中心とした附近の古蹟へも足を伸ばしたくなる衝動を起させ、実地に一巡すれば慶州を中心とする環境が博物館そのものであることを感じさせ[21]」ると記しており、「露天」がスカンセンに通じるものであることが知れる。章の冒頭とともに、「この博物館はかゝる市街のうちに経営しないでむしろ、月城址内とか、鮑石亭址の如き広濶にして史実に富める地に創設せられたなら尚意義深く、郷土博物館として一層その本領を発揮するであらう[22]」とし、「切に総督府当局にスケールの大きな移築と拡張とを希望してやまない[23]」との結語まで、藤山の主旨は一貫している。

なお、同書の本文中では唯一となる藤山の自筆スケッチが、この章の挿図に用いられていた（図17）。その絵は、狭義の展示館や展示品ではなく、「朝鮮建築の美に衝たれた[24]」という「館長室の脇なる応接室[25]」であり、藤山のディレッタンティズムと非中心主義があらわれている。これもあわせて、慶州博物館に対する藤山の、並々ならぬ思い入れが感じられるのである。

図17　慶州博物館　藤山一雄画

「第六章　日本民芸館」

この章は、第一節が概要、第二節が使命、第三節が沿革、第四節が展示見学の印象、第五節が展示方法と、日本民芸館についてまんべんなく記述される。いずれかに重点があるという印象はないが、『日本民芸美術館設立趣意書』にはじまる民芸運動と、民芸館設立にいたる経緯の記述にあてられた沿革が他のページ数に比してやや多いことから、冒頭の「如何なる沿革を持ち」や「どうして博物館が出来たかといふこと」および「沿革的に」に、藤山一雄の主旨があったのかもしれない。

それにしても同章での藤山は、展示品について「全く動かすことの出来ない美しさを如実に見出す[26]」とか「民芸館の展示方法については殆んど間然するところはない[27]」と言い、「私は「民芸」にいそしまれる人達の幸福を羨むと共に、一段の努力と前途の発展を祈りたい[28]」と、賛辞を惜しまない。主題は「美」にある。それにまつわる「民芸にいそしむ人達の慧智と美の判断[29]」を愛でる一方で、「在来の多くの美術館は時々美的価値よりも、その由緒を重じ、在銘に囚はれ、或は技巧にこだはり、種類に滞り、却って醜なるものさへ並べられ、美的統一を失ふ場合がまゝある[30]」という博物館研究的批判をもおこなう。「美の評価は」「理論により組立てず、むしろ直感に基いて求める[31]」と藤山が言うからには、同章は総じて藤山の「直感」の記述と言えるだろうか。

ほかに特徴的なのは、採光の問題に立ち入っていることで、この点は「新博物館の胎動」も、「列品が建物や部屋その光線、即ち環境との関係をよく考慮し、配列してありまして、民芸品の本質、その美しさに索きつけられました[32]」と書いていた。

「第七章　エヂプト博物館」

これは、現在のエジプト考古学博物館のことである。この章は、他の八章と比べて様相を異にする。一九二九年の洋行の折に、藤山一雄が別の日に、二度にわたりこの博物館を見学したのは、「その内容のチヤーミングが大きかつた[33]」からだという。行文中繰り返し登場する語句が、このことを物語っている。煩を厭わず、以下に引用する。文中の傍線は引用者による。

殊に注意すべきはこれらの生命なき発掘品を見、古代の天文、暦数、医薬等の諸科学の率直端的にして、規模雄大、然も健康、積極的なると同時に伝統的確信による実在世界の時間、空間のスケールの法外に雄大なるに驚嘆させられるのである。[34]

例へば「ラノフエルの像」や「村長像」の如き、驚くべき自由さを以つて、当時の生活と文化とを如実に見せて居る。[35]

当時既にかゝる大物（ペピ一世像のこと―引用者注）の鋳物術も知られてゐたのかと驚異の眼を瞠つたことである。[36]

数千年前にかゝる技法（絵画の技法のこと―引用者注）を体得せし慧智に到りては全く一驚するの外はない。[37]

中でも王（ツタンカーメンのこと―引用者注）のミイラの顔面を蔽つた黄金の冠や、黄金棺等はその豪華さに驚かされる。[38]

その（ツタンカーメンの玉座の王と王妃像のこと―引用者注）上に太陽が輝き上部はテル・エルアマルナ式の文様を装飾し、その巧緻なること驚くの外ない。[39]

またエナメルの色釉も見られ第一王朝の焼物の小断片に象形文字を凹刻し、これに菫、緑の二色のエナメルを嵌入してゐるのには驚くの外はなかつた。[40]

展示品の細部におよんで藤山の知識が動員され、その想像力も発揮されて、驚嘆が連続する。このほかにも、「思はず頭が下るものがある」[41]、「頗る印象的である」[42]、「忘れ難き印象を得たもの」[43]、「心を牽かされる」[44]等々多様な形容が続く。展示品に接して、手放しで驚喜する藤山があらわれており、他の章には見られない様子がここにある。

「第八章　シエークスピア博物館」

「さて私はくだくと、此の天才の誕生地の思出を書並べた」[45]と章末で記すように、この章は随筆的であり、藤山一雄の筆勢は自由奔放である。同書全体で三つある折り込み図版のうちの一つ"STRATFORD-UPON-AVON IN THE TIME OF SHAKESPEARE"が挿入されているのは、「広義には、このストラトホード・オン・アボンの町自体が「シエクスピア博物館」だといつてよいほど、その悉くの風物が彼の息のかゝらないものはない」[46]と言うことに対応する。慶州博物館での「露天博物館」に、まったく通じている。

シェークスピア博物館も、ゲーテ博物館同様「英雄偉人の一生を偲ぶ資料を展示せる特殊博物館」[47]だが、これを紹介した主旨は次のとおりである。

一体にイギリスといふ国自体極めて伝統を重んずる保守的な国柄で、流行などに余り支配されず、道具でも建築でも習慣でも乃至人間そのものさへ、古きもの、老へるものを大切にし、尊重して、それらの黴の生えし如きもののうちに潜む魂といふか、生命といふか、過去の民族や国民生活の表現に、自己の今日ある所以と同様のものを発見し、共鳴し、その一貫せる精神に鼓舞せられ、刺戟せられ、次代の歴史を更に壮重に創り出す原動力を認めるよすがにするのである。アングロサクソン全体ががつちりと落ちつき、また強靱にして、底力ある性格を持続し、世界に逼り来るその力にはなんとしても感心せねばならぬ。シエークスピア博物館は誠に小なる住宅であり、その列品とても、眼をそばだてる如きものは一つもないが、後方より前方へ継続するアングロサクソンの強き一連鎖たる此の天才の生涯に、あふるゝ熱情を保管する後継者の心づくしに頭を下げねばならぬ。(48)

長文の引用となったが、ここには藤山にとってのシェークスピア博物館の意味がよくあらわれている。列品へのそっけない謂いは、エジプト考古学博物館での連続する驚嘆に比べると、雲泥の差がある。それでもなおシェークスピア博物館をとりあげたのは、当否はさて措き、そのイギリス観を介した満洲国のあるべき姿の呈示といえる。かくして、「われらの国にも、鄭孝胥博物館があつてよく、羅振玉博物館がなければならんのである」(49)と結ぶのである。

「第九章　フランスの国立博物館」

同章は、フランスの博物館の制度・運動について、淡々と機械的に記述されている。藤山一雄の感想や評価が挿入されることはない。一つの章としては、ページ数が最も少なく、挿図もない。

「第一〇章　北米合衆国国立博物館」

この章は、スミソニアン・インスティテューションと国立自然史博物館を紹介する。要点の第一は、「スミソニアン学会こそ、私の理想とする、近代博物館の構成と、その活動を最も有意義に具顕して居り、これらの博物館は、スミソニアン学会なる大博物館の一部分をなす資料展示場に過ぎないからである[50]」にある。展示中心の博物館からの脱却が、スミソニアン・インスティテューションの例示でもって主張される。

第二は、一九一〇年に開館した自然史博物館の建築に注目して、「世界の大博物館としては旧いものでは英の大英博物館、新しいものでは、独のミユンヘン市なる独逸博物館等があるが、そのエレベーシヨンの清美、雄大にして、その構成の近代的完璧さに於て、此の博物館に比肩するものは多くあるまい[51]」と評する。そして、「本館の構造は相当金はかゝつてゐるが、所謂記念堂乃至殿堂式といふよりも、博物館の機能を発揮せしめる実用に重きを置き、内部には些の虚飾なく、蒐集品安全の為めの耐火、耐震には勿論、塵埃、雑音及び泥棒の難を防ぐ堅確なる装置が施され、非常に清楚な感を与へる[52]」と、その合理的、機能的な博物館建築を賞賛し、藤山一雄にとっての博物館建築の「近代」の何たるかを知ることができる。同館の照明に記述を費やすのは

第六章の日本民芸館に類するものがあり、展示品の「美」、その「近代」を考慮していたためと考えられる。「本館建築の利用配置を種々の方面より観察し、科学博物館建設プランの参考に資しよう[53]」と立面図、平面図の折り込み図版まで挿入して、満洲国国立中央博物館の建物設計の参考にする態度を単刀直入に示すのである。

以上、第二章から第一〇章まで、藤山一雄が当事主体とならない博物館に関する記述を概観した。藤山の「私の博物館」はこれらと反照関係にあるはずだが、ここからその全体像を体系的かつ直截に読み取ることは、まだできない。先を急ごう。

四　藤山一雄が当事主体となる博物館

次に、藤山一雄が当事主体となる満洲国の博物館について書かれた、第一一・一二・一三章をながめる。

「第十一章　国立中央博物館大経路展示場」

三節に別れたこの章は、おおむね第一節が沿革、第二節が展示場の構成、第三節が展示構成に該当する。沿革の節には、否定的な言辞が多い。展示場の狭隘さ、立地の不利、交通アクセスの不在に対するもので、「これは建国後七年にして尚且つ満洲国文化水準のかくも低かりしことを偽らず表示せるもので、他日のために記録して置くこともあながち無意義ではないと思ふ[54]」と厭味を言う。展示場の構成は、そうした悪条件下にありながらも展示ケースを設計・発注し、種々の工夫を凝らして「兎に角く予定の如く、七月十五日を卜し開場することを得たのはまことに欣快にたへない[55]」と自賛するのである。展示資料を単調に記述した後、次のように総括する。

これを要するに本展示場は地方都市に分布せしむべき、自然科学或は郷土博物館として、最も規範的なものといふべく、その創設、及び経営に対する好個の見本であり、博物館研究のよき対象である。此の種程度の小地方博物館が、一刻も早く満洲の地方都市に実現するの日を希望して止まない[56]。

先に見たように藤山は、国立中央博物館の新京本館に、スミソニアンの国立自然史博物館のような建築物を構想していた。しかし、大経路展示場の総床面積六九〇平方メートルは、国立自然史博物館の四三、五〇〇平方メートルとあまりにも隔絶している。かくして、首都の中央博物館を、地方の小博物館のモデルにするという、転倒からはじまるのであった。

「第十二章　民俗博物館について」

これは、正式には満洲国国立中央博物館新京本館民俗展示場のことである。他の章の節がここでは項に対応し、その上位にタイトルを有した節を設けるという、同書のなかでは異なる構造を呈している。この章の冒頭から第一節「北満の代表的農家」は、半年ほど前に刊行された満洲民俗図録第一集『ある北満の農家』からの転用である。藤山一雄の編集、執筆になる図録であるため、自家使用となり、部分的に改稿がおこなわれている。

まず、章の冒頭で民俗博物館に関する総論が展開される。章相互の関係から、次の点に注意したい。第一は、「民俗」の範疇について「民俗学 Folk lore の民俗と大体同様の内容を有[57]」すると言う一方で、「独逸では自国の古俗研究を Volkskunde 他の異民族のものを Volkerkunde と用語まで区別してゐる[58]」とドイツ語を参照する。先に見た、ベルリン国立民俗博物館の紹介が、ここに通じているのであろう。また、「その構成は瑞典ストックホルム市の北方博物館のスカンセンに範を採[59]」る旨の明記からは、他での例示とも相俟って、民俗博物館の通奏低音のごとくスカンセンのあることが理解できる。さらに、批判あるいは乗り越えの対象としているものの、「ドクトル・アルツール・ハゼリウスは北方博物館を構成するスカンヂナビアその他の夥しい民芸品の蒐集、保存、及び展示により、博物館に全く新生命を吹き込んだ[60]」という点に、民俗博物館の端緒である北方博物館が示されていると言ってよい。単調ではあったが、四章での北方博物館紹介の所以も理解できるのである。

さて民俗博物館は、「北満の代表的農家」の調査報告『ある北満の農家』（一九四〇年）刊行を済ませ、その建物を「本年八月より着工した[61]」、つまり一九四〇年八月二〇日に起工式をおこなったばかりであった。同書の序が、「二六〇〇（一九四〇年―引用者注）、九、一[62]」付であることからすれば、まだ日も浅く、展示も構想以上ではない状態で、『新博物館態勢』は脱稿されている。

ロマノフカ村は、調査が済んだところであった。展示構想等の呈示はない。第二節「ロマノフカ村に就て」も、藤山の論文「ロマノフカ村の「住」相について」と重複する。ただしここでは、六項目のうち、住に関する三項目「一、その鳥瞰図」「二、禁欲的信仰」「三、楽しき木造要塞」と結語の一部だけである。構成や表現の異同が多く、『新博物館態勢』とほぼ同時期に書かれていた同論文が、七月一日に脱稿[63]したばかりでまだ推敲可能な状態だったのかもしれないことと、図表を多用した同論文を『新博物館態勢』が略した関係からと思われる。両者はさらに改稿されて、約一年後の満洲民俗図録第二集『ロマノフカ村』の上梓へといたる。

「第三節　鄂倫春及び赫哲族の民芸」でも、博物館研究的な記述はない。民族の説明と、その物質文化就中文様について詳述するばかりである、この時点で藤山は、オロチョンやホジェンに接触した形跡は不明であり、その文物を通じて理解している様子がうかがえる。

『新博物館態勢』以降、民俗博物館に関する構想は、詳細かつ冗舌に語られてゆくことになるのであった。

「第十三章　満洲国の博物館」

この章は、五つの節から成り立つ。第一節は、「奉天歴史博物館」のタイトルどおり国立中央博物館奉天分館の沿革、建物、収蔵品に関して概説し、第二節の「国立中央博物館」は、官制施行以降、大経路展示場開設以前の期間におこなった諸活動を「博物館エキステンション」を標榜して記述する。第三節は、現存の哈爾浜博物館、承徳博物館や、将来設置されるべき博物館の組織化すなわち中央集権化と、大経路展示場開設以前あるいは本来的な建物計画が披露される。そして、次の収蔵庫建設に関する外国の博物館への批判は、いささか異様であった。

倉庫の建築及び設備については知見極めて狭く、且つ参考となるべきものが世界にも意外に少ない。例へば大英博物館の如き、旧套隋性により可及的に列品の展示量を大ならしめんとし、その収蔵設備には多くの工夫がめぐらされてゐない。ボストン美術館及び紐育メトロポリタン博物館等も地下室には各部の収蔵室を設備し、研究者にして特別閲覧を要求するものの入場を許してゐるが、まだ参考にするに足りるものがない。畢竟博物館即ち陳列館の隋性的通念より脱せるものがないからである(64)。

ここに掲げられた三館は、博物館紹介では定番と言うべき博物館である。しかし同書の章を立てての紹介に、これらはなかった。それは、こうした収蔵庫批判から来したものなのかもしれない。あるいは、三館に対して何らかの嫌悪が藤山一雄にあったのだろうか。

第四節は大経路展示場、第五節は民俗博物館で、多少の異同を含みながら、内容的にはそれぞれ第一一章、第一二章と重なる。

五　総論と結論を読みかえる

「第一章　博物館について」

ようやく第一章と第一四章を検討するところまで来た。第一章第一節の「文化縮図」は、「世界各国大都市の代表的博物館[65]」を訪ねる「海外旅行者[66]」の常を記し、これを端緒とする。大英博物館、ビクトリア&アルバート美術館の名が続くのも、端緒ゆえのことである。そして厭味を書きつけ、早速に「海外旅行者」の常識を転倒しにかかる。

こころみに大英博物館の東洋部を一巡すると、まだ世界が帆前船時代、即ち近代文化の夜明前のどさくさに紛れ、よくもかう高貴にして、歴史的価値あるものを、日本その他の国々から、多数引つかき蒐めたものだと驚嘆すると同時に、ゼントルマンを以て自任するアングロサクソンも、その国家的本性を赤裸々に曝露し、引いて今日世界の禍源をなせる英国なるものの正体を遺憾なく直視することが出来る。さうして英国が将来も亦如何に世界秩序を昏惑させる国家であるか、更に英国がどういふ破目から滅亡するに至るだらうかという想像もつくのである。[67]

しかし、全否定しているわけではない。イギリスの博物館の活発な活動に対しては、「その父祖以上に思ひきつた行動を敢へてする」[68]と評価する。先に、シェークスピア博物館への賛辞を見たところだが、イギリスに対する藤山一雄は複雑である。

さらに、イタリア、フランス、エジプト、ギリシャ、スウェーデン、オランダ、アメリカ、ドイツ等の博物館を足早に列記して、各国の博物館の状況を愛でる。節末にいたり、ソ連の博物館を含む都市計画政策について字数多く投下した言及は、藤山が実見したわけではないにもかかわらず、それと比して、「恥づかしながら、その国都建設計画に博物館は勿論、図書館の如き、何一つ文化的施設が考量に入れられなかつたことは遺憾千万である」[69]と、満洲国批判に収斂するのである。

第二節「その使命」は、グランドキャニオンの小博物館を例示し、「実にこの小屋は実際と標本とそして理論とを綜合して居る」[70]と評す。グランドキャニオンの環境と相俟ったこの小規模の博物館が、有効であることの意である。この主旨は、「博物館といふものの再認識を促す一存在」[71]たるスウェーデンのスカンセンの例示によってさらに拡大される。この節の構造は「博物館小考」と重複し、改稿はあるものの、表現も継続している。

この途上で、「東京の○○博物館」への批判と「隣の動物園」への肯定が挿入される。

何千万円もかかつたあの宏壮な博物館のあらゆる機能をもつてしてそれらの生徒達に一つの組織を持つた世界を提供し得なかつたのに反し、動物園の一疋の猿の生態は彼等に「未だ知られざる宇宙」を創造して見せたのである。[72]

一九三八年に復興本館開館を果たした東京帝室博物館と上野動物園とを対照しておこなわれているのは、「博物館は静態的でもあるが、又動態でなければならんこと[73]」の示唆である。スカンセンは、「動態」においても評価されたのであった。

帝室博物館に対する藤山の批判は、「新博物館の胎動」では伏せ字にしないでおこなわれていた。大英博物館に対するのと同様、藤山の博物館論構築に際した、戦略上の敵のごとき役割をになわせている印象を受ける。

巨大で権力的な博物館に対する反発が、もとから藤山にはあったのであろう。帝室博物館の復興本館は当時の日本で最新の博物館建築であり、第一〇章でアメリカの自然史博物館にしたように、これを参照してもよいはずである。帝室博物館の博物館建築を全否定することはなかったが、「現実の国民生活に如何なる効果を与へ得るか疑問であります、また博物館の概念を歪めさせるのではないかとも思ひます[74]」と軸をずらして批判していた。大英博物館、帝室博物館への評価を過小にする一方で、グランドキャニオンの小博物館をクローズアップする手法にも、この印象は生じる。

第三節「その対象」では、利用者を（一）公衆、（二）学生と学習を求める成人、（三）特殊研究者の三項に設定することから進んで、「研究を目的にするか、一般民衆の教導を主にするかといふことは考慮する必要がある[75]」と二項へ収斂してゆくものの、「その境界は判つきりせず、只その傾向の濃度により特色づけらるゝばかり[76]」とする。外国例を参照しても、研究か教育かの結論は得られず、ついに、満洲国の博物館としては教育に重点を置くことを決断する。その際、自然科学分野には教育の、人文科学分野には研究の役割をになわせる方法を提示する。
後者を詳説するのが、第四節の「死せる列品を生かす」である。曰く、自然科学分野は、「明日」のために青少年を対象として浅く、広く、科学に対する興味を刺戟し、これを生活せしめるやう努力する経営方法をとり、[77]

他方、人文科学分野は、

過去に遡及し、満洲ひいては極東アジアを揺籃として興廃せる民族文化の根元を極め、その文化史を考古資料によつて基礎づけ、系統化するため、その活動を深く専門的ならしめる[78]

と。

この関係は、「新博物館の胎動」が見た、利用者のありようの「大衆／高級」の二項に通じるが、特殊満洲国的に、

自然科学分野＝浅く、広く＝青少年対象／人文科学分野＝深く専門的

の二項図式に転じている。「新博物館の胎動」で披露された「私の理想とするところ[79]」が、満洲

国の現実との調整によって再編されたかっこうであり、「大衆」の項に学生と学習を求める成人、青少年、「わけて日満中学生以下の少年、即ち第二次国民[80]」の実体化がおこなわれ、新井重三の言った「見学者の年令によって横切り[81]」する作用が加わったことになる。

これによって、「大衆」の項は「新博物館の胎動」に比して具体的となった観があるが、「高級」の項は抽象論に終始している。これもまた、現実における新京本館自然科学部の充実と、藤山ひとりが部長を兼務する人文科学部という、不均衡が反映しているものと思われる。民俗博物館が急がれた理由は、ここにあるだろう。

そして、人文科学分野の研究について、藤山は次のように書く。前掲文の「過去に遡及し」と「興廃せる民族文化の根源を極め」は、ここの「民族の根源に研究を遡及する」に対応する。

満洲の如く、多くの民族が浮沈興廃常なく、一国としての連貫せる歴史に乏しい地域において、その民族の根元に研究を遡及することは、やがて日満一如の実を歴史的に証明する効果あり、博物館の事業としては甚だ緊張せる主題といふべく、その遺跡考古資料等の発掘、蒐集の新意義が生ずるのである[82]。

このテーマは、藤山の著書『ツングース民族の宿命[83]』（一九四一年）が体現したものであった。すなわち藤山は、日本の民族もツングースの一つととらえ、満洲の諸民族の盛衰を研究することを通じて、満洲における日本人の盛衰を展望しようとしていた。これは、真偽の問題ではなく、ツングースの喩えによる、満洲の日本人に向けた藤山の想像力である。ドラスチックに言えば、ツングース諸民族が興り滅びたように、このとき満洲に興っていた日本人も滅びるという予測が、藤山にはあった。これが、「日満一如」の逆説的意味となる。

（略）開拓民のみに限らず、その指導関係者等が案外満洲の自然環境に即応する合理的生活様式の樹立に関し、先住諸民族の幾世紀に亘る経験を調査研究、学習摂取、乃至消化、吸収する熱心さを比較的欠げる《ママ》結果がしば〳〵随所に散見せるを見て、女真族の宿命を再び繰りさゞるやうに、努力しなければならぬことを反省する。八旗散丁の運命が日本開拓民の運命となりてはそれこそ大変である。[84]

「博物館の事業としては甚だ緊張せる主題」とは穏やかでないが、ここまで説明し来たれば、その真意がわかる。

ちなみに、博物館それ自体に「緊張」が語られるのは、『新博物館態勢』のこの件と、一九八七年の伊藤寿朗の論文「現代博物館考」における「緊張した博物館観」[85]のほかは、寡聞にして知らない。伊藤の「緊張した博物館観」は、それまで使用してきた「過激な博物館観」[86]を言い替えたもので、彼が主張した地域志向型博物館の自己形容であった。それが、博物館論上の党派闘争であったこととは別に述べた。[87]一方藤山の「甚だ緊張せる主題」は、満洲開拓移民の生活、さらには生死に関わるテーマであり、その四年後、満洲の日本人のたどった運命をみれば、「甚だ緊張せる」の重大さは明白である。もちろん、藤山がどれほど力説しても、国立中央博物館の人文科学分野の研究が進められても、そうした文化的な活動で、政治的軍事的な満洲移民の衰退を喰いとめることはできなかったに違いない。しかし、それでもなお藤山は、博物館論を構えて闘ったのである。現実の人間の生活、生産、生死にかかわりあう、きわめて高度な博物館論に愕然とする。これほどまでに過酷な課題を、博物館が背負わされたことはあっただろうか――。

『新博物館態勢』にもどり、第五節の「外に働く」は、「博物館エキステンション」を説く。「米国はこの博物館エキステンションを最も合理的に行[88]」うと書きつけて、参照の中心を示すように、そもそもMuseum Extensionは、世界恐慌以後のアメリカの博物館経営策であった。その通りに、ニューヨーク自然史博物館、メトロポリタン美術館の活動を例示する。そしてさらに「丁抹に於ける農村へのトラベリングレクチユア」や「近代までの富山の売薬業者や、近江商人の活動」、「最近に於ける大都市デパートメントストアの通信販売、某々私立大学の通信教授[89]」にまで延長させるのは、名をあげた二館に対する同書での藤山の評価の相対的低さの証左なのかもしれない。

第六節「近代博物館の進路」とは、藤山自身の満洲国国立中央博物館を名指した自負である。自然科学分野と人文科学分野とに分けて言いおよぶのは、ここまでの行論の総括であり、自然科学分野は、アスコフ国民高等学校（アスコウ・フォルケホイスコーレ）の教師、校長ポール・ラクールの方法論を用いると言う[90]。これに比して、人文科学分野が一般論に終始するのは、先述のように未発だったからであろう。

「第一四章　結語」

結論は、次の一文に集約される。

私は博物館工作を余り大規模に考へず、生活の様式（文化）を、此の満洲でいへば大陸の自然に即応させ、最も合理化し、科学化すと同時に、機械化しないで、合理化しても味があり、色気のある、つまり品位のあるものにさせたい。これを目標にしてその施設の万全を期するのである。(91)

藤山一雄は、合理主義および科学主義と、反機械主義とを総合するものとして、博物館を構想する。藤山の所論の特質は、反機械主義が反科学主義ではないところにある。象徴的な結語である。美しい。

六　『新博物館態勢』の構造

以上、全一四章にわたり見来った。同書の第二章から第一〇章で取り上げられた博物館は、次の四つのグループにまとめることができる。

A：ゲーテ博物館、シェークスピア博物館。博物館分類的には、「英雄偉人の一生を偲ぶ資料を展示せる特殊博物館」であり、「浪漫的」に記された一群と考えられる。

B：ベルリン国立民俗博物館、北方博物館、慶州博物館、日本民芸館。ベルリン国立民俗博物館と北方博物館は、「民俗」あるいは「民族」の範疇の展示資料の参照として共通し、慶州博物館と日本民芸館は「民俗」およびスカンセンにおいて通じ合う。総じて、「民俗」の外延に位置する一群である。

C：エジプト考古学博物館。他の三グループのいずれにも、積極的に属する印象がない。仮に、単独で一グループと考えておきたい。

D：フランスの国立博物館、北米合衆国国立博物館。「どんな仕組に出来てゐるか、どんな方法で展示されてゐるか」、および「構造的」「スペースの分配」において参照されている一群である。

あらためてこれらを鳥瞰すると、ほとんどが人文科学分野の博物館であることに気づく。第一・一一・一三・一四章で、自然科学分野と人文科学分野の双方に言及していたのとは異なりを見せる。藤山一雄の関心の中心は、人文科学分野の博物館にあった。副館長の立場からは両分野に配慮し、藤山個人としては人文科学分野に傾注し、そのことが人文科学部長兼務にいたらせたといえる。そのうえで、まずBは藤山の民俗博物館に連なる一群とみなしてよい。Dは、博物館の近代的構成にのみ、藤山の参照項がある。

Cの理解には、章を横断した考察が必要となる。エジプト考古学博物館の展示品に接して、藤山が「驚」の字を含む語を連ねた所以は何だったのであろうか。藤山は「エヂプト博物館は実に是等古代エヂプト文化の縮図であると同時に「魂の墓場」といつてもよい(92)」と書いていた。「文化の縮図」とは、第一章第一節に「博物館がその国々の「文化の縮図」であつて(93)」とあるように、博物館と同義である。では「魂の墓場」とは何か。「魂」の語に止目するとき、「古きを温ね、将来を創造する魂の工場でなければならないのである(94)」にそれを見いだすことができる。この文脈では、博物館が「動態」であるべきことの意であり、それは「工場」の語にかかるとみなせる。となると「墓場」の語は、「静態」の意に理解することができるだろう。そこで問題は、「博物館は静態的でもあるが、又動態でなければならん」と言っていた藤山が、なぜ「静態的」な「魂の墓場」であるエジプト考古学博物館に驚喜した様子を、これほどまでに書き連ねなければならなかったのか、となる。

これら驚喜する様子は、直接には博物館人であることから来すそれでない。博物館当事主体としての発言ではなく、藤山個人のそれである。惟うにエジプト考古学博物館の紹介は、「静態的」な「魂の墓場」も「動態」となり得るモデルの呈示だったのではないだろうか。それを、藤山自らが実際に演じてみせたのではないか、と思うのである。深読みしすぎであろうか。しかしこの傾向は、ゲーテ博物館、シェークスピア博物館、慶州博物館、日本民芸館にも看取できるところであり、概して第二章より進みエジプト考古学博物館でクライマックスを迎えるという構成だったことが考えられるのである。

七　機能主義／機能主義でないもの

このように藤山一雄をとらえて離さなかった博物館とは、こんにちの私たちにとっていったい何なのであろうか。

私たちを規定する戦後の博物館は、機能主義によって理論づけられ活動が進められてきた。これをもとに読みかえせば、まずDが機能主義の一分野に属することは疑いない。またBは、民俗博物館および野外民俗博物館に連なる。ただし、野外博物館自体「第二次世界大戦後全く新しい考え方のもとで新設されたもの[95]」として、戦後の側から断絶された経緯をもつ。

藤山の博物館は、機能主義を含みながら、機能主義でないものを大いに含んでいた。これは、「最も合理化し、科学化すと同時に、機械化しないで、合理化しても味があり、色気のある、つまり品位のあるもの」に対応する。「合理化」「科学化」が機能主義、「味があり、色気のある、つまり品位のあるもの」が機能主義でないものの意となる。

ゲーテ博物館を想起しよう。それは、「芸術、科学のあらゆる分野に亙れる」ことにおいて参照されていた。ゲーテ博物館が同書の冒頭に排せられたことの意味が、ここにいたって鮮明となる。あるいは藤山は、自身にゲーテを投影していたのではないかとも思えてくるのである。そして、クライマックスとしたCの直後、Dの直前というシェークスピア博物館の配置も、同書のはじまりを告げたゲーテ博物館に対して、終わりを画するものだったことに想いいたる。かくし

表2 『新博物館態勢』の章の関係と構造

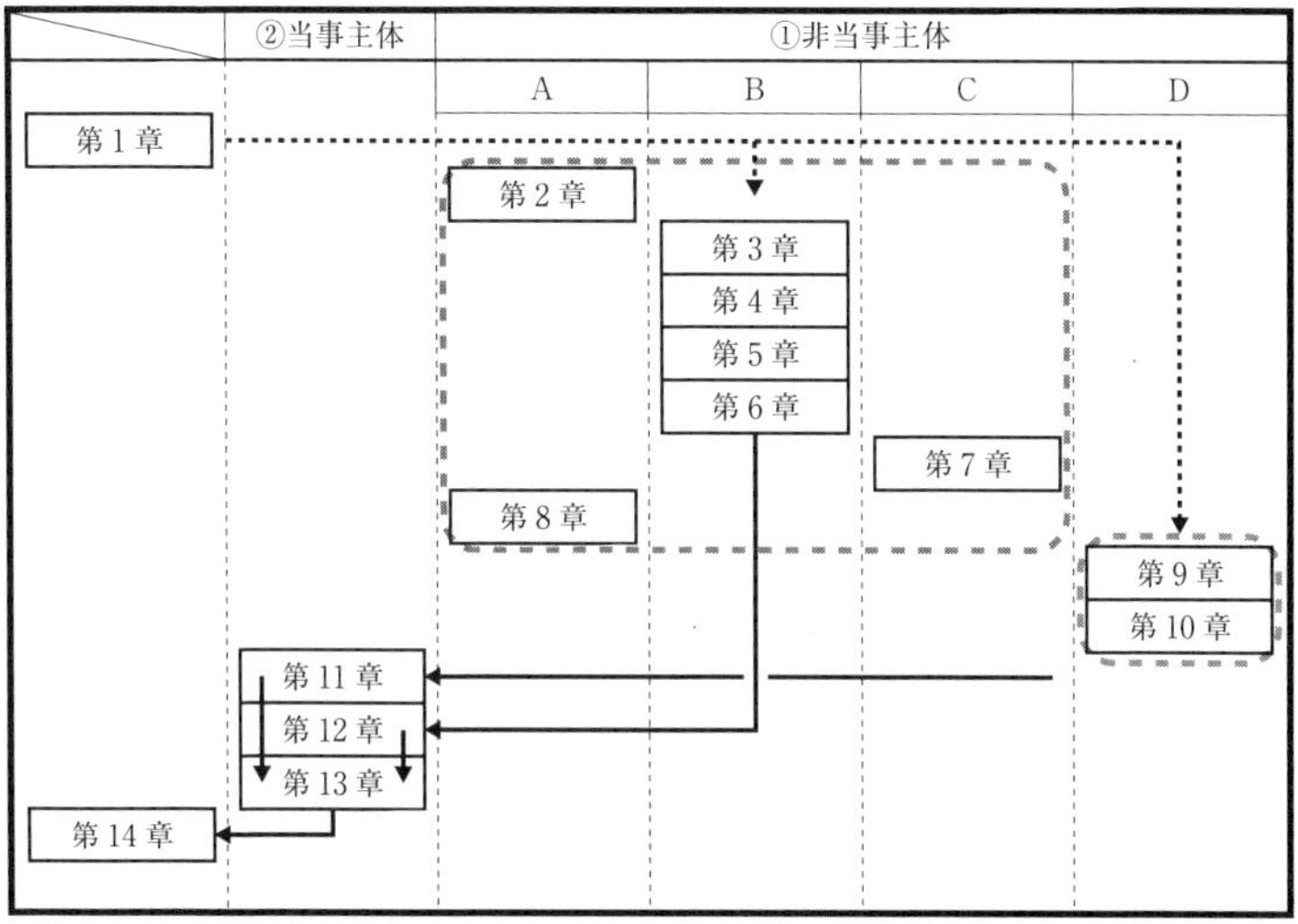

て、B・CのメタレベルとしてAがある、という理解が可能となる。A[B・C]が藤山の博物館の要諦であり、Dがその属性だったのである（表2）。

端緒において、博物館の論理性を自然系分野に、博物館の歴史性を人文系分野に、それぞれ位置づけ、その体系的総合を民俗博物館で企図するのが藤山の博物館論であった。「自らの世界観と文明的要素を盛れる自己の生活の帰趨を暗示せるもので、一つの芸術的創造なり」や、「民俗研究、その資料の蒐集、更にそれの展示はわが国立中央博物館構成の一分科に過ぎないが、然し更によく考へるとそれは博物館活動の綜合であるともいへる」[96]をも参照すれば、この理解はさらに首肯されるであろう。

藤山一雄の博物館論は、「機能主義／機能主義でないもの」の二重性の博物館論であった。藤山の用語を借用して、これを「生活芸術の博物館」と名づけて明記したいと思うのである。

注

(1) 木場一夫『新しい博物館　その機能と教育活動』、日本教育出版社、一九四九年、(博物館に関する文献の八頁)、「博物館学参考文献目録」日本博物館協会編『博物館学入門』、理想社、一九五六年、二三六頁、参照。
(2) 伊藤寿朗「日本博物館発達史」伊藤寿朗・森田恒之編『博物館概論』、学苑社、一九七八年、一四四頁、参照。
(3) 藤山一雄『新博物館態勢』伊藤寿朗監修『博物館基本文献集』第四巻、大空社、一九九〇年、参照。
(4) 同『新博物館態勢』(東方国民文庫第二三編)、満日文化協会、一九四〇年、序一頁。
(5) 同書、序二頁。
(6) 同書、序二頁。
(7) 同書、序頁。
(8) (広告)「新博物館態勢/藤山一雄著」『国立中央博物館時報』第八号、国立中央博物館、一九四〇年、裏表紙裏。
(9) 藤山一雄『新博物館態勢』、序二頁。
(10) 藤山光太郎氏、藤山雄治郎氏に教示いただいた。
(11) 藤山一雄『新博物館態勢』、二二一頁。
(12) 同書、四〇頁。
(13) 同書、四一頁。

(14) 同書、四二頁。
(15) 同書、五八頁。
(16) 同書、五八頁。
(17) 同書、九二頁。
(18) 同書、七五頁。
(19) 同書、七五頁。
(20) 同書、七六頁。
(21) 同「新博物館の胎動」『民生』第三巻第一号、民生部、一九四〇年、四-五頁。
(22) 同『新博物館態勢』、八三頁。
(23) 同書、八三頁。
(24) 同書、八三頁。
(25) 同書、八二頁。
(26) 同書、九三頁。
(27) 同書、九六頁。
(28) 同書、九六頁。
(29) 同書、九五頁。
(30) 同書、八八頁。
(31) 同書、八八頁。
(32) 同「新博物館の胎動」、四頁。
(33) 同『新博物館態勢』、九九頁。
(34) 同書、一〇二頁。
(35) 同書、一〇四頁。

(36) 同書、一〇四－一〇五頁。
(37) 同書、一〇七頁。
(38) 同書、一〇八頁。
(39) 同書、一〇八－一〇九頁。
(40) 同書、一一〇頁。
(41) 同書、一〇四頁。
(42) 同書、一〇四頁。
(43) 同書、一〇五頁。
(44) 同書、一〇六頁。
(45) 同書、一二四頁。
(46) 同書、一一四頁。
(47) 同書、四頁。
(48) 同書、一二四－一二五頁。
(49) 同書、一二五頁。
(50) 同書、一三五－一三六頁。
(51) 同書、一四四頁。
(52) 同書、一四六頁。
(53) 同書、一四八頁。
(54) 同書、一六四頁。
(55) 同書、一六五頁。
(56) 同書、一八三頁。
(57) 同書、一八四頁。

(58) 同書、一八五頁。
(59) 同書、一八七頁。
(60) 同書、一八八－一八九頁。
(61) 同書、一八四頁。
(62) 同書、二頁。
(63) 同「ロマノフカ村の「住」相について」『国立中央博物館時報』第七号、国立中央博物館、一九四〇年、九頁、参照。
(64) 同『新博物館態勢』、二三四頁。
(65) 同書、一頁。
(66) 同書、一頁。
(67) 同書、一－二頁。
(68) 同書、二頁。
(69) 同書、五頁。
(70) 同書、六頁。
(71) 同書、六－七頁。
(72) 同書、七頁。
(73) 同書、九頁。
(74) 同「新博物館の胎動」、四頁。
(75) 同『新博物館態勢』、一〇頁。
(76) 同書、一一頁。
(77) 同書、一四頁。
(78) 同書、一四頁。

(79) 同「新博物館の胎動」、六頁。
(80) 同『新博物館態勢』、一一頁。
(81) 新井重三「Double Arrangement Systemの採用――鳳来寺山自然科学博物館の完成――」『博物館研究』第三六巻第二・三号、日本博物館協会、一九六三年、一八頁。
(82) 藤山一雄『新博物館態勢』、一四頁。
(83) 同『ツングース民族の宿命』、満洲帝国教育会、一九四一年、参照。
(84) 同「八旗散丁の追憶」『開拓』第五巻第七号、財団法人満洲移住協会、八〇頁。
(85) 伊藤寿朗「現代博物館考」横浜市企画財政局都市科学研究室編『調査季報』第九四号、横浜市企画財政局、一九八七年、一〇‐一一頁。
(86) 同「新しい博物館像を探る　地域博物館の課題と展望」東京都立川社会教育会館編『三多摩の社会教育』第五八号、東京都立川社会教育会館、一九八二年、四頁、同「地域博物館論――現代博物館の課題と展望」長浜功編『現代社会教育の課題と展望』、明石書店、一九八六年、一六〇‐一六一頁。
(87) 犬塚康博『反博物館論序説――二〇世紀日本の博物館精神史』、共同文化社、二〇一五年、二四五‐二四八頁、参照。
(88) 藤山一雄『新博物館態勢』、一五頁。
(89) 同書、一七頁。
(90) 同書、一八頁、参照。
(91) 同書、二四五頁。
(92) 同書、一〇一‐一〇二頁。
(93) 同書、一頁。
(94) 同書、九頁。
(95) 鶴田総一郎「日本の博物館の状況について」『博物館研究』第三三巻第一一号、日本博物館協会、一九六〇年、三五頁。

(96) 藤山一雄「〃ある北満の農家〃のこと(三度民俗博物館について)」『国立中央博物館時報』第一五号、国立中央博物館、一九四二年、五頁。

II

藤山一雄と満洲国の民俗博物館

一　戦後博物館研究の誤謬

世界で最初に設けられた野外民俗博物館は、スウェーデンのストックホルムにある北方博物館附属の野外博物館（以下、スカンセンと称する）である。一八九一年にこれが設けられてからおよそ一世紀の間に、この種の博物館はスウェーデン国内はもとより、ヨーロッパ、そして世界へと波及した。

わが国における野外民俗博物館への関心も、スカンセンを教師にして形成されてきた。戦前・戦中日本の博物館学は、スカンセンの誌上紹介に終始したが、戦後になってようやく、これをモデルとする本格的な野外民俗博物館が登場する。日本民家集落博物館（豊中市、一九五六年）を嚆矢として、博物館明治村（犬山市、一九六五年）、川崎市立日本民家園（一九六七年）などが続き、考古学的遺跡などの歴史環境や自然環境と一体化させた風土記の丘（一九六六年以降）やエコミュージアムなどが展開し、今日にいたっている。

現在わが国にある野外民俗博物館は、すべて一九四五年八月一五日以降に設立された。この経過だけを見れば、民俗だけでない野外博物館を「第二次世界大戦後全く新しい考え方のもとで新設されたもの」[1]とする鶴田総一郎の指摘は妥当である。しかし、戦前・戦中へと視線を延長し、当時の日本の植民地にまで視野を拡大するとき、野外博物館に関する所与の理解は不当となる。本章はこの点を明らかにするために、満洲国国立中央博物館の副館長であった藤山一雄の言説等を通じて、満洲国の野外民俗博物館すなわち民俗博物館を紹介し、検討するものである。

二　藤山一雄の民俗博物館概念

満洲国の民俗博物館は、藤山一雄が国立中央博物館の副館長に就任した一九三九年三月以降、満洲国が解体する一九四五年八月までの間、藤山が中心となって手がけた博物館である。これは、一九二九年の渡欧の際に、彼が見学したスカンセンを直接の手本としていた[2]。この点では、満洲国の民俗博物館の発生史も、当時の日本博物館界と同じ条件下にある。しかし、藤山固有の民俗博物館概念があった。それは、狭義の学問上のテーマに基づく実践ではなく、「現住諸民族の生活を如実に展示し北圏生活を自然に順応せしめ、合理化して生活文化の水準を向上せしめようとする」[3]「生活試験場ともいふべき機関」[4]が目指されていたのである。直接には日本の満洲移民政策への反対に端を発し、ひいては日本人の新しい農業を模索するための方法論であった。

近代批判

民俗博物館の設置目的は、「満洲に於ける民俗、此の国の文化に存する残存物 Survival in culture を丹念に蒐集保存して、可及的体系化し、科学的研究の客観的対象に(5)」することにあると言う。公式的には「科学的研究」であるが、それは狭義の民俗学研究の意ではなかった。例えば、民俗に関する「学者達の、此の学問に対する研究対象、範囲及び分類など必しも一致せず、他の文化科学との関係並にその限界も明確を欠ぎ《ママ》、厳密な意味に於ける論理学的基礎が薄弱で、体系的内容を有する一科学としての存在は如何なものかと思ふ(6)」と、藤山一雄は当時の民俗学への懐疑を隠さない。そして、「私共の現在やつて居る世界は象牙の塔内ではなくて、生活を直接に向上する科学の摂取その向上にあり、生活と遙に遊離するやうな学問はさし向き大学その他に委し、少しでも生活を合理化せる学問をものにより確証しつゝ行進させて居る(7)」とさえ言う。先に見た「科学的研究」とは、彼にとっては手段であり、「文化を人間の主体性の上に基礎づけ、機械主義、物質万能のうちに亡び行かんとする人間力の確保に任じ、且つこれに関する数々の暗示を与へんとする(8)」ことに、民俗博物館の目的はあった。近代批判とでも言うべき、藤山の思想的実践と見ることができる。

この基調には、渡満以前の一九二〇－一九二六年、自然への強い志向のもとに、長門一宮（現在の下関市一の宮住吉）で家族とともに営んだ生活体験があった。

私は一九二〇年の夏も終りに近い頃、子供等の健康、二つには年来の宿望を果す為に、都市生活を思ひきり、此の寂しい田園を求めて永住の覚悟をきめた。そして浮沈常ない株式仲買業を捨てて、長門一宮神苑につづく櫟林の中、約五百坪あまりの荒れ果てた畑を下関市の弁護士M氏から約千百円程で譲つて貰ひ、茲に私等夫婦は五歳と二歳になる男の子を連れて来て実に侘しい田園生活を初めた。当時私はコンコードの哲人ソローのワルデン湖畔に約二年間営んだ森林生活の記録を読んで、その極めて内省的な、深く自然に喰ひ込んだ原始生活の本然に刺戟され、啓発され、勇を皷して可及的自給自足の生活をして見ようと決心した。(9)

満洲移民政策批判

民俗博物館は、日本の満洲移民政策と密接にかかわって、構想されてもいた。それは、国立中央博物館副館長就任以前、満洲国官吏であった時期の彼の動向から知ることができる。藤山一雄は、当時の日本の移民政策に対する自身の考えと態度を、戦後になってから次のように記した。

満州国の創立後間もなく第一次移民を牡丹江省の佳木斯に導入した。当時私は実業部総務司長（日本の農林次官のようなもの）をしていたが、建国早々日本の形而上下に弱体な移民を入れたとて原住の中国農民と結局経済的な生存競争になるのだからそれは到底勝てない、というのは南満で関東局の愛川村移民の悲惨な終末を見た好例があり、よくよく用意した上か、むしろ移民などやらない方がよろしい。というのは「移民の鉄則」を無視しているのだから必ず失敗する、と当時軍でこの衝に当っていたT大尉に忠言というよりもむしろ烈しい抗議をしたのである。

（中略）陸続きならまだしも海を渡って日本からまるで生活条件の相反する朔北に移民するなどということはもっての外で、如何に移民の神様Kや御用学者のSやNのような人達が保証したところが鉄則に反することは成功するものではない。況んやそこには根の張った陸続きの中国農民が巨大な経済及び人口的圧力をもって頑張っているのだから、経済的にはもちろん、生理的に日本移民が自滅するのは火を見るよりも明らかだと極言したのだが、最後には移民というより、辺境の「番犬」にするのだと大喝したので、それなら万事休すだ断行するがよいと私は沈黙したことである。私はその時から兵隊や兵隊に迎合する上層の日本人官吏等に疎んぜられ始めた[10]。


藤山が実業部総務司長だったのは、一九三二年三月一四日から同年九月一六日までの六ヶ月である。日本では、この年の三月に閣議で否決されていた満洲移民問題が、五・一五事件を境に再燃し、六月一五日第六二臨時議会での調査経費支出の承認、八月一六日閣議での第一次移民計画の承認として具体化してゆく時期であった。なお、文中のT大尉は東宮鉄夫、Kは加藤完治、Nは那須皓であろう。

藤山の小説『冷たい炎』もまた、「実業部にはいり、総長張燕卿配下の伝統的な貧官汚吏ぶりに耐えられず、自分から見れば十歳も年少の張を後見するつもりで親切に指導しているのに、この人には彼の好意が届きそうにもない。つぎには北満への日本開拓移民に反対し、軍のふきげんを買う、第三番目にはデンマークを見て来た体験から満州に新しい家畜農業型を創造しようとするプランと、軍の考える方向とが全然そごする。軍には土民の福祉などに配慮する熱意などない[11]」と、藤山自身をモデルとした主人公斎田光一郎のエピソードを記している。この小説は、実業部総長張燕卿ほか実在の人物が多く登場し、藤山の自伝的性格の強い創作であった。

かくして、移民政策をめぐる対立を原因の一つにして、藤山の実業部総務司長時代は短命に終わる。日本の満洲移民政策に対する藤山の反対は、政治的な攻防に敗北していったんは放棄された。しかしそれ以後も、「西も東もわからない、なんの素養も経済力もない日本の移民は可愛そうだから、私はどんな経過を辿るだろうか心配で、機会あるごとにそのなり行きを見守っていた[12]」と、送り込まれてくる移民に彼の視線は向けられる。そして国立中央博物館副館長に就任すると、民俗博物館という形で、彼はふたたびその意図を組織してゆく。それは、移民政策が動かしがたい規定方針となった段階でとられた、彼の現実的な選択であったと言えるだろう。

このように民俗博物館は、現実の社会に具体的な根拠を有する、すぐれて実用の博物館であった。

本庁舎の代替措置

民俗博物館は、多くの資金と資材を要するがゆえに延期されていた国立中央博物館新京本館本庁舎建設の、次善策という性格も兼ね備えていた。次にあるとおり、これもまた現実的な選択であったが、このような巧言を用いながら、民俗博物館を実現しようとする藤山一雄の戦術だったと思われる。

私達の博物館も資材やいろいろの都合で。《ママ》本庁舎の建築が早急には出来ないやうな事情にありますし、といつて現在のやうに展示場と事務室と資料室とが別々にあつては非常に不便なので、小さい乍らも根拠地らしいものを作りたいと考へて、先づ特別な資材を要しない民俗館から着手する計画をたてました[13]。

三　民俗博物館の経過

変転する計画

民俗博物館の敷地には、新京市内の南湖南岸約一〇万坪[14]の地があてられた。これ以前に、いったんは安民広場に隣接する本庁舎敷地約四万坪のうちの約一・五万坪をその敷地としたが、計画に対して敷地が狭隘であったため南湖南岸に移った経緯をもつ[15]（図18）。

民俗博物館の敷地変更に際しては、一九三七年一二月に新京特別市副市長兼国都建設局長に就任していた関屋悌蔵や総務長官星野直樹の協力が大きかったという[16]。この場所は、もともと国都建設計画第一期事業（一九三三－一九三七年）で住宅地であったものが、関屋らの公園緑地拡充整備政策に基づく第二期事業（一九三八－一九四一年）では黄龍公園の拡充地域となっていた[17]。

藤山一雄の「公園は自然的景観のうちに人文景観を点綴するによりて初めて完全する」として

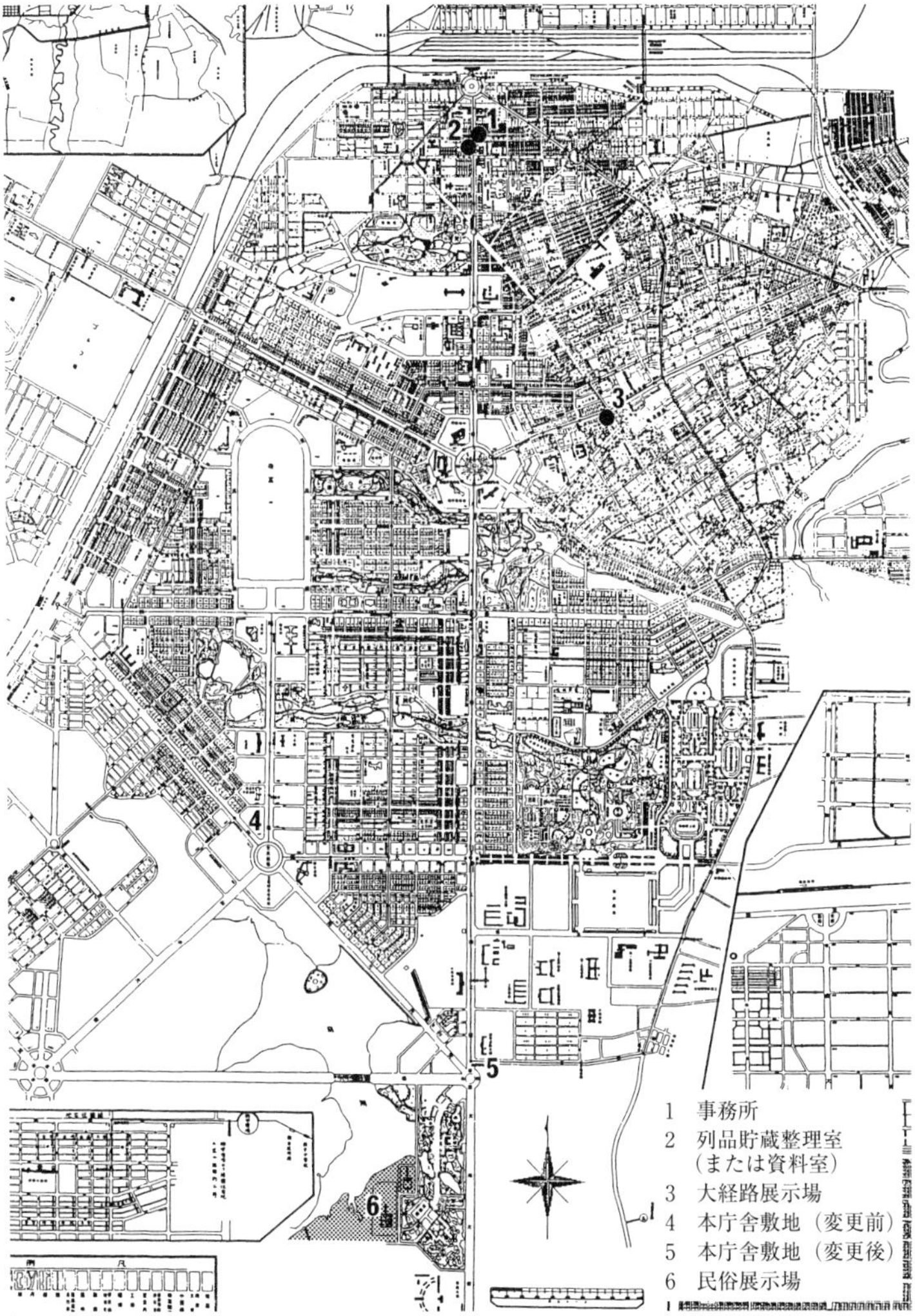

図 18　国立中央博物館新京本館施設位置図

図 19　『ある北満の農家』

「近代の所謂公園施設は余りに人工に堕する傾向があるが、少くも民俗博物館構内はなるたけ自然の生長に委する景観の展開が望ましい[18]」という考えは、新京の軍事都市から文化都市への転換を求めた関屋らの意図[19]にもかなっていたにちがいない。

　一九三九年一一月に示された工期計画は、「建物としては南満農家、北鮮民家、日本開拓民住居、ゴルヂの校倉式小屋、オロチヨンの天幕、北満農民の家、乾燥地帯に於ける泥土の家、小廟、ラマ僧の家、蒙古包、及び三河地方ロシヤ人の丸太小屋等を予定し、今年は結氷期までに植林、道路、湖岸の整理、境界線の土堡工事を国都建設局に委託し、明年解氷期までに設計を完了、直ちに建築にかゝり、遅くとも七月中旬までには完成[20]」させるものであった。

　ところが一九四〇年一月下旬ごろになると、「向後二三年間で完成したい」と完成年次の延伸が見られ、「今年は白露エミグラントの丸太小屋、北満に於ける漢民族の代表的大農家、蒙古包、オロチヨン、ゴルヂの天幕生活、朝鮮農家及び満洲拓植《ママ》公社の御厚配を得て都市近郊に近ける日本収約《ママ》農業移民を構内に招致し、その生態を展示する[21]」と、建築対象もややしぼられてゆく。

　そして一九四〇年度前半ごろには、「世界現在の民族博物館の構成や現住民族の土俗風習を調査研究するうち、拙速実現の学術的に無価値なることに想到し」たとして、当該年度の予算のすべてを北満地方漢民族の農家の建設に投入し、全体も「五ヶ年計画位[22]」へとふたたび延びている。

北満地方の農家を設ける計画は、当初「五間房子位の単独小農家を建築する[23]」予定であった。しかし、「最初から小規模に建てゝは、研究も資料の蒐集、保存も出来なければ、随時の陳列替えも困難であるのみならず、雨雪の場合など五〇人六〇人の来館者すら雨宿りさせるスペースさえないことになる[24]」ことと、財団法人日本労働科学研究所所長の暉峻義等の推奨もあり、浜江省阿城県福昌号屯の張百泉の住宅を調査・模造の対象に選ぶ。一九三九年九月におこなわれた調査結果を受けて、計画・設計・見積等は建築局に移され、施工は呼蘭県の中国人の楊に委託された。一九四〇年五月に『ある北満の農家』を刊行（図19）、同年八月二〇日には起工式がおこなわれ、約一年後の一九四一年九月に落成して、「国立中央博物館、民俗展示場、第一号館[25]」と名づけられたのである（図20）。

またこのころまでに、構内では植樹がおこなわれている。まず一九三九年度は、新京市公署が数千本を植樹した[26]。これは、国立中央博物館の計画に基づき、興安嶺や東満地帯の森林地帯として整備する一帯に実施されたようであり、一九四〇年秋の大規模な植樹も予告されている[27]。ところで新京では、市民の緑化意識の向上のため一九三一年から一九四一年にかけて植樹祭をはじめとする事業が進められ、成長の早いドロノキやネグンドカエデが街路樹に選ばれた[28]。しかし、これらは生長は早いが樹齢が短かったため、国立中央博物館ではこれを避けて、カエデや白樺など樹齢の長いものを植樹したという[29]。

一九四〇年一一月二九日には、新京特別市記念公会堂談話室において「民俗博物館に関する座

大阪毎日　昭和十四年二月二十六日

大阪毎日 満洲版

陳腐な定型を排して
博物館に新機軸
世界最初の抱負と計畫
藤山中央博物館長歸任の談

藤山館長

藤山館長談話

九月早々開館
大滿洲諸民族の生活縮圖
國立中央博物館着工

世界一の規模
…年内に建つ民族博物館…
藤山館長の卷

國都文化線探訪記

我らが"民族の殿堂"
漢族部より建築
けふ南湖で地鎮祭

図 20　民俗博物館の新聞記事

談会」が開催されている。これには、建国大学の大山彦一、大間知篤三、千葉胤成、山本守、治安部の永田珍馨、満洲事情案内所の奥村義信、満日文化協会の杉村勇造、民俗研究家の小林胖生、蒙古青旗報社長の菊竹稲穂ら九人の招待者と、博物館側からは藤山のほか、自然科学部長の遠藤隆次、学芸官佐の尊田是が出席して、民俗博物館に関する質疑応答、意見聴取がおこなわれた。

この時に示された、北満の農家以外の施設計画の進捗状況は、以下のとおりである。

(略）漢民族部に明年度（一九四一年度のこと—引用者注）は、小さなものですが関東州にある石造の農家も作り、南満農民の生活をみられるやうにしたいと存じてゐます。一方日本地区には朝鮮人の家を二三軒造りその中一軒には鮮人を居住させて生活様式を展示し、他の家には土俗品を蒐集して朝鮮在来の文化を紹介するつもりで、この間朝鮮総督府にゆき要路の人々にお逢ひして計画を話し了解を得て参りました。その結果近々総督府で代表的な鮮人の家を物色し之を寄贈していたゞく事にまで話は進展してゐます。日本内地人の農家も亦福島県のある豪農の家に白羽の矢をたて、各方面から写真をとり構造を研究して、然るべき篤志家に寄附していたゞくやう工作中であります。その外明年度に是非作りたいと思ふものに、エミグランドの校倉作りの丸太小屋、蒙古包等があります。[30]

関東州の農家、朝鮮の家と内地の農家が、それぞれ交渉段階にはいっていたようである。福島県の建物は、同県出身だった遠藤隆次の縁故によるものだったのであろうか。またこのときすでに、藤山と尊田らはロマノフカ村の調査（一九四〇年五月三〇日‐六月一日）をおこなっており、その丸太小屋の建設が比較的容易であることから、次年度における設置を楽観視している。モンゴルのゲルも、施設としては簡便なため、同様の印象を受ける。

計画の停滞と中止

ところがこの座談会以降一九四一年になると、民俗博物館の整備が停滞してゆく。一九四一年の七‐八月期には建国大学への「身売話」が満洲新聞紙上に登場し、この時期に進められていた一九四二年度予算編成で、展示場の経営維持費が抹殺されかねない状況を迎えていた[31]。結果的に維持費は計上されたが、「これは経営費ではなく、石炭を燃やして置かないと霜柱のために家がひつくりかへるかも知れない怖れからの燃料費と番人代であ[32]」った。この件については、翌一九四二年一月、次のように報道されている。

食糧増産に挺身する開拓民をはじめ満蒙露など満洲国を構成する民族の本態を一堂に集めて一般人に展示しようと世界に類例のない大掛りな構想のもとに国立中央博物館が工費九万円をもつて国都南湖湖畔に建設した「北満農民の家」は昨夏落成と同時に維持費と交通の不便さからたちまち開館不能に陥り折角の名案「民俗博物館」も第一期計画完成とゝもに挫折の形となりその後建国大学への移譲まで伝へられてゐたが

結局それも遂にお流れとなり現在僅かに年額一千五百円の費用を以て管理人一名を置いて管理してゐる現状で到るところ壁は落ち湿気は上り虫は喰つて文字通り建ち腐れの観を呈し関係者の善処が要望されてゐる[33]

また一九四一年の地図[34]によれば、建国忠霊廟の北西に接する一角には大仏寺が、また同廟の西縁には救済院が設けられている。この場所は、民俗博物館計画において「蒙古地区」や「白露エミグラント区牧場」とされた場所であった。この事態に関する博物館関係者の証言には接していないが、民俗博物館計画の停滞は、他機関によるその敷地の蚕食を招いていたのかもしれない[35]。

一九四一年以降、民俗博物館計画の妨げに怒る藤山一雄はあっても、構想を豊かに描く姿は見られなくなる。「〝ある北満の農家〟のこと（三度民俗博物館について）」は、民俗博物館構想当初における前総務長官星野直樹との経緯からひもとき、外国あるいは在満諸民族と比較して在満日本人ならびに当局に対する批判をきわめ、「此の文化作戦基地より、私共はあらゆる努力を惜まず、茲に大民俗博物館を近き将来完成せねばならぬ、完成せずには置かない[36]」と強い調子で書いた。満洲民俗図録第二集の『ロマノフカ村』では、民俗博物館の語句がいっさい登場せず、批判と不満の言辞だけがエスカレートしてゆくのであった（図21）。

図21 『ロマノフカ村』

（満洲の—引用者注）政治、経済、その他の企画が喰ひ違ひ、行き詰つて来たのは勿論、世界的な他の諸原因にもよるのであらうが、それは全く企画者等の世界観及びその日常生活態度の大きな歪みが自ら禍因をなして居るのである。満洲に落ちつくつもりでないものが、落ちついた企画がどうして出来るだらう。今日でも自分の立身のためには、やりくさしにした仕事を放擲しても日本に帰つてゆく無責任な手合が殆んど凡てゞある。彼等には「青い鳥」はいつまでも日本に居る。これは満洲の日常生活に「青い鳥」を巣喰はせない現在の生活様式の醸す悲劇である。[37]

第一号館は一般公開されることなく、これ以外の施設は、前記のように交渉がおこなわれながらも中断したようである。なお、詳細不明ながら、北満の農家以外にも小規模な建物が一棟あり、日本あるいは日本人に関するものと聞いた。[38]

総じて、民俗博物館計画は挫折したのである。

調査の継続

ところで、民俗博物館計画を取りまく状況が閉塞し、そのことを一番よく知っていたにもかかわらず、藤山一雄は民俗調査を続行した。『国立中央博物館時報』の出張記録から、藤山の調査関係分だけを拾うと、次のとおりである。

一九三九年
九月二四日－二六日、土俗館開設に関する資料収集のため哈爾浜へ出張[39]。

一九四一年
二月一四日－一七日、委任官試補川原茂美とともに北満民族視察、資料収集のためハルピンへ出張[40]。

一九四二年
一月三〇日－二月八日、資料収集のため海城へ出張[41]。

一二月六日－一〇日、資料収集のため通北へ出張[42]。

一二月一九日－二〇日、資料収集のため吉林方面へ出張[43]。

一九四三年
一月二一日－二二日、委任官試補深田又造とともに民俗調査のため烏拉街へ出張[44]。

三月一七日－二〇日、資料調査のため旅順へ出張[45]。

五月三日－七日、高句麗祭行事講演と資料収集のため輯安へ出張[46]。

七月二六日－八月一日、資料調査・収集のため烏拉及び東京城へ出張[47]。

一〇月九日－一三日、資料収集のため山海関へ出張[48]。

一一月一一日－一七日、民俗調査、資料収集のため烏拉、紅奢方面へ出張[49]。

一二月一三日－二八日、民俗資料収集のため承徳、赤峰へ出張[50]。

一九四四年

四月一一日－一四日、資料収集のため紅窰鎮へ出張[51]。
六月三〇日－七月四日、資料収集、芸文報国会招聘講演のため奉天、安東へ出張[52]。
八月二四日－二六日、資料収集のため奉天へ出張[53]。

『国立中央博物館時報』の出張記録自体が完全でないが、おおよその傾向を把握することはできる。一九四三年一月二一日－二二日の烏拉出張、同年一〇月九日－一三日の山海関出張、一九四四年四月一一日－一四日の紅窰鎮出張は、それぞれ報告されている[54]。このように、調査や資料収集の継続が確認でき、藤山の活動が停滞したようすはうかがえない。このうち烏拉の調査は、満洲民俗図録第三集の『烏拉』と題した書物として刊行されたとする記事がある[55]。

しかし、これらの調査が民俗博物館計画とどのようなかかわりを持っていたのかは判然としない。想像をたくましくすると、「烏拉の如きはその聚落及び環境全体が一の展示資料として高い価値を有する[56]」とした短い文章には、藤山がこの地区一帯を博物館とする構想を持っていたことも考えられる。この時期の彼が、満洲国各地に小型博物館を設ける小型地方博物館論に傾斜していたことを考えあわせると、この想像も荒唐無稽ではないだろう。

藤山の小型地方博物館論は、一九四二年の論文「小型地方博物館の組立て」にあらわれた。これは、コールマン Laurence Vail Coleman の *Manual for Small Museums* を引用紹介した、棚橋源太郎の『眼に訴へる教育機関』を下敷きにしたものである。このなかで藤山は、民俗展示場第一号館を小型地方博物館の理想例に掲げ、あたかも一個の完結した博物館であるかのように扱っていた。[57] これは、単に第一号館の面積規模が地方博物館に匹敵すると言っていたときに比べると、一歩踏み込んだ評価になっている。そしてここに、第一号館以降の計画の挫折という現実を前提とした、背水の陣あるいは次善の策という展開も感じられるのである。

またこの想像は、次のようにも理解できる。スウェーデンにおけるスカンセンの登場は、国内各地に博物館を誕生させる契機となった。このことを藤山が知らなかったはずはなく、藤山にとってスカンセンは、施設の範であると同時に、博物館設立運動の範としても理解されていたであろう。藤山の想念では、第一号館を契機とする各地の小型地方博物館の設立と、博物館法によるそれらの整備が構想されていたのかもしれない。

ことあるごとに触れた朝鮮総督府博物館慶州分館（一九二六年開設—以下同じ）をはじめ、哈爾浜博物館（一九二三年）、熱河省立宝物館（承徳、一九三八年）、輯安県立高句麗博物館（一九四二年）、吉林省立古物陳列館（吉林市、一九四一年）、興安西省立古蹟保存館（林東、一九四一年）などの小型地方博物館の処遇問題は、藤山の関心事であった。とくに高句麗博物館では、「将来中央博物館の分館として高句麗の文化遺物を一堂に集約した充実したものにしようと思つてゐる」[58] と、藤山の構想に呼応する輯安副県長井東信夫の発言もあった。

四　民俗博物館の内容

利用計画

一九四〇年の座談会では、民俗博物館に関する藤山一雄の展望が披露されており、この計画の特徴を把握することができる。以下にその一部を抜粋して、民俗博物館計画の全体像をながめよう。

敷地についても現在のところ十万坪といへば相当の広さで規模が小さいといふそしりは先づないとは思ひますが百年の大計をたてた場合、尚満足しきれぬものがあります。だから現敷地の対岸、現在の苗圃の部分も将来は敷地に編入し二〇－三〇万坪にしたいと目下工作中です。[59]

南湖対岸の苗圃は、国都建設計画第二期事業における公園緑地の整備強化のため、一九三八年に新設されていたもので[60]、事業完了後をにらんだ編入希望であったと思われる。他方で国都建設局は、この一帯において新京南湖住宅の計画[61]を持っていたようである。これと国立中央博物館側の意向との関係は不明であるが、それゆえの「目下工作中」だったのかもしれない。

（略）民俗館（民俗博物館のこと—引用者注）の出入口は建国廟の方より来る者の為には建国廟の西側通用門の前に道路を距てゝ作り、先づ興安嶺のふもとに酪農を営むエミグランドの生活を見るといふ具合にします。一方安民広場の方からは瀟洒なモーターボートによつて湖上を渡り民俗館桟橋に上陸して関東州の石造の農家を訪問出来るやうにしたいと思つてゐます。そして敷地の中央に民俗本館を作りこゝに民俗学に関するあらゆる資料を展示すると共に、こゝを経営する事務所もおきたいと思ひます。同時に各地形にふさはしい場所に、それぞれ各民俗の代表的な家を作ります。即ち興安嶺の樹間にはオロチヨンの天幕が散見し、山麓地帯には蒙古の包が並び、又その隣りにはラマ廟が特色ある姿で建つてゐる。低地には牛が牧草をはみ、緬羊や山羊が遊び又相当に進んだエミグランドの酪農の様子を見ることが出来るやうにします。一方本館の西側には風車によつて水をあげ水田としてこゝに朝鮮や内地の進んだ多角的な経営をしてゐる農民村を作るつもりです。[62]

これを座談会とほぼ同時期の「南湖の民族博物館配置図」[63]と比べると、敷地は北高南低で水辺に臨み、入り江や谷地形を有するなど、地形変化に富むようすがうかがえる（図22）。これにもとづき、建国忠霊廟に西接する高地部分を興安嶺地帯に見立て、また桟橋設置場所を遼東半島になぞらえる。別のところでは、重複をいとわず引用すると「欝々たる密林の奥にオロチヨンの天幕生活を見、沃々たる草原にエミグラントの酪農生活あり、更に沙漠の彼方に喇嘛教寺院があるかと見れば、楊柳煙る水辺にゴルドの二三の校倉小屋あり、更に万頃の稲田の畔に日本農民の家

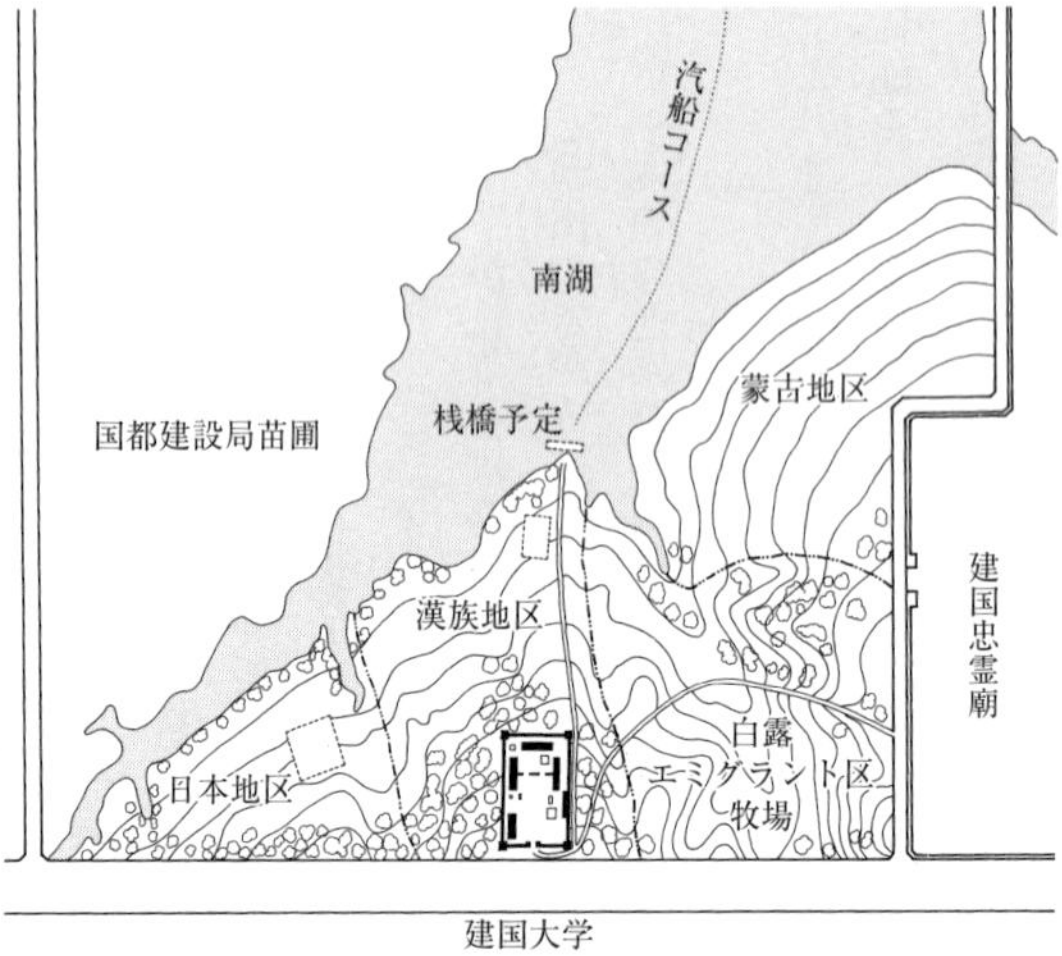

図 22　民俗展示場平面図

の隠見するといふが如き景観は決して空想ではなく容易に実現し得る(64)」と、砂漠地帯の造成も考えられていた。敷地内を「蒙古地区」「白露エミグラント区牧場」「漢族地区」「日本地区」の四地区にわけた同図の状況とも一致し、全体としてリトル満洲さらにはリトル東北アジアを描こうとしていたことがうかがえる。

ここに設けられる諸施設は、建設中であった北満の農家のほかに、漢族地区と日本地区にそれぞれ一棟ずつ建物予定地が破線で記されている。これらが何を示すのか同図からはわからないが、漢民族区の一箇所が関東州石造農家であることはほぼ間違いないだろう。日本地区のものが、朝鮮人の家なのか福島県の農家なのかは不明である。敷地の中央に予定された民俗本館は、北満の農家と関東州の石造農家の間あたりになるものと思われる。

その間に主なる道路には、満鉄にお願ひして鉄道を敷設しオープンカーをひいた小型な機関車を走らせて、婦人や子供達を喜ばせ、又高い塔を造つては展望台としたり、安全にパラシユートで飛びおりる事の出来るやうにしやう等とも考へてゐます。又ところどころに地方色の豊かな気のきいた喫茶店を作り、道路も谷を渡り、平原を横ぎり、山裾を縫つて変化あらしめ、その間気分を転換しながらゆつくり一日がかりで、楽しく親も子も民俗館を見ることが出来るやうにと思つてゐます。(65)

図中に記載はないが、民俗博物館の建物展示のほかに、ミニSL、シンボルタワー、ベースジャンプ、ミュージアムレストラン、ネイチャートレイルなど、レクリエーションの要素をふんだんに取り込むことが表明されている。単なる博物館にとどまることなく、テーマパークあるいはアミューズメントパークへの志向が鮮明であり、この博物館構想の特異性を際だたせている。

職員計画

民俗博物館は、制度のうえでは国立中央博物館新京本館人文科学部の所管だが、一九三九年一〇月一日以降、副館長の藤山一雄が人文科学部長事務取扱を兼務したに過ぎず(66)、また先の施設計画に対応する職員計画も不明である。民俗展示場第一号館に分館長室と事務室(または研究室)が設けられていることからすれば、分館長と学芸官等職員の配置予定はあったようだが、実現された形跡はない。

ところで民俗博物館には、「自己の計算と危険による独立生活者であると共に、博物館職員として社会生活の指導に当るサービスマンとしての自矜と見識を有する」「代表的諸民族の選ばれたる住民達[67]」の居住が掲げられていた。この住民は無償のボランティアではなく給与支給がなされる職員として予定され[68]、「現に日本内地人の移民村には、この家で農業に従事し、又自分の生活様式や調度を来観者に説明したいとの希望者もあ[69]」ったと言う。これは「物を並べ、器械が動くだけでなく、民族の「生活」するありさまを展示するのである[70]」という藤山の考えに基づいていた。

しかし一九四〇年の座談会では、展示される側の民族感情への配慮や、展示される生活が不変ではないことなどを理由にして、発言者全員が藤山の考えに対して慎重論を呈するのである。それは、差別意識を前提にしつつ、第一次世界大戦前の博覧会に見られたような露骨かつ直截的な植民地住民展示[71]との、スタイルにおける共通への躊躇だったのであろうか。そうであるならば、この慎重論とは、ヨーロッパ型帝国主義的植民地支配を反映した展示の否定であり、さらにこれを否定する藤山の生活展示は、博物館展示の現代化、その予兆と言うことができるかもしれない。しかしこれについては、次の章で、もう少し立ち入って考えてみたい。

家畜の飼育

藤山一雄は、民俗博物館内で家畜を飼育することを表明していたが、座談会出席者からは、悪臭の発生等を理由にして、これを否定する意見が出されていた。しかし藤山は、「出来ればかかひたいと思つてゐます。庭先に鵞鳥の居る風景も気分を出すのに好ましい事だし、おとなしい馬を養つて来観者の乗用に供する等面白くはないかと思ひます[72]」と楽観的なのである。異臭による不快感からする否定論と、雰囲気やアミューズメントによる肯定論と、両者はすれ違っていた。悪臭も民俗博物館の構成要素であると、藤山が考えていたとしても不思議ではない。

満洲国の民俗博物館は、「楽しみながら学問出来る、その学問がすぐ自分の生活の設計に役だつ、或は情操を陶冶して生活を豊醇にする[73]」ための構成を、十二分かつ正しく採用した計画であった。

五　ある北満の農家

張百泉の住宅

民俗展示場第一号館は、先述のように浜江省阿城県福昌号屯にある張百泉の住宅の、一九三九年一〇月時点での模造である。モデルとなった住宅は次のような構成であった（図23・24）。

屋敷地は、東西約六五メートル、南北九五メートルの約六千平方メートルを有し、この周縁を高さ約三メートル、厚さ約一メートルの土堡がめぐる。これは、その四隅に設けられた砲台と、唯一の出入口である二階建の大門とともに、外敵に対する防衛施設であった。土堡に囲まれたなかに、正房一棟、東廂房一棟、西廂房一棟、車庫一棟、西外廂房一棟、側室一間、穀倉二棟、野菜貯蔵庫一棟、馬繋場一ヶ所、馬飼槽二ヶ所、豚飼育場一ヶ所、井戸一個がある。ここに、主人

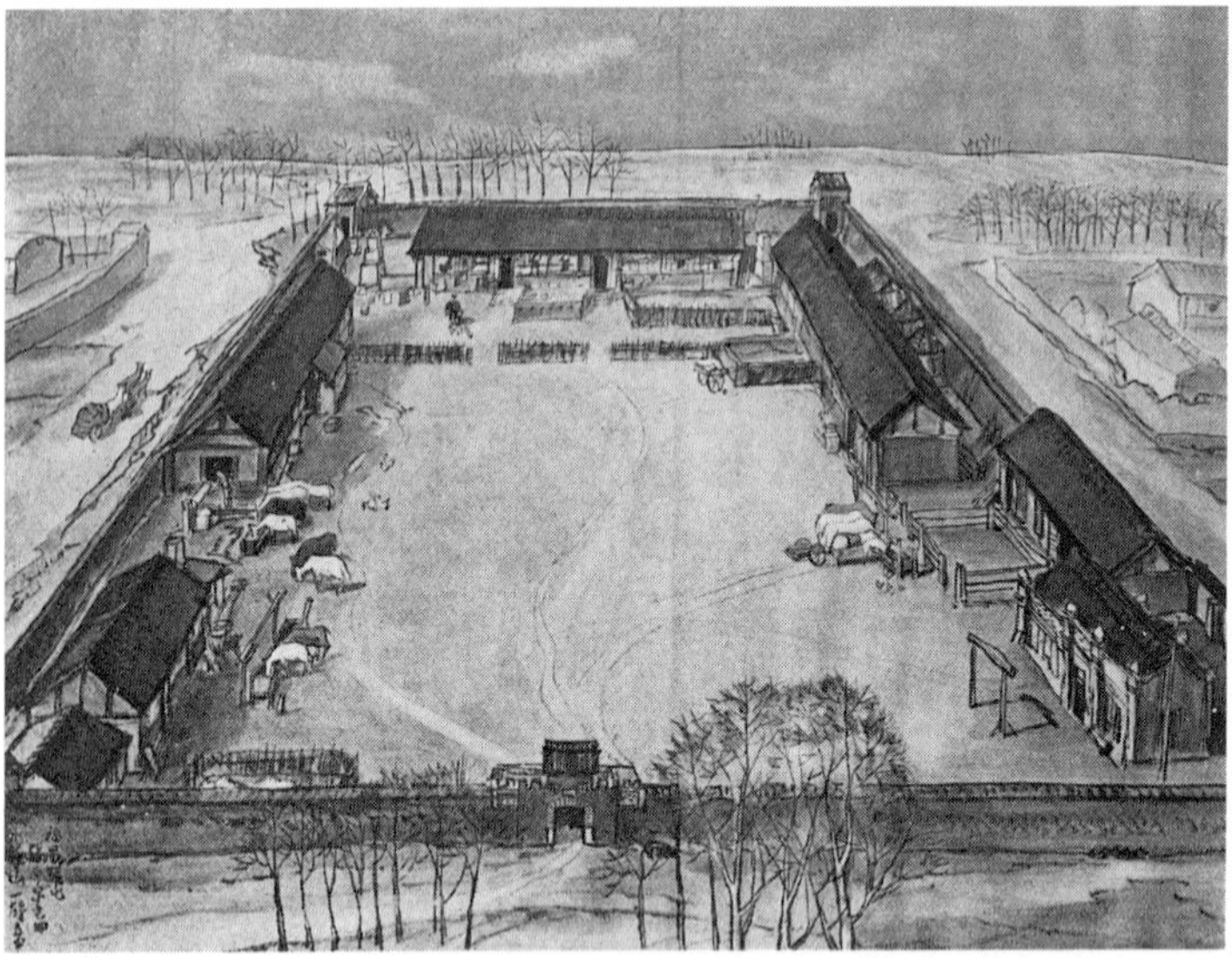

図23　張百泉の住宅　藤山一雄画

で兄弟の長男の張百泉とその一族約三〇人、および小作人など約二〇人が生活していた。犬、牛、馬、豚、羊、鵞鳥、家鴨、鶏の家畜も飼われている。東南の建物一棟が村役場に使用されており、有力な家族であったことがうかがわれ、北満地方の典型的な大農家であった。

民俗展示場第一号館

これに基づいて模造された第一号館の利用計画には、一九四〇年一一月公表のもの[74]と一九四二年七月公表のもの[75]（図25）の二種類がある。両者には微妙な異同があり、いずれが妥当なのか判断しかねる。ここでは、一九四一年九月の落成以後の後者がより実態に近かったであろうと想定してこれを用

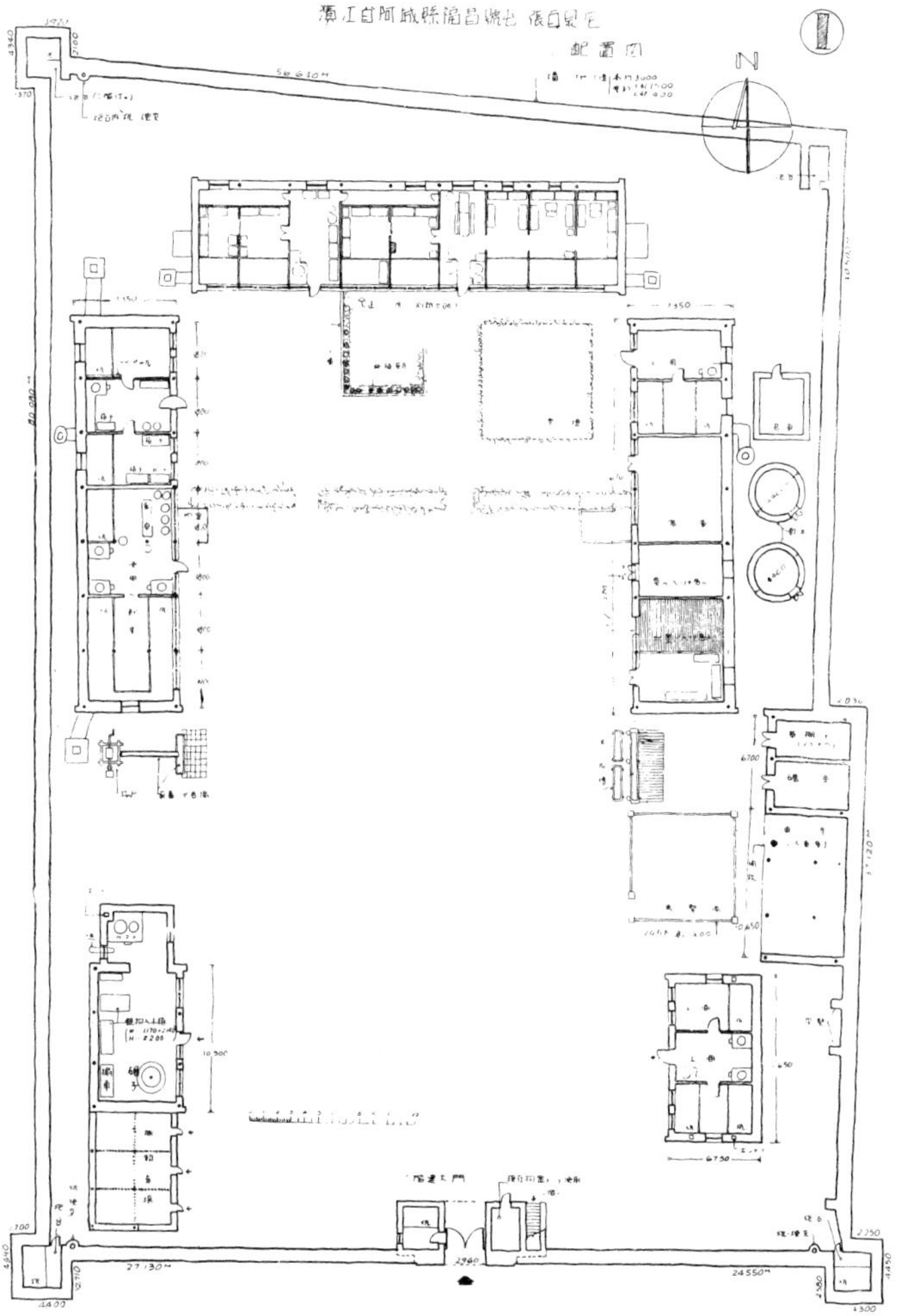

図 24　張百泉の住宅平面図

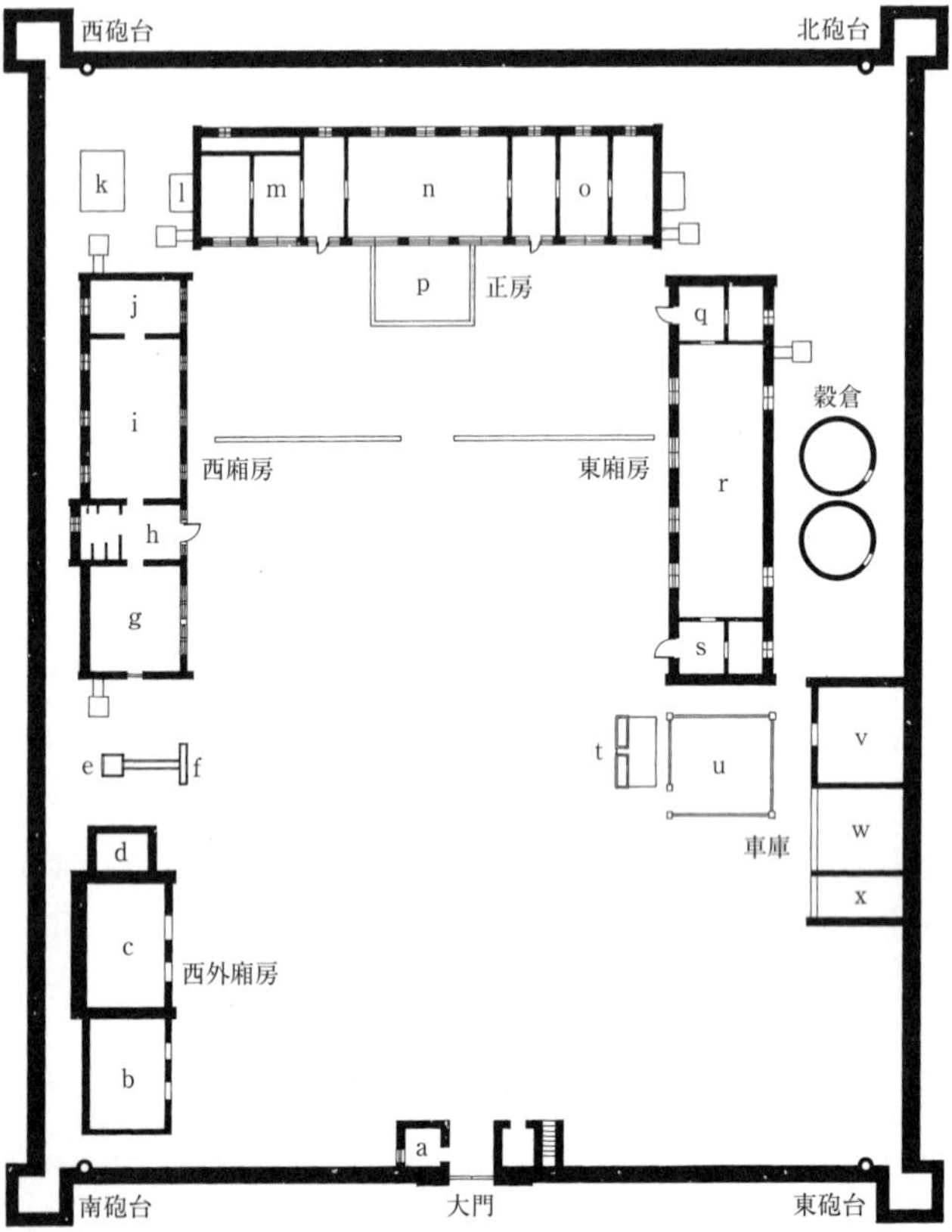

図 25　民俗展示場第 1 号館平面図

a　受付
b　養豚場［豚飼育場、猪圏］
c　［臼挽小屋］
d　倉庫［草料屋、飼料室］
e　井泉［旧式井戸］
f　［馬飼槽］
g　民俗文庫［図書室］
h　［明間及び便所］
i　高級民俗品展示室［衣装展示室］
j　事務室［館長室］
k　野菜貯蔵庫
l　鶏舎
m　生活生態展示室［居住生態室］
n　民俗品展示室［土俗展示室］
o　家屋構造展示室
p　農具展示場
q　倉庫［套間及び倉庫］
r　［土俗農具展示室］
s　［套間及び倉庫］
t　馬飲場
u　馬繋場［馬圏］
v　細室［倉庫］
w　大車庫［荷車庫］
x　自動車庫

［　］内は本文中の表記

い、モデルとなった住宅が展示施設としてどのようにアレンジされたかを中心に見てゆきたい。なお、一九四二年公表のものも、図と記述の間に不一致が認められるため、最低限の補訂をおこないながら、以下に紹介する（図26・27・28・29・30）。

張百泉の住宅が、最初から計画的に設計されて作られたものではなかったため不定形をなしていたが、第一号館は単純化した。例えば、土堡の平面形を均等な長方形にしたことや、四隅の砲台を同一の設計としたことなどである。このほか、村役場に使用されていた敷地内東南の建物一棟は、省略された。

建物の内部構成は、原則的に全体の三分の一を原状どおりにすることが表明されている[76]。正房九間は、東三間を家屋構造展示室に、西三間を居住生態室（生活生態展示室）にそれぞれあてている。家屋構造展示室は、「天井、床をひつ剥ぎ、小屋組、壁、炕及び基礎工事の詳細を露出し、寒さに対する装置、乾燥、換気、陽光の摂取の度合等、此の民族の経済的にして而も比較的合理化されたる生活型態に対する興味を刺戟する[77]」とされた。居住生態室の西二間には、原状にならってさまざまな家具を配置している。

ところで、正房中央三間の利用計画が、土俗展示室（民俗品展示室）であったのか、衣裳展示室（高級民俗品展示室）であったのかが判然としない。衣裳展示室（高級民俗品展示室）を、正房中央部とする記録と、後述する西廂房の中央部とする両方の記録があるためである。いずれにしても、ここは「民芸品中特に高級なもの、例へば中古の婚礼衣裳とか調度品、その他家具類、玩具等を[78]」置くスペースであった。このほか、正房前面には瓦囲いの花壇が設けられ、正房の東

図 26　民俗展示場第 1 号館外観（南東から見る）

図 27　民俗展示場第 1 号館内部（南東から見る）

図 28　民俗展示場第 1 号館正房

図 29　民俗展示場第 1 号館西廂房・西外廂房

図 30　民俗展示場第 1 号館外観（建国忠霊廟から見る）

西両側には原状どおりに鶏舎、ならびにその上方壁面に産卵用の藁製巣が、各三個宛懸架された。

西廂房の北一間は分館長室に、南二間は図書室（民俗文庫）にあてられ、この利用計画は当初より一定している。中央南側一間は、ホールならびにトイレとした。中央北側三間は、先の衣裳展示室とする記録と、事務室（または研究室）とする記録とがある。西廂房はもっぱら管理棟とし、陣野式と呼ばれる当時最新式の暖房装置を設置した。西外廂房は、もとは臼挽小屋三間と側室一間で構成されていたが、側室のみ飼料室に変更されている。これに南接する養豚場（猪圏）は、もとのとおりであった。西廂房と西外廂房の間には、ほぼ原状どおりに井戸が設けられている。約一〇メートルをうがち、清水が保たれていた。

この東側に、馬飲槽が接続する。

東廂房の中央五間は、間仕切壁をすべて排除して、計画当初より土俗農具展示室（農具展示場）にあてられていた。また、南北両端の各一間は、套間と倉庫としている。東廂房裏の穀倉二棟は、ほぼ原状どおりに建築された。車房五間の北二間は倉庫に、中央二間は荷車庫に、南一間は館用の自動車庫にあてられた。その前面には、原状とは多少位置をたがえて馬繋場と馬槽を設置している。大門も原状を模してつくられ、西側の一室を受付とした。

以上のように、第一号館は展示室、事務室（または研究室）、図書室を有し、一個の完結した博物館施設の構成を大略満たしていた。収蔵スペースがみられないが、建国広場に面した本館予定地に、まっさきに建設が計画された収蔵倉庫がそれにあてられる予定だったであろうし、それまでは中央通の満石ビルが収蔵施設だったと見てよい。また、民俗博物館の敷地内に予定された民俗本館が、収蔵機能をもったのかもしれない。いずれにしても、現状では収蔵展示の観が強く、収蔵機能よりも公開・教育機能を優先した実用の博物館が、第一に必要とされたための構成ではないかと思われる。

設置後のようす

北満の農家は一般公開されなかったが、一九四三年九月にここを訪れた式場隆三郎が、次のように伝えている。唯一とも言える貴重な見学記である。

さて藤山氏の案内で、この北満の張氏邸をそのまゝ摸造《ママ》された展示場へ入つた。壁の外に柳楊を植ゑてあつたが、強風のためにいためられ生長していなかつたのは惜しい。正房や側房の屋根の一部が、やはり暴風のためにはげてしまひ、白い泥で補修してあるのもいたましい気がした。しかし、よくもこれだけの大農家を模造したものだと感心された。正房には満人の農夫が住んで、留守をしてゐた。家畜もかつてあり、農作物もつくつてゐた。側房は主として陳列場にあてられ、硝子のケースがあつてその中に蒐集品がおさめてあつた。もとの正房は、内部の家具はもつと立派だつたらしいが、そこではもつと貧しい農夫がすんでゐるので家の広大さに比べて、室内は淋しいものだつた。しかし、もとの農家よりもいろんな文化的の設備もしてあるらしく、側房の陳列場などは床下に暖をとる巧妙な装置がしてあつた。裏手には円い穀倉や納屋があつた。それらはなかなか立派で、むしろ母屋よりも感心させられた。正門の二階建の望楼のやうなものに上つてみると、この家は湖畔にあつて眺めはよかつた。完成の暁はここへは船で来られるやうにする計画だといふ。

いまは一般には公開せず、門をしめてあるので、何となく全体が荒れてゐるのが惜しい気がした。大計画が実現しなくても、これだけでも意義は充分にある。せめてもつと内容を充実させて、新京を訪ねる人が必ず一度は参観するやうな名所の一つにされた方がよいと思つた。私たちは新京を立つ前に、ここをみられたことを欣んだ。折角の雄図が挫折することなく、やがて完成されんことを切望する。(79)

式場が観た留守をする「満人の農夫」とは、一九四二年度予算策定の際かろうじて予算計上がなされた「番人」のことと思われる。その農夫が、家畜を飼い営農していた事実は、自身の生活維持のためだったのであろうが、そうであればなおさらに生活を展示するという藤山一雄の構想が、不完全にではあれ実現されていたと言えよう。そして、「母屋左翼には実際満人農夫を居住させ[80]」る旨はやくに藤山が表明していたことから、この満洲人の住居にあてられた正房とは、西側三間の居住生態展示室であった可能性が高い。このことからも、彼は単なる「番人」ではなかったようだ。なお、側房を主として展示場にあててケース内展示をしていたとする記述から、この時点で、当初の利用構成は採用されていなかったことがわかる。

ところで、第一号館を見学した式場が、「番人」のようすに生活を展示する藤山の意図をくみ取った形跡は見られない。式場の関心は、建物などのものに注がれていた。民俗博物館とこれを構想した藤山の傑出したさまが、式場によって照らし出されている。

「ある北満の農家」の意図

第一号館の北満の農家は、「大陸生活に永い体験をもち、多分にその自然条件に即せる彼ら（満洲在住漢民族農民—引用者注）の「住相」についての関心を刺戟するため[81]」に、とくに次の点が期待され、展示も工夫された。

第一は、住居平面の間取りと構造である。「日本人は満洲に来ても、幅のある、たとへば田の字型の家を建てる[82]」が、これは亜寒帯地方に即した住居形態ではないとして、藤山一雄は日本の移民政策の不備を指摘する。そして「採光、防寒、積極的には暖房、即ち太陽熱の摂取のため」に、その「母屋は可及的に東西に拡げ、南北に部屋を重ねない[83]」中国人農家の経験から学ぶべきであると主張した。

北側の壁を厚くする構造の防寒・防風性や、正房西半分の北側に見られる後廊子を「外壁を二重にしたやうなもので厨房から火気の流動により採暖せられ、食料等の納屋としても乾燥して居るので頗る効果的である[84]」と評価するのも、同じ趣旨からである。特に厨房と暖房の関係で言えば、厨房における炊事の火気を利用する満洲地方の炕は、藤山の大きな関心事であったに違いない。家屋構造展示室は、この意図を直接的にあらわすものであった。

西廂房での陣野式暖房装置の設置も、民俗博物館が「只に従来のものを展示するといふのみでなく、生活の合理化をはかる、合理的な生活を指導する」ものとして、「過去に於てはかうであつた、現在はかうである、将来はかゝる風に工夫し生活を合理化し向上させねばならぬ、といつた三段の準備を考へて、来観者に考へさせ利用させねばならぬ[85]」とする意図に基づき、装置の構造の一部露出展示も考えられていた。

これらを総合的に備えたのが、第一号館の北満の農家であり、日本人移民の住居形態のモデルであり実用のための展示施設だったのである。

六　満洲国の民俗博物館の地平

藤山一雄の夢

概括すると、満洲国の民俗博物館は、ひとえに藤山一雄の夢だったと言うことができる。夢であったからこそ、当初彼は楽観的にその実現を急ぎ、現実との調整のなかで失速するものの、形式公共性に堕すことなく、計画は弾力的に変形し得たとも言える。このことは逆に、民俗博物館の建国大学への「身売り話」の登場が、藤山の入院中であったことをよく説明もする。最終的に、集落や環境全体を展示資料とみなす発想へたどり着き得たのも、藤山の夢が内包していた原則への牽引力が生き続けた証左と考える。

一方で民俗博物館は、国立中央博物館人文科学部の事業であり、新京本館の学芸官の間で了解されていたことも明らかである(86)。自然科学部は、いち早く大経路展示場を有して相当数の学芸官も配し、博物館エキステンションと名づけた活動を繰り広げていった。これに比べて、新京本館の人文科学部は、終始藤山ひとりだったらしく、めだった活動もおこなわれなかった。基盤整備の段階にあったというのが実際であろう。それは、藤山の満洲国官吏時代からの社会関係資本に、全面的に依拠して進められた。夢であるからこその、事業だったのである。

東京・保谷と樺太・豊原

ところで、スカンセンをモデルにした日本人による野外民俗博物館の構想は、満洲国以外にもあった。よく知られた一つが、日本民族学会附属民族学博物館である。一九三七年、東京府北多摩郡保谷町（現在の西東京市保谷町）に土地を取得し、一九三九年五月に開館した。約一万坪の敷地には、今和次郎の監督で武蔵野の民家や絵馬堂が移築され、戦後にはアイヌのチセが建てられるなど、野外民族博物館の整備が進められている。渋沢敬三が、ヨーロッパの博物館見学で得たアイデアによるものであった[87]。

もう一つは、樺太の豊原（現在のロシア連邦サハリン州ユジノサハリンスク）にあった樺太庁博物館である（図31）。スカンセンを標榜した敷地内の整備計画が示されているが、これが実現されたかどうかは不明である。

その敷地三千坪、中央に耐震耐火の延七〇九坪三層屋が北面して建ち、周囲は白樺、落葉松、エゾ松等の樺太特有の樹種を以て囲み、前庭に円池をひかへ他は広闊平面的な花壇となし樺太の高山植物及特産植物を植込み、その間に国際標模型、樺太犬の飼育場等を作り、計画中のものに露人の北方耐寒性の丸太小屋、北方民族家屋を以て点綴しロックガーデン等を配し、館内博物と呼応して庭園のための造園に終始することなく生態陳列場、即ちストックホルム郊外にあるスカンセンの戸外博物館と同じ方式にこの前後庭を北方郷土色に盛り、将来への基礎資料としての実物教育の実を挙げやうとしてゐる[88]。

図 31　樺太庁博物館

いずれの計画も、自然と人文の総合は獲得されていたが、規模の狭隘さや計画の総合性の希薄さは否めない。杉本尚次の分類[89]にしたがえば、満洲国の民俗博物館は中央野外博物館であり、かつ生業を取り込んだ総合野外博物館に位置づけられ、日本人が実現したことのないタイプの野外民俗博物館だったことが確認できる。さらに、戦後の博物館法にある「資料を収集し、保管（育成を含む。以下同じ。）し、展示して教育的配慮の下に一般公衆の利用に供し、その教養、調査研究、レクリエーション等に資するために必要な事業を行い、あわせてこれらの資料に関する調査研究をすることを目的とする機関[90]」という定義に照らしあわせるとき、満洲国の民俗博物館計画はこれにたいへんよく接近しており、その進取性は動かしがたい。

同様に、再度引用する「烏拉の如きはその聚落及び環境全体が一の展示資料として高い価値を有する」という認識も、それが計画の後退を強いられたなかでの到達であったからなおのこと、日本人の博物館発達史に屹立する体験であったと言いうるだろう。「スカンセンの北方博物館を範としながら、より新しく、最近話題になっているフランスのEcomuseumの志向性に近い形態を、すでに提示している」[91]と、後藤和民は藤山一雄とその民俗博物館を評価したが、「最近話題になっているフランスの」エコミュージアムなるスノビズム、メタレベルは不要だったのである。

天理教の朝鮮館

さらに、これらに先立つ日本人の野外民俗博物館例に、天理教の朝鮮館があった[92]（図32）。その名称は、朝鮮（資料参考）館と朝鮮（資料）参考館の両方があるが、いずれにも、天理教布教のため参考にする博物館であったことがあらわれている。

一九三四年一一月三日に落成し、一九四三年一〇月五日に日本海軍に接収されたのち、解体される一九四四年九月までの[93]、おおよそ一〇年間存続した。現在の天理大学附属天理参考館の前身である、海外事情参考品室（一九三〇年四月–）時代の後半と、海外事情参考館（一九三八年四月–）および天理教亜細亜文化研究所附属参考館（一九四三年八月–）の時代に相当する。これまでに筆者の知ることのできた、日本人による野外民俗博物館例の嚆矢である。なお、日本博物館協会や棚橋源太郎が、朝鮮館を知っていたか否かについては不明である。

朝鮮館には、朝鮮人家族が居住して、これを管理する方式が採られていた。ただし、満洲国の民俗博物館で認められるような、「生活を展示する」というコンセプトは明示されていない。展示形態も、「内部には日常用具の大部分を実際の使用状態のままに置く[94]」というが、朝鮮人家族

図 32　天理教の朝鮮館

がこれを使用したかどうかもわからない。彼らの雇用形態も、同然である。ちなみに、前身時代も含めた天理大学附属天理参考館の最初の専任職員は、一九四三年九月に就任した主事福原喜代男であった。

　朝鮮館以後、「台湾・中国・東南アジアと順次に民家移築の計画であった[95]」という記述から、いわゆる〈リトル・アジア〉を描く計画であったとみなすことができる。戦争によって計画実現は不可能になったとあるが、日中戦争のはじまりは一九三七年七月、太平洋戦争のそれは一九四一年一二月であるため、時間的にはずれがある。朝鮮館の停滞には、別の理由があったのかもしれない。

　なお、ここには、満洲国の民俗博物館に見られたような、日本民家の設置に関する言及はない。それにもとづけば、満洲国のそれには、日本人どうしの〈見る／見られる〉があったが、朝鮮館の〈見る／見られる〉は〈日本人／朝鮮人（さらに台湾・中国・東南アジア）〉として固定的であったと言える。そこには、神道系宗教であることから来す、布教の主体、中心が日本および日本人であることの自明性だったであろう。もちろん満洲開拓移民政策の中心も日本および日本人であったが、民俗博物館では、日本人どうしの〈見る／見られる〉の構造化が、脱中心の潜在性を担保していた。

それ以前に、藤山にとって移民とは、日本人に先立つ、漢民族中国人やロシア人の体験をも含むものであったことも、想起されなければならない。〈見る／見られる〉の惰性態が、〈中心／周縁〉の政治性となってあらわれることを考慮するとき、中心にありながら周縁であった藤山一雄その人の存在様式が、満洲国の民俗博物館を規定していたと考えられるのである。

博物館とユートピア

朝鮮館も、満洲国の民俗博物館も、当時、新しい博物館であった。学問の基盤は脆弱で、博物館界という同業者集団の組織化すらも希薄な時代に、このような博物館が、連絡もなく別個に構想、実現された所以を惟わないわけにはゆかない。このとき、講座的関心にとどまらない。当事者のパトス、エートスのようなものにいたる。誤解を恐れずに言えば、それはいわゆるユートピア思想の意である。満洲国の民俗博物館は藤山一雄の〈生活芸術〉[96]に、朝鮮館は「陽気ぐらし」に支えられていた。宗旨の違いはあっても、これら新しい博物館が、現実の世界を反省する、あるいは超越するという、ユートピア体験の希求に基づく営為であったように思うのである。

このことを、より広く博物館一般においてとらえ返すとき、私たちはいくつかの類例に遭遇する。京都円山公園にあった仏教児童博物館は、わが国におけるチルドレンズ・ミュージアムの先駆けで、浄土真宗本願寺派が一九二八年に設けた博物館施設であった。また、愛知県日進市にある日本史蹟仏教公園神洲五色園は、浄土真宗大谷派に在籍していた森夢幻が、〈視聴覚伝導〉という方法論によって一九三四年に設けた博物館施設で、現代風に言えば、仏教のテーマパークであった（図33）。戦時中も公開を継続し現存する、希有な施設である。なお、五色園という施設をめぐる考え方の相違を理由に、森は僧籍を返上して浄土真宗大谷派から離れており、五色園の設置主体は、単立宗教法人別格総本山五色山大安寺であった。ちなみに両施設とも、一九四五年以前、日本博物館協会に入会して、博物館としての自覚をあきらかにしていた。

このように見来ると、戦後日本の博物館にとって日本国憲法は、一種のユートピア思想として機能していたのかもしれない。これを綱領とし、一九四五年以前の日本に反対するという戦略のもとで、戦後博物館の戦術を明記したのが博物館法だったが、すでに換骨奪胎の惨状にある。クォ・ヴァディス。ユートピアなき博物館運動には、ミュージアム・マネジメントを抱えて、世界資本主義と心中する道しか残されていないのであろうか——。

図33
『宗教公園五色園』

七　民俗博物館後の藤山一雄

ヒヨコ、今和次郎

閑話休題。一九四六年の引き揚げののちに藤山一雄は、一九六〇年以降に自分の作品を展示する美術館「イスラエル館」を計画したこと以外、博物館に関わることはなかったようである。

山口県柳井市を中心とする周東畜産協会を一九四七年に設立し、一九四九年にこれを周東養鶏農業協同組合に改組して（一九五一年以降、周東酪農業協同組合）、その指導、経営を通じ日本人の新しい農業の実現に奔走する（図34）。それは、一九二九年のデンマーク視察と、在満時代に当地ロシア人農業の実見に基づいた、家畜型農業の実践であった。言うまでもなく、狭義には民俗博物館のテーマであり、広義には藤山の満洲国経営の理想であった。

図34 『周東のヒヨコ』

周東養鶏農業協同組合は単なる利得を目的とする商業的団体ではなく、前述したようにひとつのユートピア（理想世界）の顕現を志し、その方法として養鶏を主軸にする農業型を樹立し、ひいては日本人の伝統的に不合理、非科学的な生活を改善し、一刻も早くこの国家なり社会生活なりを国際水準まで引き上げ、世界人としての生活を念願し実際化するため、とりあえず第一義的な養鶏を奨励し、普及しつつあるのである[97]。

藤山が書いたであろう文章に、まぎれもない「ユートピア（理想世界）」の語が見える。「前述」とは、日本人の「精神生活を明朗、爽快にし、労働力を増加し、リクリエーションの時間が恵まれ、自ら文化性を培養する[98]」を指す。活動の場を変えながら、満洲国時代の夢の実現を追求し続けた藤山には、一九四五年を境とする断絶などあろうはずもなかったのである。ひるがえってわが国の博物館研究は、満洲国の民俗博物館を忘れ去るのみであった。

ところで、藤山家に遺る『壷南荘来訪貴名録』には、一九五八年一一月二五日に今和次郎が藤山宅を訪れた記録がある。藤山と今は、それぞれ満洲帝国の新京特別市と大日本帝国の東京府で、民俗（族）博物館に深くかかわったはじめての日本人であった。一歳違いという、文字通り同世代かつ同時代を生きたふたりの交友が、いつからはじまっていたのかは定かでない。しかしこの時、それぞれの体験が交歓されたのである。そして、今が藤山に贈った画賛「自然即庭園　生活即楽技」とは、民俗（族）博物館建設に携わったふたりの共感であり、アジアにおいて先駆けとなった二つの民俗（族）博物館の思想であった（図

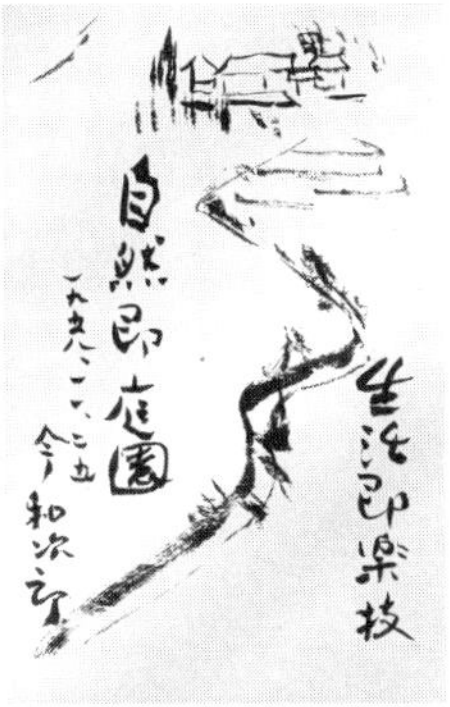

図35『壷南荘来訪貴名録』

図 36　民俗展示場跡地（東方）

35）。野外民俗（族）博物館に関する戦後の思考は、これの検証から進められなければならなかったのである。

「東洋では初の試みであった」

わが国において、野外民俗博物館の理論は、戦前に提出されていた。そして実践的には、満洲国の民俗博物館が、日本人最初の本格的な野外民俗博物館となった。

スカンセンは、産業革命以後の大変動するスウェーデン社会のなかで、自国民、自民族への強烈な関心から誕生した博物館であった(99)。内容から形式が創出されたのである。この経験に学べば、戦前の博物館学が野外民俗博物館を実現できなかったのは当然のことだったであろう。内容がなかったのである。野外民俗博物館を社会から切り離し、その形式への関心に終始した。そして、帝国主義的植民地支配における異民族との直接的対峙において、日本人のアイデンティティが具体的に自覚されたとき、日本人による野外民俗博物館はここにようやくその内容を獲得し、満洲国の民俗博物館としてあらわれたのではないだろうか。それが、藤山一雄というただの一点における体験で

図36　民俗展示場跡地（西方）

あったとしても、これが日本人による野外民俗博物館実践の出発点であり根拠であると考える。

「東洋では初の試みであった」[100]。藤山一雄が記したに違いないこの控えめな自負を、その人の名とともに憶持したいと思う。

注

（1）鶴田総一郎「日本の博物館の状況について」『博物館研究』第三三巻第一二号、日本博物館協会、一九六〇年、三五頁。

（2）藤山一雄「民俗博物館について」『国立中央博物館時報』第四号、国立中央博物館、一九四〇年、一―三頁、参照。

（3）同「〝ある北満の農家〟のこと（三度民俗博物館について）」『国立中央博物館時報』第一五号、国立中央博物館、一九四二年、一頁。

（4）同「再び民俗博物館について」『国立中央博物館時報』第八号、国立中央博物館、一九四〇年、一頁。

（5）同「民俗博物館について」、一頁。

（6）同論文、二頁。

（7）同「〝ある北満の農家〟のこと（三度民俗博物館について）」、四頁。

（8）同「民俗博物館について」、二頁。

(9) 同『清貧饗盤抄』(第三版)、満洲図書株式会社、一九三九年(初版：一九二五年)、一五六－一五七頁。
(10) 同『新しい農家』(現代教養文庫九八)、社会思想研究会出版部、一九五三年、一四四－一四六頁。
(11) 同『冷たい炎』第一部、くろしお出版、一九六〇年、五一頁。
(12) 同『新しい農家』、一四六頁。
(13) 尊田是「民俗博物館に関する座談会記録」『国立中央博物館時報』第一〇号、国立中央博物館、一九四一年、一三頁。
(14) 約八万坪とする記述もある。「本館動態／民俗博物館予定地決定」『国立中央博物館時報』第二号、国立中央博物館、一九三九年、二二頁、参照。一九四〇年以降、約一〇万坪と書かれるようになるのも、概数ゆえのことと思われる。
(15) 藤山一雄「ある北満の農家」『国立中央博物館時報』第二号、一五頁、参照。
(16) 同「〝ある北満の農家〟のこと(三度民俗博物館について)」、一頁、参照。
(17) 越沢明『満州国の首都計画』(都市叢書)、日本経済評論社、一九八八年、一六二頁、参照。
(18) 藤山一雄『新博物館態勢』(東方国民文庫第二三編)、満日文化協会、一九四〇年、二四一頁。
(19) 越沢明、前掲書、一五五－一五七頁、参照。
(20) 藤山一雄「ある北満の農家」一六頁。
(21) 同、「民俗博物館について」、二－三頁。
(22) 同『新博物館態勢』、二三九－二四〇頁。
(23) 同書、二四〇頁。
(24) 同「〝ある北満の農家〟のこと(三度民俗博物館について)」、二頁。
(25) 同論文、一頁。
(26) 同「再び民俗博物館について」、三頁、参照。

(27) 尊田是、前掲論文、一五頁、参照。
(28) 越沢明、前掲書、一三〇－一三四・一六一－一六四頁、参照。
(29) 尊田是、前掲論文、一五頁、参照。
(30) 同論文、一四頁。
(31) 藤山一雄「〝ある北満の農家〟のこと（三度民俗博物館について）」、二一－三頁、参照。
(32) 同論文、五頁。
(33) 「建ちぐされ。開かぬ北満の家」『満洲新聞』、一九四二年一月一七日。
(34) 『最新地番入新京市街地図』、三重洋行、一九四一年、参照。
(35) 大仏寺、救済院は、民生部所管だったであろうから、部内での用地の移動ではないかと、新京特別市公園科長などを務めた、佐藤昌氏に教示いただいた。
(36) 藤山一雄「〝ある北満の農家〟のこと（三度民俗博物館について）」、五頁。
(37) 同「序」国立中央博物館編『ロマノフカ村』（満洲民俗図録第二集）、満日文化協会、一九四一年、一一－一三頁。
(38) 満洲国古蹟古物名勝天然紀念物保存協会主事を務めた、三宅俊成氏に教示いただいた。
(39) 「本館動態／調査出張（康徳六年七月－九月）」『国立中央博物館時報』第二号、二二頁、参照。
(40) 「博物館動態／出張／（新京本館）」『国立中央博物館時報』第一四号、国立中央博物館、一九四一年、二五頁、参照。
(41) 「博物館動態／出張／（新京本館）」『国立中央博物館時報』第一七号、国立中央博物館、一九四二年、五三頁、参照。
(42) 「博物館動態／出張／（新京本館）」『国立中央博物館時報』第一八号、国立中央博物館、一九四二年、四四頁、参照。
(43) 「博物館動態／新京本館／出差」『国立中央博物館時報』第一九号、国立中央博物館、一九四三年、三八頁、参照。
(44) 同記事、三八頁、参照。
(45) 「博物館動態／新京本館／出差」『国立中央博物館時報』第二〇号、国立中央博物館、一九四三年、五〇頁、参照。
(46) 「博物館動態／新京本館／出差」『国立中央博物館時報』第二一号、国立中央博物館、一九四三年、四一頁、参照。
(47) 「博物館動態／新京本館／出差」『国立中央博物館時報』第二二号、国立中央博物館、一九四四年、四一頁、参照。
(48) 同記事、四一頁、参照。
(49) 同記事、四一頁、参照。
(50) 同記事、四二頁、参照。
(51) 「博物館動態／新京本館／出差」『国立中央博物館時報』第二三号、国立中央博物館、一九四四年、七二頁、参照。
(52) 同記事、七二頁、参照。
(53) 同記事、七二頁、参照。
(54) 藤山一雄「烏拉考（1）」『国立中央博物館時報』第一九号、一－一一頁、同「烏拉考（Ⅱ）」『国立中央博物館時報』第二〇号、一－六頁、同「烏拉考（Ⅲ）」『国立中央博物館時報』第二一号、一一－一七頁、同「山海関」『国立中央博物館時報』第二二号、一〇－一六頁、同「缸窰鎮」『国立中央博物館時報』第二三号、六一－六八頁、参照。
(55) 「満洲民俗図録／第三集／烏拉」『国立中央博物館時報』第二三号、七五頁、参照。
(56) 同記事、七五頁。
(57) 藤山一雄「小型地方博物館の組立て（Ⅱ）」『国立中央博物館時報』第一七号、四四－五一頁、参照。

(58)「高句麗遺物陳列館近く開く」『満洲新聞』、一九四二年八月一二日。
(59)尊田是、前掲論文、一五頁。
(60)越沢明、前掲書、一六一－一六二頁、参照。
(61)同書、二一〇－二一一頁、参照。
(62)尊田是、前掲論文、一五－一六頁。
(63)藤山一雄「再び民俗博物館について」、二頁。
(64)同『新博物館態勢』、二四一頁。
(65)尊田是、前掲論文、一六頁。
(66)「規程・人事／科部長及分館長任命（康徳六年一〇月一日）」『国立中央博物館時報』第二号、二〇頁、参照。
(67)藤山一雄『新博物館態勢』、二四一－二四二頁。
(68)同「新博物館の胎動」、『民生』第三巻第一号、民生部、一九四〇年、七頁、参照。
(69)尊田是、前掲論文、一六頁。
(70)藤山一雄『新博物館態勢』、一八九頁。
(71)吉見俊哉『博覧会の政治学』（中公新書一〇九〇）、中央公論社、一九九二年、二〇七－二一七頁、参照。
(72)尊田是、前掲論文、二〇頁。
(73)同論文、一六頁。
(74)「南湖土俗館北満農民の家平面図」藤山一雄「再び民俗博物館について」、図版（頁数なし）、参照。
(75)同「小型地方博物館の組立て（Ⅱ）」、四四－五一頁、参照。
(76)尊田是、前掲論文、二一頁、参照。
(77)藤山一雄「再び民俗博物館について」、六頁。

(78) 同論文、五‐六頁。
(79) 式場隆三郎「滿洲記　第六回」『民芸』第六五号、日本民芸協会、一九四四年、二〇頁。
(80) 藤山一雄「新博物館の胎動」、七頁。
(81) 同「序言」国立中央博物館編『ある北満の農家』（満洲民俗図録第一集）、満日文化協会、一九四〇年、（序言の頁）。
(82) 同文、（序言の頁）。
(83) 藤山一雄「ある北満の農家」、一七頁。
(84) 同論文、一七頁。
(85) 尊田是、前掲論文、一九頁。
(86) 満洲国国立中央博物館学芸官を務めた、野田光雄氏、小林義雄氏に教示いただいた。
(87) 古河静江「博物館だより」『民族学研究』第二一巻第四号、日本民族学会、一九五七年、一〇三‐一〇六頁、参照。
(88) 山本利雄「北方文化の殿堂　樺太庁博物館」『博物館研究』第一五巻第二号、日本博物館協会、一九四二年、三頁。
(89) 杉本尚次「ヨーロッパの野外博物館――その民族学的・地理学的研究――」『国立民族学博物館研究報告』第一一巻第一号、国立民族学博物館、一九八六年、三〇九‐三二一頁、参照。
(90) 博物館法（昭和二六年一二月一日法律第二八五号）第二条第一項。
(91) 後藤和民「第四巻『新博物館態勢』解説」伊藤寿朗監修『博物館基本文献集』別巻、大空社、一九九一年、一六七‐一六八頁。
(92) 天理大学付属天理参考館編『天理参考館四十年史』、天理大学出版部、一九七三年、一〇‐一三頁、参照。
(93) 同書、八三頁、参照。

(94) 同書、一一頁。
(95) 同書、一一頁。
(96) 犬塚康博「藤山一雄博物館論ノート」『名古屋市博物館研究紀要』第二一巻、名古屋市博物館、一九九八年、二五−三六頁、参照。改稿して、同『反博物館論序説——二〇世紀日本の博物館精神史』、共同文化社、二〇一五年、に収録した。
(97) 『One Man One Egg One Day 周東のヒヨコ Shuto Chicks』、周東養鶏農業協同組合、(一九五〇年)、四頁。
(98) 同書、四三頁。
(99) 棚橋源太郎『郷土博物館』、刀江書院、一九三二年、七三−八八頁、参照。
(100) 満洲国史編纂刊行会編『満洲国史』各論、満蒙同胞援護会、一九七一年、一一二一頁。

民俗博物館生活展示の難題

一　生活展示への異議

藤山一雄の民俗博物館は、当時、必ずしも周囲の強い賛同を得ていたわけではなかった。特に、生活展示において、住民を展示することには異論が出され、藤山もこうした否定的な状況を隠さなかった。そのようすは、一九四〇年一一月におこなわれた「民俗博物館に関する座談会」で知ることができる。以下は、その部分である。

奥村　只今のお話しでは、各民族の生活の実態をしらせるとの事でしたが実際に各種の民族を敷地内につれて来て生活させるのですか。それとも模型なり人形で間に合せやうとのお考へですか。

藤山　原則としては人形や模型で間に合せるつもりですが、数種のものは実際に人を住はせて生活してゐる実態を見せるつもりでゐます。現に日本内地人の移民村には、この家で農業に従事し、又自分の生活様式や調度を来観者に説明したいとの希望者もありますから。スカンセンでは各種の人々が住居して生活してゐますから、出来ない事はないと思ひます。

菊竹　満洲国の構成分子であるオロチヨンやゴルヂなどの、小数《ママ》民族は一般的にみた場合には殆んど低級な、原始人である。原始人は文化は低級であつても非常に虚栄心は強いのが普通である。一例を述べるならば、満鉄が地方色豊かなものとして得意になつて印刷し各方面に配布して居るあの蒙古人がロバの後の方に乗つて悠々曠野の畑道を通つてゐるカレンダーの絵であるが、之を描かれた蒙古人にみせた場合、自分達を侮辱したもの、馬鹿にしたものと憤慨して破りすてるか、つきかへすかして決して喜ぶことはない。だから人をつれて来て生活そのものを見せるといふことは、人道上の問題は別としても先づ出来ない相談ではあるまいか。誰しも自分の貧しい台所を見られる事は、あまり嬉しい気持ではない筈だから。只短期間オロチヨンなりダホール人なりをつれて来て、芸能祭や展覧会式にやる事は出来る事だし、又民俗博物館としても有意義であると思ふ。

奥村　それについて私も一つの大きな失敗を思ひ出します。かつて私が満鉄にゐたころ、東京で平和博がありました。満鉄でも満蒙館を特設してその一部に埠頭の苦力が沢山の大豆粕を肩にした荷役の姿をヂオラマに作つて出品しました。いよいよ開館といふことになり私は満鉄に居る、若いインテリの満人青年達をつれて之をみにゆきました。ところが満人達はそれを見て「我々を侮辱するもの」として非常に憤慨し、強硬に撤回を要求しました。満人の力の強い、仕事に熱心な場面を正しく紹介したまでの事で、君達を侮辱したのではないと陳弁、これつとめましたがどうしても承知せず、とうとう撤回しました。

小林　以前済南にアメリカ人の経営する魯南大学附属の生活博物館がありました。そしてこゝに日本人の生活を現したものがありましたが、正しい代表的な日本人の生活から見ればピントがはづれて、やはり嬉しいとは感じませんでした。

菊竹　長崎に外人相手の女郎が居る事が事実であつても、その女郎の生活を日本人の生活として紹介されたら、お互に憤慨する様なものでせう。

遠藤　今までの諸氏のお話を綜合した場合、実際に人をつれて来る事は考へものであり、事実出来ない事ではないでせうか。

菊竹　よしんば原始民族を連れて来ても、国都の中央に来て山の中の生活を少しも改変せずつゞけるとも考へられませんネ、協和服を着て、煉瓦造りの家に住み、シユークリームやホツトケーキの好きなオロチヨンが出来たりはしないでせうか。(1)

人を住まわせることをめぐるやりとりは、以上である。このほかにも、展示する建物の民族間での違いに想定される同様の虚栄心の問題、科学性の保証問題、国内外のゾーニングの問題、そして前記の家畜飼育の問題など、藤山の構想に対して、こと細かに注文がつけられていた。
住民展示に関して、反対論、慎重論を披露しているのは、蒙古青旗報社長の菊竹稲穂、満洲事情案内所の奥村義信、民俗研究家の小林胖生、満洲国国立中央博物館の遠藤隆次である。主旨は各人各様だが、遠藤はほかの三人への同調のため、検討の対象は三人となる。

急先鋒は、菊竹である。菊竹の反対論は、ドラスチックである。少数民族を「低級な、原始人」と規定するところからはじまり、当然のことながら「虚栄心」の意味もネガティブである。これに対して、差別や不快を指弾するのは容易いが、いましばらく耳を傾けよう。実話かどうか不明ながら、カレンダーとモンゴル人の喩えを用いて虚栄心を説明し、それゆえに「人をつれて来て生活そのものを見せるといふことは、人道上の問題は別としても先づ出来ない相談ではあるまいか」と否定する。そしてすぐに、「生活そのもの」は「貧しい台所」にすりかわり、「誰しも」という一般論に飛躍してゆく。菊竹の論法は、多分にトリッキーである。

二　「低級な、原始人」の構造

菊竹の論理は、明示的な「低級な、原始人」と、その一方で暗示されるところの〈高級な、現代人〉とによって構造化されている、と言える。〈高級な、現代人〉の外延は、日本人であり菊竹自身でもある。「低級な、原始人」と〈高級な、現代人〉は、芸能祭や展覧会、民俗博物館の場面では固定的にとらえられているが、双方向性を感じ取ることもできる。たとえば虚栄心は、「低級な、原始人」が、その相手である〈高級な、現代人〉を内面化するときにあらわれる。オロチョン、ダウールが「低級な、原始人」を演じるのも、〈高級な、現代人〉たる芸能祭や展覧会、民俗博物館の主催者、そして観客を内面化するからである。人は、関係のなかでみずからの役割を演じ、あるいは執行していることを考慮すれば、菊竹の謂いは不当でない。「低級な、原始人」に投影されているのは、〈高級な、現代人〉なのである。権力の問題におよべば、展示する権力を、展示される側が内面化するからこそ、抗議もできるのであり、追随もできることがわかる。

奥村義信が披露したジオラマ展示と中国人（満人）の話題も、満鉄と中国人の関係であった。この場合は、満鉄に勤務する中国人青年であるから、余計に日本人の様式を内面化していると言ってよい人たちである。しかもインテリゲンチャであり、エリート層であろう。抗議と要求する彼らは、〈高級な、現代人〉である。

菊竹、奥村と異なるのが、小林胖生が示したケースである。ここでは、日本人とアメリカ人との関係となっている。菊竹の構造を適用すると、「低級な、原始人」は日本人に、〈高級な、現代人〉はアメリカ人になるだろう。小林の「やはり嬉しいとは感じませんでした」は、心なしか卑屈さを漂わせているようにも感じる。それは措いて、これはアメリカ人によって展示された日本人を、日本人が見ている光景である。菊竹の、日本人によってカレンダーの絵にされたモンゴル人を、モンゴル人が見る関係、奥村の、日本人によって展示された中国人を、中国人が見る関係と並行する。インテリゲンチャの小林であるから余計に、アメリカを内面化しつつ自分との距離、焦点のずれを感じることができたに違いない。

菊竹による、「長崎に外人相手の女郎が居る事」の話題は、日本人が展示されることに寄せてのものであろう。「お互に憤慨する様なものでせう」のお互いが、何を指しているか定かでない。想定されるのは、女郎自身、女郎でない日本人、「女郎の生活を日本人の生活として紹介された」日本人観客だが、関係性に注意をひいていることは確かである。女郎自身と女郎でない日本人であった場合、日本人のなかでの「低級な、原始人」と〈高級な、現代人〉が析出されていたことになる。

三　観光と展示

切り取られた時間空間で、オロチョン、ダウールが「低級な、原始人」を演じ、観客が〈高級な、現代人〉を演じ、そのことによって両者を遠隔化し、役割を固定化するのが、観光や展示の基本的な構造である。したがって、展示、演示されるかぎり、オロチョンは、協和服を着ず、煉瓦造りの家に住まず、シュークリームやホット・ケーキを好きにならない、「低級な、原始人」でなければならないのは道理である。

これは、座談会の主題が、民俗博物館だったためである。せいぜい、短期間の芸能祭や展覧会までを含む、限定的な議論であった。それでも、住民展示、生活展示はできないと菊竹は言う。議論を民俗博物館以外に拡張すれば、「人道上の問題は別としても」とした保留は撤回され、たちまち人道上の問題が発生して、なおさらに実現不可能であろうと、菊竹は言っていたのである。

こうした反対論、慎重論に対して、藤山一雄はどう対応したのだろうか。藤山は、すでにそうした批判に接していたようである。座談会の直前に刊行され、座談会席上でも提示された『国立中央博物館時報』第八号で、「此の設計は成功しないといふ人もゐるだらうと思ふが、その時はその時のことにして、まあやらせて見ることである。やらないうちから人の疝気を病んで貰い度くない(2)」と、座談会での批判に機先を制するかのようにして、あるいは議論がすれ違うことを見越すかのようにして、鷹揚な態度を決め込んでいた。座談会記録にも、菊竹たちに対する藤山の反批判は記されていない。しばらく、藤山を離れてみよう。

四　樺太庁博物館の野外博物館計画

満洲国の民俗博物館と同時代に、日本人が関与した野外民俗博物館は、計画されたものも含めて、天理教の朝鮮館、日本民族学会附属民族学博物館、樺太庁博物館があった（本書「藤山一雄と満洲国の民俗博物館」参照）。このうち、樺太庁博物館に関する研究が、本章のテーマに示唆を与える。

図 37　『樺太原始民族の生活』

　樺太庁博物館の野外博物館計画は、「露人の北方耐寒性の丸太小屋、北方民族家屋(3)」を掲げ、スカンセンを範とすることをうたっていた。住民展示の如何は不明である。これを記したのは、同館主事の山本利雄

（祐弘）だが、彼は戦後においても先の菊竹稲穂と違うことのない他者―自己像を描いていたことが知られている。長文を厭わず、青柳文吉による山本批判を引用しよう。

一九七九年一〇月、山本は喜寿記念に『樺太自然民族の生活』（相模書房）というタイトルの本を出版した。この本の第二部には「ポロナイツンドラの北方自然民族の生活と住居」と題し、山本が戦前刊行した『樺太原始民族の生活』（アルス　一九四三）のほぼ全編を再録する（図37―引用者注）。山本はその冒頭、サハリンでの思い出を次のように述べる。

もと邦領南樺太の北辺・日本最北の町敷香のそばに河口を開く幌内川を中心としたところに「奇妙な凍結した空間」が存在していた。ここは現代において、また近代都市と隣接しつつ太古さながらの秘境であったからである。一般には容易に近づけない原始的寒地環境であり、そこにオロッコ、ギリヤーク、いわゆるヤクートほか少数民族が住み、崩れたとはいえ原始的生活を保有していた空間であった。ここポロナイツンドラ（幌内凍原）であり、その集団地が川口に浮ぶオタスの杜であった。

戦前、樺太先住民についての数々の民族誌をものした山本にして、このような意識で調査研究をしていたのかということに驚かされるし、そしてなによりも戦後三五年を経てもなお、〈ポロナイツンドラ〉に暮らす人々を、「太古さながらの秘境」に暮らす「原始的生活を保有」する人々という表現に驚かされる。山本は、戦前に刊行した著作を改めて刊行した理由として「もはや現地探求のすべもなく、当時の北の民々の生死も不明の今日、この奇妙な世界へ、案内しようと思い立った」という。刊行当時の日ソ関係を前提とすると、山本自身、旧日本領サハリンへ足を踏み入れるチャンスは巡っては来まいと考えたのかも知れないが、それにしても、これはあまりにも脳天気にすぎるといわざるを得ない。山本には時間が止まっていて欲しかったのかもしれないが、先住民族の生活は日本の敗戦で大きな〈傷〉を受けながらも、サハリンや日本で連綿と続いているのである。それを無視するかのように、その人々の「奇妙な世界」が「オタスの杜」だと言う。「当時の北の民々の生死も不明」とあっさりと書いているように、戦後の樺太先住民のことについて、山本にはなんの関心もなかったということであろう(4)。

青柳の批判は厳しいが、戦前・戦中日本の植民地主義と戦後日本の観光主義をパラレルに批判する池田浩士を参照するとき、青柳が不当ではないことを知る。

新しい体験もかつての体験と同じように、徹頭徹尾、自己の体験でしかなく、体験する自分を見る異郷そのもののまなざしをついに意識することがない——ということこそ問題なのだ。(略)現在にとっても過去にたいしても、異郷は、自己の夢を託す舞台でしかない。かつてこの夢は、満洲や中国やアジアの民衆の呼び声に応えて手をさしのべる、という自己の使命感によって裏打ちされていた。いまでは、そうしたあからさまな使命感や倫理主義にかわって、異文化への理解が語られ、差異性の尊重が説かれる(5)。

菊竹の場合は、民俗博物館に限定した、しかも当時の発言だった。しかし山本のそれは、一九四三年を一九七九年に延長させての再演であり、しかも野外博物館ではない、オタスの杜についての発言である。当時オタスの杜が、観光地化していたとは言え、人が実際に生活する集落であり、後知恵で住民展示をする博物館のそれではなかった。そのありようは、多分に観光地化していた満洲国のロシア人集落ロマノフカ村に似ている。博物館の範疇からは大いに逸脱する現実の集落、住民を対象にして、観光ガイド的にものする山本に対し、菊竹なら「人道上の問題」を難じたかもしれない。いずれにしても、山本のこの態度を知るとき、樺太の野外博物館計画の精神は、推して知るべしなのである。

五　影響する／影響される

さて、満洲国の民俗博物館と樺太庁博物館の野外博物館計画に関して、佐々木亨が、「この点において、両地域（満洲国と樺太庁――引用者注）における権力側による先住民文化の扱いやその結果としての文化のあり様に共通な動きがあったと考える。今後、両地域の先住民文化に関して比較検討を行なうことは、日本が支配地域の先住民文化にどのような影響を与え、その文化がどうなっていったかを検証する際に有意義であると考える」(6)と書くことがあった。しかしここに示されているのは、「日本が支配地域の先住民文化からどのような影響を受け、日本の文化がどうなっていったか」という問いが失われている。先住民は、影響される一方なのである。

菊竹稲穂に見てきたように、「低級な、原始人」と〈高級な、現代人〉の構造は、双方向の運動をはらみ、芸能祭や展示、民俗博物館ではその関係は固定化された。しかし、藤山一雄の民俗博物館では、その関係が固定化されるばかりではなかったようなのである。藤山は毛皮利用を例にあげて、次のように書く。

ゴルド族はノロの毛皮の袋をつくり、その中に身体をつゝみ込み松花江の氷上に易々として安眠する。ノロの皮をいつの季節に摂り、如何に鞣したものだらう。その毛皮は強靱にして且つ耐寒、保温能力を多分にもつてゐる。そこに考現的な民俗の科学性が伏在してゐる。然し彼等は劣等民族として人類学的研究の対象にはなるが、畏敬すべき経験の所持者としての先住民としては認められないのである。(7)

そして、みずからの民俗博物館は、「象牙の塔内ではなくて、生活を直接に向上する科学の摂取その向上にあり(8)」、先住民の経験から学ぶプログラムとしてあったことを、藤山は告げる。ところで、元からゆきさんたちが、不躾な記者の取材に対してほらを吹いたところ、それがそのまま放映され、本当のことを話す義理はないと大笑いする女たちに接した作家山崎朋子の体験に寄せて、赤松啓介は次のように書いた。

これは元からゆきさんにとどまらず、農村のどん百姓、部落、ドヤ、スラム街などの人たちも、役所や学者、他所者たちと見るとずいぶんとまやかし、ていさいのよいことをいう。師範学校の郷土調査というので同行したら、ゆんべ夜這いした奴がぬけぬけとおぢいさん、おばあさんの代にはやったらしいがといいながら横を向いて舌をペロっと出してみせた。[9]

図 38　赤松啓介

引用の主旨は、「ずいぶんとまやかし、ていさいのよいことをいう」にある。「役所や学者、他所者たち」を内面化したときの、「農村のどん百姓、部落、ドヤ、スラム街などの人たち」の所作、すなわち政治、経済、文化と言えるだろう。闘いと言ってもよい。相手の思い通りになって影響されるばかりでなく、それを了知したうえで、影響されたふりをしながら、相手をはぐらかし、逆に影響を行使する関係がここには見てとれる。カレンダーに抗議したモンゴル人、ジオラマに抗議した中国人のケースは、はぐらかしではなく抵抗することにおいて、カレンダーをつきかえし、展示の中止を勝ち取る、つまり影響を行使したのであった。

六　権力——関係の実体化と固定化

こうした関係は、一九〇三年の第五回内国勧業博覧会の学術人類館でおこなわれた帝国日本周縁の住民・民族の展示に対する、抗議、中止要求にも見てとれる[10]。たとえば、このとき展示された沖縄の人たちは、娼婦、アイヌ、台湾原住民に対する差別をバネにして抗議していた。ほんとうに差別していたかどうかはわからないが、このようにしておこなわれた抗議は、赤松の言う「ずいぶんとまやかし、ていさいのよいことをいう」にあたるだろう。「影響する／影響される」関係における、帝国日本周縁による帝国日本中枢の内面化の変奏である。闘いが、このようにしておこなわれ、展示に変更の加えられたことが、ここでは確認できればよい。

そして、菊竹たちの反対論あるいは慎重論は、こうした近代日本の体験の一部としてあったのかもしれない。なぜなら、虚栄心の立論には、娼婦、アイヌ、台湾原住民と同列視されたことに対する沖縄人民の被侮辱感が、また、オロチョンのテント家屋と日本家屋を並べて展示したときに予期されるとしたオロチョンの被侮辱感には、茅葺きの小屋と藁敷きの住居展示へ沖縄人民の被侮辱感が、それぞれ感じられるためである。菊竹たちと学術人類館問題との、不可視の〈見る／見られる〉関係を思うとき、約四〇年の時間をこえて〈見られる〉側が「影響する」ことにより、〈見る〉側が「影響される」側になっていたことになる。

しかし、学術人類館問題からの影響があった場合でも、菊竹の思想性、倫理性が差別的でないわけではなかった。菊竹の地平は、「帝国日本中枢を内面化した帝国日本周縁」を内面化した帝国日本中枢である。つまり、周縁をバネに、中枢を二重に内面化することによって、より高度な段階へ押し上げられた帝国日本中枢だったと言えるだろう。その一方には、当然のごとくして、高度な段階へ押し上げられた帝国日本周縁がある。高度な従属、後進化、低開発において(11)――単にオロチョンやゴルドだった人たちは「満洲国の構成分子」「低級な、原始人」と形容されて――、周縁は周縁としてあり続けるのである。

「影響する／影響される」および〈見る／見られる〉それ自体は、双方向の運動をはらむ関係である。これが、実体化され、固定化されるとき、頽落する。すなわち、権力の発生である。あらゆるコミュニケーションは本来的に自由であるが、権力がこれを不自由にする。あるいは、見る側の言う虚栄心と、見られる側の言う被侮辱感とは、〈見る／見られる〉関係了解のステレオタイプだったのかもしれない。そうであったならば、これもまた権力のなせるわざである。

ここでようやく、佐々木の言った「権力」に接近することができた。住民に影響力を行使することにおいてのみ、日本を見ようとする固定的な態度、所作、それ自体が、権力であることを指摘しておこう。

七　「原始民族のハンタヂックな生活」

さて、慎重論、反対論のなか、それでもなお、藤山一雄が生活展示を強く主張したのは、なぜであろうか。「低級な、原始人」と〈高級な、現代人〉の構造は、菊竹稲穂のものである。「低級な、原始人」と菊竹が観念した展示される住民について、あらためて藤山に即して見てみよう。藤山は、次のように定義していた。

これら（日本移民と漢民族農民—引用者注）は共に博物館の従事員として勿論相当の給料を支給する予定でゐます。(12)

しかし此の農家に人をどう配置するかは問題である。人よりも人形を並べて置けとのアドヴアイスには多少の人道主義的な意味が含められて居る。此処にゐる人は展覧会の看守とは勿論違つた存在であるが、動物園で猿を見るやうな心持ちにはまさか入場者もなるまい。（略）勿論、此の農家が維持される生産形式の全面を展開する用意は不可能であるが、（略）その生活収入は民俗館構内の種々なる方面の労働に当らしめ、これによるレターンを以つてし、且つ一面には博物館職員として、社会指導者たるの見識あり、自矜を有するものでなくてはならず、これに対しては別に相当の給与を与へる。(13)

然して茲に居住せる代表的諸民族の選ばれたる住民達は、一面には自己の計算と危険による独立生活者であると共に、博物館職員として社会生活の指導に当るサービスマンとしての自矜と見識を有する。(14)

看守ではなく、学芸官でもなさそうであり、解説員のような位置づけであろうか。給与とあるが、報酬だったかもしれず、ボランティアやアルバイトの可能性もある。あきらかなのは、職住一致した博物館職員ということになろう。果たしてこれは、「低級な、原始人」と言えるであろうか。「明年（一九四一年のこと—引用者注）は更に都市近郊収約《ママ》農業に従事する日本開拓移民の家、朝鮮人、白露エミグラントの家々などを建て並べ同じ条件の人物を物色し、生活させ、同時に館員として日常生活の指導者たることを要求するつもりである[15]」ことに照らすとき、菊竹の論理は、住民展示される日本開拓移民も「低級な、原始人」となる。しかし菊竹の拠って立つ日本人は、〈高級な、現代人〉だったはずで、ここに自家撞着が生じる。もし、日本人以外に対してのみ、「低級な、原始人」と言っていたのであれば、このときようやく、菊竹の民族差別への指弾が開始されるのである。

　実は、菊竹における「低級な、原始人」と〈高級な、現代人〉の構造が成立しないのが、藤山の民俗博物館であったと筆者は考える。「低級な、原始人」の住宅も〈高級な、現代人〉たる日本人の農家も、「文化を人間の主体性に基礎づけ、物質万能のうちに荒みゆく人間力の確保に任じなければならない[16]」という民俗博物館の目的のもと、等しく展示されるものとしてあった。さらに言えば、〈高級な、現代人〉たる日本人は無論のこと「低級な、原始人」も、「近代の文明」の「次第に人間の主体力喪失への邪道を辿りゆく傾向」から自由ではなく、総じて「人間力の確保」による「近代の文明」を覆す場として、民俗博物館は構想されていたのではないだろうか。すなわち、菊竹の言う「低級な、原始人」も〈高級な、現代人〉も、等しく近代だったということである。

さらに藤山は、「殊に満洲の如き潤なき土地に於て、原始民族のハンタヂックな生活に触れるといふことは機械主義の生活に疲労せるものの甘露となりはしないかと思ふ[17]」と書いていた。渡満後の当時において、帝冠様式、アジア号、そしてジャズを嫌った藤山が、この「原始民族」に映し出されているだろう。さらに渡満以前の、デンマーク、ソロー、エマソン、生活芸術等々、藤山のユートピア体験が、ここに連なっていることも見取れるのである。

八　「低級な、原始人」を超えて

佐々木亨は、「商品化され、展示される民族の視点に立って事象をとらえなおすことは、今後の課題であり、また樺太に関する研究の際の課題とも考えている[18]」と書いてもいた。「商品化され、展示される民族の視点に立って事象をとらえなおす」との謂いには、影響を行使することにおいて固定化された日本を前提する印象がぬぐえない。でなければ、される側の視点に立つという発想は生まれないからである。

「低級な、原始人」と〈高級な、現代人〉という二項は、双方向の運動を胚胎しつつも、対立項であった。課題は両者の止揚だが、それは一方の視点に立つことでは果たせない。二項が徹底的に闘争するか、第三項を用意して超克するか、となるであろう。

そのように考え来るとき、闘争を好まず、闘争から逃走する藤山一雄であったから[19]、その民俗博物館はおのずと後者となったであろうと仮説するのである。

注

（1）尊田是（文責）「民俗博物館に関する座談会記録」『国立中央博物館時報』第一〇号、国立中央博物館、一九四一年、一六－一七頁。
（2）藤山一雄「再び民俗博物館について」『国立中央博物館時報』第八号、国立中央博物館、一九四〇年、五頁。
（3）山本利雄「北方文化の殿堂　樺太庁博物館」『博物館研究』第一五巻第二号、日本博物館協会、一九四二年、三頁。
（4）青柳文吉「日本にとってサハリン先住民族とは何か～ウイルタ、ニブフなどを中心に～」ウイルタ協会資料館運営委員会編『北方少数民族資料館ジャッカ・ドフニ展示作品集』［改訂版］、ウイルタ協会、二〇〇二年、二二－二三頁。
（5）池田浩士「植民と観光のあいだ〈五族協和〉はどう実現されたか」池田浩士・天野恵一編『国際化という〈ファシズム〉』（検証・［昭和の思想］――I）、社会評論社、一九八八年、九一頁。
（6）佐々木亨「満洲国時代における観光資源、展示対象としてのオロチョン」煎本孝編著『東北アジア諸民族の文化動態』、北海道大学図書刊行会、二〇〇二年、二〇九頁。
（7）藤山一雄「〝ある北満の農家〟のこと（三度民俗博物館について）」『国立中央博物館時報』第一五号、国立中央博物館、一九四二年、四頁。
（8）同論文、四頁。
（9）赤松啓介『非常民の民俗境界――村落社会の民俗と差別――』、明石書店、一九八八年、二九頁。
（10）金城勇「学術人類館事件と沖縄――差別と同化の歴史――」演劇「人類館」上演を実現させたい会編

『人類館　封印された扉』、有限会社アットワークス、二〇〇五年、二七－六九頁、参照。
(11) 花崎皋平「アルジリ・エマニュエル『不等価交換』――国家間の経済的諸関係における諸敵対関係についての試論――」「連帯」編集部編『新帝国主義論争』(連帯No.4)、亜紀書房、一九七三年、二九－七七頁、武藤一羊「ガンダー・フランク『資本主義とラテン・アメリカにおける低開発』」、「連帯」編集部編、前掲書、七九－一二三頁、野崎六助『ブランコに乗る子供たち――ポストモダンの若者学』、時事通信社、一九八八年、六五－六六・一二八－一二九頁、参照。
(12) 藤山一雄「新博物館の胎動」『民生』第三巻第一号、民生部、一九四〇年、七頁。
(13) 同「再び民俗博物館について」、四－五頁。
(14) 同『新博物館態勢』(東方国民文庫第二三編)、満日文化協会、一九四〇年、二四一－二四二頁。
(15) 同「再び民俗博物館について」、五頁。
(16) 同、前掲書、一八七頁。
(17) 同書、一八六－一八七頁。
(18) 佐々木亨、前掲論文、二〇九頁。
(19) 星野直樹『見果てぬ夢――満州国外史――』、経済雑誌ダイヤモンド社、一九六三年、四三－四四頁、参照。

藤山一雄の学芸員論

一　満洲国国立中央博物館と学芸官

キュレイター

学芸員とは、わが国の博物館専門職員に与えられた名称である。最初、東京博物館官制が制定された一九二三年、西欧にならって「学芸官」が設けられ[1]、そののち一九五一年の博物館法制定時にわが国の制度として「学芸員」が確立した。現在、用語の登場から九〇余年、法制定以後では六〇余年が経過したことになる。この間に、日本および日本人のなかで、どのような学芸員論がいかに形成されてきたのかは、正当に検討・分析・評価されなければならない課題である。しかし、日本の学芸員を欧米の博物館専門職員と比較して、憧憬を語り、現状を憂え、それにならって整備を志向する動きがくり返されてきた。習慣的、慢性的な流行なのだろう。この手法の安易さと通俗さは、わが国近代知のスノビズムと同根であり、これとは区別された方法の確立が、常に求められてきたと筆者は考える。この課題意識に基づき、満洲国国立中央博物館副館長であった藤山一雄の学芸員論を検討する。

ところで、学芸員をキュレイターと明記した最初の日本語文は、満洲国国立中央博物館にある。

さうしてその(列品のこと―引用者注)背後なるCurater《ママ》の精神に触れられるうちに自ら博物館が量にあらずして質なる所以も自得されて来る。(2)

一九四〇年七月一五日、同館新京本館大経路展示場が開館したときに配布された三つ折りリーフレット『案内』の冒頭の文章の一部である(図39)。開館のあいさつ文であることとその文体から、副館長藤山一雄の文章とみてよい。これだけではない。その前年九月刊行の同館研究紀要『満洲帝国国立中央博物館論叢』は、学芸官の英文表記をCuratorとしていた。(3)

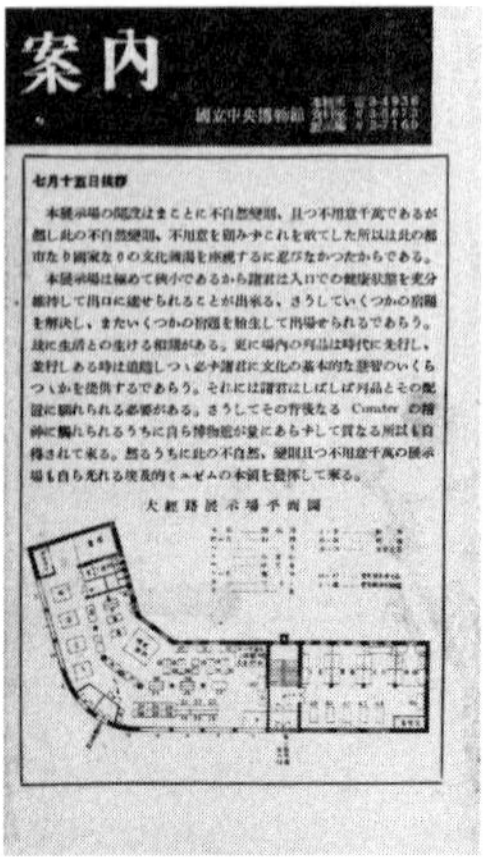

図39 『案内』

博物館の専門職員を、英語圏でキュレイターと呼ぶことは、一九四五年以前日本の博物館関係者のあいだでも知られていた。たとえば、アメリカ型の博物館であった斎藤報恩会博物館は、一九三一年一二月五日に規程を定め、それまで「博物館員」と呼称していた専門職員を「学芸員」とした[4]。そして、一九三四年六月からは英文の研究報告を出版してゆくが[5]、学芸員をキュレイターと呼ばない理由や環境はなかったはずである。

しかし、学芸員の名のはじまりは、ドイツ語 Wissenschaftliche Beamte やフランス語 Personnel Scientifique であり[6]、戦後の博物館法案でも Art officials であった[7]。Art officials は、Wissenschaftliche Beamte の英訳だったと思われる。総じて、棚橋源太郎の影響が感じられるが、当時、学芸員はキュレイターでなかったのである。にもかかわらず、満洲国国立中央博物館および藤山が、学芸官をキュレイターと明記したことに、戦後的精神が感じられる。そして、現在のキュレイター学芸員とは、日本、日本人の自然科学、ひいては植民地科学の夢の果て、という逆説も可能とするだろう。

「専門の穴」に隠れるな

さて、藤山一雄は、機会あるごとに「生きた博物館」を主張したが、それは次のような現状認識に基づいていた。

博物館が単なる「物の陳列場」であるやうに思ふ過去の概念は、その従事員自らを陳列棚の影に隠し遂に化石させてしまつた。その結果は博物館自らも化石しそこには時の推移がなく生活がなくなつた。生きた人生との関係がないために全く国民生活が《ママ》ら遊離し、孤立したのが多くの博物館の現状である。[8]

そして彼は、満洲国国立中央博物館の学芸官について、次のように主張した。

余が学芸官に常に言ふことは諸君は所謂「専門の穴」に隠れるな、博物館は研究も勿論必要であるが、常に文化の指導者として、教育者として、サービスに専念せねばいけない。茲で所謂、「学者」に化石するやうな了見を持つことは大きな誤りで、常に活動的、積極的に殊に此の両三年は専門を捨てたつもりで働いて貰はねばならぬ。それが不服ならさつさと出て行つて貰ひたいと。[9]

表現は誇張されているが、ここから導き出せるのは次の諸点である。

① 学芸員の機能を研究と教育の二項でとらえ、これを矛盾する関係として見ていたこと。
② 個別満洲国的事情下、この矛盾の解決において、研究に対する教育の優位を掲げ、文化の指導者と同等に位置づけていたこと。
③ ②を総括して、サービスという専念義務を提示していたこと。
④ このことを通じて、「生きた博物館」を目指していたこと。
⑤ これらをして、国立中央博物館の当面三年間の方針としていたこと。

二　藤山一雄と棚橋源太郎の学芸員論

教育と研究の矛盾

藤山一雄の学芸員論を考えてゆくのに先立ち、日本における博物館の理論と実践の先行者である棚橋源太郎の学芸員論を概観しておこう。棚橋は、「凡そ博物館に於ける陳列資料並に研究資料の蒐集、整理、研究、保存及びこれが陳列説明は、実に博物館事務の核心を成すもので、これに従事する館員」すなわち学芸員は、「夫れ〴〵専門的学芸並に博物館運営に関するエキスパートとしての素養を要することは言ふまでもな」く、「大学教授級の専門家」「専門の学者」「専門学校教授程度を下らない[10]」専門性を有するものと、外国例をあげて説明した。さらに、奏任官クラス以上の高級職員に位置づける処遇と、欧米の養成制度紹介ならびに養成方法を列記して、わが国の学芸員の専門制を提起してゆく[11]。棚橋の学芸員論は、処遇・養成問題で具体的だったが、全体的には一般的な内容にとどまっている。これが、当時国内で到達していた、学芸員に関する理論的水準であった。

この棚橋の学芸員論を介して藤山の学芸員論を観るとき、次の評価が可能となる。まず、藤山の①の視座は、学芸員を定義するにとどまっていた棚橋には見られなかった。そしてこの事実は、戦前・戦中の学芸員問題に関する、伊藤寿朗による次の評価の再考をもうながす。

戦前、今日の学芸員に相当する「学芸官」の問題はそれほど明確ではなかったが、その場合、今日の一方で研究的機能を、他方で教育的機能をという一個二重の機能に内在する問題ということよりも、資料の専門家という性格が色濃く、今日の学芸員問題とはその前提に大きなひらきがあるといえる[12]。

確かに棚橋の学芸員論は、学芸員の機能を説明しても、そこに「内在する問題」を把握するための視座をもっていない。帝室博物館の専門職員（鑑査官・学芸委員）などに、「資料の専門家という性格が色濃」かったのも事実である。したがって、これらが当時の国内の博物館専門職員に関する支配的な理解や様相であった以上、上記の評価は不当でない。しかし、ここで指摘された「大きなひらき」は、藤山の①において急速に解消されつつあったことを私たちは発見するのである。

研究に対する教育の優位

そして、藤山一雄の②に見られたような把握も、棚橋にはない。これは、国立中央博物館での経験を踏まえた藤山固有のものと言えるが、棚橋も東京教育博物館（後に東京博物館、以下同じ）、赤十字社参考館（後に赤十字博物館、以下同じ）での経験があり、藤山以上にそう感じる機会はあったはずである。にもかかわらず、棚橋がこの把握を獲得できなかったとなると、むしろ、博物館・学芸員に対する両者の認識が根本的に異なっていたのではないかという推察に導かれる。つまり、教育のキャリアをよくしてきた棚橋には、教育が所与の前提にあり、このことが両者の違いにあらわれていたのではないだろうか。

藤山は、「過去の概念→従業員の化石化→博物館の化石化→博物館不振」ととらえ、これを打開し「将来の概念」を創出するために、②と③とをその内容とする学芸員の変革を強く求めた。

他方、一記者のペンネームで棚橋は、博物館の不振を「我が邦が博物館従業員の養成を閑却して居た結果に外ならぬと思ふ」[13]として、制度の整備を追求する。つまり藤山とは対照的に、棚橋は博物館に外在的な博物館政策等を批判することはできても、博物館に内在する学芸員を批判することにはならなかったのである。

なお、博物館の教育機能への注目それ自体は、当時において特殊なことではなかった。問題は、それが研究と教育の両機能が了解されたうえでの教育優先だったのか、あるいは研究が欠如したうえでの教育専行だったのかにある。当時、仙台の斎藤報恩会博物館を除くと、わが国のシンボル館であった東京科学博物館ですら、一九三八年以降文部省が科学行政に積極的になった[14]後の官制改正（一九四〇年）までは、制度的に研究を欠如した教育専行の状態にあった。この点で、研究機能の位置づけを欠き、もっぱら学校教育・通俗（社会）教育・理科教育など教育機能を展開した東京博物館と、衛生教育・健康指導を目的とする赤十字社参考館という棚橋が在籍した博物館環境は、彼をして研究と教育という学芸員問題把握を切実にさせる条件をもとより有していなかったと考えられるのである。現代の科学史研究において、「総合・科学思想」の欄に置かれた棚橋の専門分野が「理科教授法[15]」とは、言い得て妙であった。この事態に、アカデミズムにおける棚橋の研究の何たるかが、あらわれていると言えるのではないだろうか。

サービス

③のサービスという観点も、棚橋には見られなかった。サービスの語を藤山一雄がどのように定義づけていたのかは不明だが、仮に奉仕ととらえて考えてみよう。すると、戦前・戦中の博物館では、博物館から国家に対する奉仕や、「当該地方の特志者中から、無報酬で奉仕的に、学芸員事務を分担して呉れるやうな適任者を、見出して委嘱することも極めて必要である[16]」として国民から博物館に対する奉仕はふつうにあり得ても、博物館から国民に対する奉仕はあり得なかったか希薄だったと言ってよい。一九三三年に日本博物館協会が主催した第一回全国博物館週間に関して報告された「各博物館の奉仕振り」とは、各種料金の無料化または割引化の事例ばかりであった[17]。当時の博物館界における奉仕の概念は、金銭の負担の有無多少にかかわる狭い意味あいで用いられていたが、それとは異なる水準を藤山は提起していたことになる。ふたりの違いが、サービスをめぐって象徴的にあらわれているのである。

そして、このサービスという観点は、戦後、木場一夫が積極的に用いてゆく。

博物館職員はその仕事が管理に属するものであろうと、学術研究あるいは標本製作であろうと、サービスが本質的の要件であることはいうまでもない[18]。

戦後博物館の理論的出発点となった木場の博物館論は、終始欧米博物館をモデルにするものであった。しかし、彼の国立中央博物館学芸官時代の社会関係と経験に注目するとき、藤山とともに木場も共有していたかもしれない学芸員＝サービスマン観が、戦後の木場に引き継がれ、さらに研究と教育の二項を揚棄する概念として発展してゆく系統発生を認めることができる。藤山の『新博物館態勢』（一九四〇年）で主張されたサービスと、木場の『新しい博物館　その機能と教育活動』（一九四九年）の「博物館員の心構え」で主張されたサービスが、"attitude（態勢、心構え）"という共通の範疇に属していたのは、単なる偶然の一致ではないだろう。

学芸員論の現実

それでは、藤山一雄の学芸員論は、国立中央博物館という現実の場面でどの程度有効だったのであろうか。残念ながら、答えは悲観的である。

藤山と自然科学部長の遠藤隆次はある時期から対立しはじめ、一九四四年ごろには決定的であった[19]（図40）。その原因には、国立中央博物館前身の教育参考館では館長を務め、国立中央博物館準備段階からその中心的役割を担い、副館長または館長に就任するつもりでいたに違いない遠藤と、その頭越しに副館長に就任した藤山との間の世俗的な確執もあっただろう。研究か教育かという学芸員の意味をめぐる認識の違いが、火に油を注いだことも考えられる。国立中央博物館の教育活動が年を経るごとに減少し、しかしその一方で学芸官の調査出張は維持され、研究紀要の『満洲帝国国立中央博物館論叢』が継続刊行されていた事態は、藤山の学芸員論が事実上失

図 40　博物館員（前列左から 4 人目藤山一雄、5 人目遠藤隆次）

効していたことを暗示している。

さらに、遠藤ら学芸官が、満洲国の科学動員組織である満洲帝国協和会科学技術聯合部会の活動に傾注し、学芸官の野田光雄も、日本の海軍省の南方資源調査に動員されてゆく。藤山の学芸員論の如何を超えて、すでに博物館という社会的分業の成立を必要としない段階にいたっていたことに、この事態の理由を求めなければならないのである。

三　藤山一雄の学芸員論の位置

同時代の位置

藤山一雄の学芸員論は、同時代内地の博物館関係者の間でどのように受けとめられていたのであろうか。これについては、『博物館研究』誌上における藤山の著書『新博物館態勢』の紹介記事[20]が、興味深い事実を提供する。この記事は、一頁三段のうちの二段を割く紙面構成を採用しており、同誌における同種の記事では異例の扱いとなっている。そして、「啓蒙的な通俗書として著はされたものであるが、専門の博物館当事者にとつても傾聴しなければならない示唆善言が多い」と言い、「就中第一章は氏の抱負経綸を単的に窺ひ得て、興趣ある言辞が少くない」として摘録された五つの文章のなかに、「博物館従業員、「学芸官」の使命は学問の研究も勿論必要であるが、学問の吸収よりも、来館者に対する智識の供給者としてのサービスが本領でなければならぬ[21]」が含まれていた。この記事の筆者の、藤山の学芸員論に対する注目がうかがえる。

戦後の位置

ところで伊藤寿朗は、「従来等閑視されてきた社会的・文化的需要、自主性・創造性をも国家のヘゲモニーにおいて包摂しようという体制のなかでは、サービス機関化した博物館が行政的に（公共的価値として）要請されてくる[22]」と書いていた。近代博物館に対する評価であり、伊藤の区分では一九四五年以後の博物館のことになる。学芸員の近代化、すなわちサービスマン化をも意味するであろう。これを参照するとき、藤山の学芸員論は明らかに伊藤の近代を体現していたと言える。しかし状況は旧態依然のままであり、「市民的権利の保障の背景がなく、内容の質に媒介されないサービス論は、実は大衆迎向《ママ》＝大衆操作の別の表現にすぎず「恩恵としての博物館」を裏側から支える論理ともなってく[23]」ることをあわせ見るとき、藤山の学芸員＝サービスマン論は、いまだこの段階にあったことにもなる（本書「〔補説〕藤山一雄の博物館は恩恵だったのか――学芸官と民衆」参照）。為政者の無理解、市民（社会）の未成熟、学芸員の無自覚というトリレンマのなかで、藤山は孤立していたのである。

学芸員問題をかかえることができたという意味において藤山の学芸員論は、博物館法以前日本のクライマックスであり、戦後に訪れるわが国博物館近代化の徴候と見なすことができる。戦後の学芸員論は、満洲国国立中央博物館の藤山一雄という一点に、凝縮して用意されていたのである。

現在の位置

「さて、藤山一雄が獲得した学芸員問題に対する視座は、そのまま現在に至るまで有効である。その問題未解決の状況が、学芸員＝雑芸員という評価となって現れている」と、前記に続けたのは一九九七年のことであった。それから、およそ二〇年が経つ。

ここでも、「博物館専門職員（学芸員）の職務においては、①コレクターでもなく、②専門研究者でもなく、③教育者でもない、それらを目的をもって計画的に統一し、実施する組織者としての内容が求められている」[24]という、伊藤寿朗の提起を想い起こそう。学芸員の外延①－③を消去しておきながら、即座に呼び戻して目的的、計画的に統一・実施する組織者を学芸員の内包とする。このもの言いは、トリッキーであった。しかし、そのように言わなければならない、学芸員の現実があったことも確かである。学芸員なき、コレクター学芸員、研究者学芸員、教育者学芸員、さらに分化してコスプレ学芸員、サブカル学芸員、オタク学芸員等々――。

伊藤の言う学芸員の内包を実体化すれば、あれもこれもとなるのも必至であった。「雑芸員」の理論的根拠はここにある。これは、「学芸員という言葉に含まれる共通の基盤という概念が薄れてしまう[25]」と言って、学芸員の細分化を否定した鶴田総一郎ゆずりのものだった。学芸員のあれもこれもとは、世俗的には「学芸員は雑芸員である」という揶揄、自嘲となってながらく現れていた。一九八〇年代、一九九〇年代には聞こえていたが、いまはどうであろうか。高度化、細分化によって拡散し、聞こえなくなっているのかもしれない。しかし、「おおよそ、持っている人は与えられて、いよいよ豊かになるが、持っていない人は、持っているものまでも取り上げられるであろう[26]」。高度化した学芸員の周縁に、雑芸の多様化、多層化が生じてはいないだろうか——。

学芸員問題は、学芸員の専門制の高度化と細分化によっては、決して解決しない。博物館と学芸員の内在的機能とそれに即した技術が突出し、「博物館の普及」の旗のもとでサービスが自走すれば、博物館と学芸員は、大衆迎合＝大衆操作＝大衆蔑視の装置として活躍する時代を迎えることになる。それは、伊藤の警句のとおりである。

藤山の学芸員論は、「死んだ博物館／生きた博物館」による把握と、進路を後者を求めることに基づいていた。無論この把握と志向は、棚橋源太郎の言説にも早くから登場している。しかし棚橋は、禁欲的とも言える態度で、欧米博物館学の輸入紹介のごとくおこなうのであった[27]。そうした棚橋に比べて藤山がアグレッシブだったのは、「生きた人生」あるいは「国民生活」への関心、つまり藤山の「生活芸術」に深く基礎づけられていたからなのである。これが原点である。

注

(1) 棚橋源太郎「博物館学芸員の重要性」『博物館研究』第一五巻第一二号、日本博物館協会、一九四二年、四頁、同「博物館従業者の問題」『博物館研究』第一七巻第六・七号、日本博物館協会、一九四四年、二頁、参照。これによれば、博物館専門職員の名称は、国(官)立博物館の専門職員を学芸官と呼び、公・私立博物館の学芸員と呼んだ。本章では、満洲国国立中央博物館の場合を除いて学芸員と称する。

(2) 「案内」(国立中央博物館大経路展示場案内)『国立中央博物館時報』第七号、国立中央博物館、一九四〇年、三三頁。これは、実際のリーフレットの版を加工使用して、『国立中央博物館時報』に転載したものであり、原稿はおなじである。

(3) Endo, Riuji. "Description of *Blackwelderia quadrata*, n. sp. and its Post-embryonic Development"『満洲帝国国立中央博物館論叢』第一号、満洲帝国国立中央博物館、一九三九年、一頁、参照。

(4) 「雑報/斎藤報恩会博物館規程」『財団法人斎藤報恩会博物館時報』第九号、財団法人斎藤報恩会学術研究総務部、一九三二年、九頁、参照。

(5) 「雑報 三月一日-四月三十日/研究の発表機関」『財団法人斎藤報恩会博物館時報』第二五号、財団法人斎藤報恩会、一九三二年、九頁、参照。

(6) 棚橋源太郎「博物館学芸員の重要性」、四頁、同「博物館従業者の問題」、二頁、参照。

(7) cf. *Bill for Museum Law*, pp.2-3.

(8) 藤山一雄「新しき博物館工作」『博物館研究』第一三巻第二号、日本博物館協会、一九四〇年、六頁。

(9) 同論文、六頁。

(10) 棚橋源太郎「博物館学芸員の重要性」、三-四頁。

(11) 同「博物館従業者の問題」、二-三頁、参照。

(12) 伊藤寿朗「第三回 資料・統計報告 学芸員問題」『博物館問題研究会会報』No.6、博物館問題研究会、一九七二年、五頁。

(13) 一記者「博物館従業員の養成」『博物館研究』第一巻第一号、博物館事業促進会、一九二八年、三頁。
(14) 廣重徹『科学の社会史　近代日本の科学体制』(自然選書)、中央公論社、一九七三年、一五三－一五五頁、参照。
(15) 湯浅光朝『日本の科学技術一〇〇年史(1)』(自然選書)、中央公論社、一九八〇年、五七頁。
(16) 棚橋源太郎「博物館従業者の問題」、二頁。
(17) 「大成功の全国博物館週間」『博物館研究』第六巻第一二号、日本博物館協会、一九三三年、一二頁、参照。
(18) 木場一夫『新しい博物館　その機能と教育活動』、日本教育出版社、一九四九年、八一頁。
(19) 阿刀田研二「(書簡)」『博物館史研究』No.4、博物館史研究会、一九九六年、二三頁、犬塚康博「満洲国国立中央博物館に赴任した最後の学芸官」『博物館史研究』No.4、二五－二六頁、参照。
(20) 「藤山一雄氏著／「新博物館態勢」の紹介」『博物館研究』第一四巻第三号、日本博物館協会、一九四一年、六頁、参照。
(21) 藤山一雄『新博物館態勢』(東方国民文庫第二三編)、満日文化協会、一九四〇年、一六頁。
(22) 伊藤寿朗「博物館の概念」伊藤寿朗・森田恒之編『博物館概論』、学苑社、一九七八年、一七頁。
(23) 同論文、二七頁。
(24) 同論文、七－八頁。
(25) 鶴田総一郎「博物館学総論」日本博物館協会編『博物館学入門』、理想社、一九五六年、五一－五二頁。
(26) 『新約聖書』「マタイによる福音書」第一三章。
(27) 一記者「死博物館から活きた博物館へ」『博物館研究』第二巻第三号、博物館事業促進会、一九二九年、三－四頁、参照。

〔補説〕藤山一雄の博物館は恩恵だったのか——学芸官と民衆

藤山一雄が、「博物館は研究も勿論必要であるが、常に文化の指導者として、教育者として、サービスに専念せねばいけない[1]」と言ったうちの、特に「サービス」に対して、「市民的権利の保障の背景がなく、内容の質に媒介されないサービス論は、実は大衆迎向《ママ》＝大衆操作の別の表現にすぎず「恩恵としての博物館」を裏側から支える論理ともな[2]」るという伊藤寿朗の措定に寄り添って考えたことがある[3]。

果たして、藤山の博物館は恩恵であったのだろうか。そう、問い返すところからはじめてみたい。まず、伊藤の文脈に即すと、その「市民的権利」は、戦後一九四六年の日本国憲法制定以降のこととなるため、先験的に藤山の博物館は排除されている。そのため、考慮の余地はない。他方、「内容の質」の深意は不明だが、形式的なサービス論に対する否定と思われる。「内容の質に媒介され」ればよいことになるが、その定義がないため十全に検討することができない。

そこで視点を移して、藤山も伊藤も、博物館と利用者の関係における「サービス」であることから、別のところで、藤山の博物館利用者論がいかにおこなわれているかを見てみたい。興味深いのは、民俗博物館の学芸活動について書いた次の部分である。

民俗博物館の学芸官及びその助手達は北満に散綴せる農民その他の生活を不断に調査研究し、その報告を作成すると同時に館にはこれを一つの生態として効果的に之を展示し事実によりて到達せる公式を民衆に理解せしめ内省せしめる。(4)

これは、民俗博物館の学芸活動を言った件である。伊藤寿朗の分類で言えば、博物館資料の調査研究、公開教育に相当する。さらに続く。

民衆もまた学芸官と同じく民俗の研究者であり調査をなすもので、その合作によりて博物館の内容が向上するとともに民衆の実際生活もまた向上することによりて始めて民俗博物館の生ける組織体たりうるのである。(5)

直前まで、展示によって理解、内省がうながされる地位に、一方的にいさせられたかのようであった民衆が、突然、調査・研究する主体に位置づいている。民衆が、学芸官と助手すなわち職業博物館員と平行するありさまは、伊藤が『ひらけ、博物館』で示していた市民の学芸員化に通じるであろう。もちろん、伊藤の立場からすれば、日本国憲法のもとで市民的権利の保障された市民の学芸員化と、憲法すらもない満洲国の学芸官―市民平行論とを、同等にあつかうのは不当の誹りを免れないことは承知している。

政治・経済的には確かにそうだが、精神史、文化史の立場で見たとき、どうであろうか。棚橋源太郎の奉仕者論[6]や、全国博物館週間における奉仕の実践例[7]は、博物館と利用者の分断を固定化して、利用者からの無償、博物館からの無料、割引など貨幣流通によって、両者を接続するものであった。藤山の民俗博物館論は、分断された利用者と博物館との関係を前提にしながらも、貨幣ではなく、博物館のテーマにおいて両者を交通させるのである。テーマは生活であるから、利用者と博物館相互に内在し、両者は無境界になる。もちろん、利用者の調査・研究活動にかかる諸権利の保障は不可欠だが、それは制度上の処遇の問題である。テーマによる利用者と博物館の交通は、伊藤の言った「内容の質」に相当するだろう。

そして、学芸官・助手達と民衆との協同が、博物館の内容の向上、民衆の生活の向上につながり、「民俗博物館の生ける組織体たりうる」とは、藤山がくり返し主張してきた「生ける博物館」や「生きた博物館」の意である。しかし、その主張を単に繰りかえすにとどまらない質が、ここには胚胎されている。民衆が、利用者が調査・研究し、博物館とともに民衆生活が向上するということは、満洲国が民俗博物館であることを意味する。満洲国という博物館のなかに、民俗博物館が存する構造である。テーマの生活を主語にすれば、満洲国の民衆生活のなかに設けられた、「生活試験場ともいふべき機関[8]」たる民俗博物館となる。藤山の構想では、生活と民俗博物館は無境界となり、相互に越境しあっているのである。

ここに、狭義の博物館（民俗博物館）と、広義の博物館（満洲国）という二項があらわれることになる。広義の博物館は、当然に、狭義の博物館ならざるものを大いに含み、藤山の民俗博物館の内包と言うことができる。外延の一つが、民俗博物館それ自体である。藤山の博物館論は、二重、二項で成立することを見てきたが、ここでも、おなじ傾向を知ることができる。

最初の問いに戻ろう。藤山一雄の博物館の、恩恵の肯否はいかに。伊藤寿朗の基準に則せば、「内容の質」においてはすでに恩恵ではなく、「市民的権利の保障」においては恩恵だったことになろう。しかし、「内容の質」も「市民的権利の保障」も、歴史的・社会的事項であり、先験的に存在するものではない。獲得されてゆく形質であり、また失われてゆくこともあるだろう。狭義の博物館と広義の博物館との相互運動において、それに関与する学芸官、助手、民衆の諸権利は、闘争しながら生成されてゆくと言うべきで、そういう場として博物館がありえたならば、これほど素晴らしいことはない。地方自治とは住民の民主主義の訓練すなわち政治訓練の場である、という定義の博物館版である。棚橋の奉仕者論や全国博物館週間の奉仕などの博物館と利用者の関係こそ、恩恵としての博物館である。そこからはかれば、藤山の博物館論は、仮に恩恵の域を脱しきれていなくとも、恩恵からたいそう遠くにあったと言ってよい。

伊藤を離れ、ひいき目で見れば、学芸官と助手、民衆が協同する調査・研究のようすには、政治・経済・文化における民衆の自己教育―自己権力樹立、その揺籃となる可能性すら秘めていると言えるのではないだろうか。もちろん、それが成立するためには、現実的諸条件が必要となってくるが、条件は所与のものではない。伊藤は、「市民的権利の保障」と言ったが、保障は先験的にあるものではないだろう。無前提に保障が立論されるとすれば、それはまさしく恩恵としての市民的権利である。保障とは、対立、闘争、獲得と同期した一階梯に相違なければ、藤山が民俗博物館に構想した学芸官・助手と民衆の協同は、博物館と利用者の弁証法をはらんだものと評価することができるのである。

注

（1）藤山一雄「新しき博物館工作」『博物館研究』第一三巻第二号、日本博物館協会、一九四〇年、六頁。
（2）伊藤寿朗「博物館の概念」伊藤寿朗・森田恒之編『博物館概論』、学苑社、一九七八年、二七頁。
（3）犬塚康博「藤山一雄の学芸員観　補論——博物館制度一九九六年改定批判」『名古屋市博物館研究紀要』第二〇巻、名古屋市博物館、一九九七年、一〇一頁、参照。改稿して本書「藤山一雄の学芸員論」に収録した。
（4）藤山一雄「再び民俗博物館について」『国立中央博物館時報』第八号、国立中央博物館、一九四〇年、五頁。
（5）同論文、五頁。
（6）棚橋源太郎「博物館従業者の問題」『博物館研究』第一七巻第六・七号、日本博物館協会、一九四四年、二頁、参照。
（7）「大成功の全国博物館週間」『博物館研究』第六巻第一二号、日本博物館協会、一九三三年、一二頁、参照。
（8）藤山一雄「再び民俗博物館について」、一頁。

藤山一雄の小型地方博物館論

一　一九四二年の「小型地方博物館の組立て」

欧米博物館理論の受容と変容

戦前・戦中期における日本人の博物館理論は、どのようなものであったのか。欧米の博物館理論はいかに受容され、日本人の間でどう展開されたのか。そして、それの意味するところは何だったのか。本章では、満洲国の藤山一雄と日本の棚橋源太郎（図41）というふたりの日本人博物館関係者による小型博物館建設論を対象にして、その関係を考察する。さらに進んで、戦前・戦中期と戦後期の日本人の博物館理論の関係をも明らかにしたい。

方法的には、藤山の論文「小型地方博物館の組立て[1]」（一九四二年。以下、藤山論文と称する）を主たるテキストとし、棚橋源太郎の著書『眼に訴へる教育機関』（一九三〇年）をサブテキストとする。藤山論文が、棚橋の著書の第一六章「博物館の建築」（以下、棚橋論文と称する）を下敷きにしたものであったことを、あらかじめ知り得ているためである。(2)

図 41　棚橋源太郎

藤山論文は『国立中央博物館時報』誌上における二回連載の論文で、一回目で小型地方博物館に関する基本的な考えを示し、二回目で具体例を掲げた。このうち本章が扱うのは、一回目の論文である。この章の最後に資料として全文掲載するとともに、五五個の節に番号を付し、この節番号を文中で使用した。たとえば、藤山論文の一五節を「藤山・15」と記している。

棚橋論文は、第一六章全二一項目のうち、前半の一〇項目を対象とする。なお、棚橋論文は、Laurence Vail Coleman の *Manual for Small Museums*(3)（一九二七年）の第六部「建物」（以下、コールマン論文と称する。筆者意訳）を引用したものであるため、必要に応じてこの書も参照した。

明らかとなったのは、次の諸点である。

① 藤山論文と棚橋論文には、欧米的要素と非欧米的要素がともに存在する。

② 藤山論文と棚橋論文の欧米的要素には差異があり、これは世界史認識の差異によるもの

と考えられる。

③　藤山論文と棚橋論文において、欧米的要素と非欧米的要素の比重は異なり、理論展開も異にする。

④　③の結果、藤山論文と棚橋論文が補完しあい、日本人の博物館論における欧米的要素の連続性を保っている。

⑤　藤山論文と棚橋論文は、総じて戦後日本の機能主義博物館論の前史を構成する。

小型地方博物館論の背景

藤山一雄が副館長を務めた満洲国国立中央博物館（以下、国立中央博物館と称する）は、一九三九年一月の官制施行を機にその活動を開始した。一九三五年六月から満洲国国立博物館として開館していた奉天分館を除くと、新京本館の施設はすべて新設で予定されたが、敷地は確保されたものの戦時統制により本館庁舎建設は延期された。実現できた大経路展示場は既存施設の借用にとどまり、民俗展示場も第一号館の一棟が建設されたに過ぎなかった。

その一方で、省・県・市立などの小型博物館が国内各地に登場し、これらとの関係整備を国立中央博物館は課題とした。当初は他団体立を認めず国立一本化が目指されたが、自身の停滞する状況と各地の博物館の成立を前にして、これらを統制する方向を打ち出してゆく。こうした事情を背景にして著されたのが、藤山論文である。

二　藤山一雄と棚橋源太郎の博物館建設論

三つの差異

最初に両者の構成をながめると、藤山論文は棚橋論文の構成を凝縮しながら大略これを踏襲しており、内容も対応関係を持っている（表3）。しかし、微妙な差異も認められ、次の三つのケースに整理できる。

差異A：棚橋論文にはあっても、藤山論文には認められない場合。
差異B：棚橋論文にはなく、藤山論文のみに認められる場合。
差異C：項目としては、棚橋論文と藤山論文双方に認められるものの、主旨が異なる場合。

それぞれ、Aは藤山一雄による棚橋論文内容の欠落または不採用、Bは藤山の独創、Cは藤山によるアレンジまたは半独創とみなせる。この三つの差異に着目して、以下の検討を進めたい。

「生きた博物館の設計」

まず、一章めの藤山：1－13に、棚橋論文との対応関係はない。これは藤山一雄固有の序言にあたり、藤山論文の課題が提示されている。すなわち、藤山：5で、満洲国内各地で設立される

表3　藤山論文・棚橋論文・コールマン論文の構成の対応関係

「小型地方博物館の組立て」

Ⅰ
Ⅱ
1. 建設地の選定
2. 順備時代
3. 建築設計上の要件
1
2
3
4
5

『眼に訴へる教育機関』

第16章
建設地の選定
仮建物時代
博物館建築家
地方的な博物館建築とコールマン氏
博物館建築設計上の原則
博物館の諸室と其の配置
博物館建物の増築
地方博物館設計の一例
博物館建築上の諸問題
建築の構造様式
博物館の照明
小博物館最良の照明法
太陽光線の調節
博物館のトップライト
ホノル、美術館の新しいトップライト
本邦の博物館とトップライト
博物館内部の仕上げ
床の構造
博物館の塵埃問題
その他の危害
博物館の規模

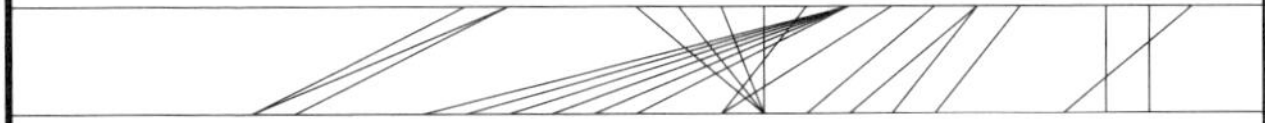

Manual for Small Museums

Sixth Part Building
XLVIII. Preparing to Build
(Introduction)
The Architect
The Site
XLIX. Small Museum Buildings
(Introduction)
Principles of Museum Planning
Rooms and Their Arrangement
Arrangement by Floors
Expansion
Lighting
Architectural Treatment
L. Adaptable Building Plans
(Introduction)
The Conditions
The First Stage
Second Stage
Third Stage
Fourth Stage
LI. Interior and Equipment
(Introduction)
Exhibition Walls
Floors
Artificial Light
Heating
Air Conditioning
Fire Protection
Plumbing

小型博物館を、新文化建設のための創造的傾向であると評価し、その一方藤山：6で、それら博物館の建築と内部構成に問題があると指摘する。藤山：5で例示する、輯安、林東、東京城、承徳の、どの博物館を視察し、どのような感想を持ったのか、ここではわからない。しかし、承徳の熱河宝物館は、陳列館と事務棟の二棟からなる博物館で、(4) 陳列館は収蔵展示の観があるものの、全体的に展示優先の観は否めない。藤山の感想が、推測できるのである。

さらに藤山：9－13で、博物館を地域型と観光型とに分類したうえで、地域型が観光型のように「化石」しないためにも、博物館が「単なるものの陳列場」であることをやめて、教育機能を体現する「生きた博物館」となることを求めた。

建設地の選定

二章めの藤山：14－55が、藤山論文の中心である。

藤山：14－17「建設地の選定」は、棚橋論文の「建設地の選定」を大略踏襲した内容と文章表現となっている。差異Aは、棚橋論文にある「建築地の選定に当つては、其の工費に及ぼす影響と竣工後に於ける便否と云ふ点を特に考慮する必要がある」ことと、「博物館を図書館市庁舎其の他の建物に附設することはよくない(5)」ことについて、藤山論文が触れていない点である。「工費に及ぼす影響」についてコールマン論文は、建設地が傾斜地ならば、後方へ傾斜する地勢が地下室の出入口の設置上都合がよいことを示していた。(6) しかし、棚橋論文の記述からそのことは読みとれない。よって、この問題は経済効率性一般としてしか受け取れず、藤山論文における欠落の理由が推測できるのである。

そして「竣工後に於ける便否」も、コールマン論文が労働環境つまり職員の職務遂行上の便否[7]を言っているにもかかわらず、棚橋論文では何の便否かがわからなくなっている。藤山論文が、藤山：14の「市民の観覧研究に便利な地位なることが必要である」として、「竣工後に於ける便否」の意味を解するのも無理はない。棚橋論文は、「便否」の語のあとで「博物館建設の土地としては、成るべく市民が観覧に出掛けるに便利な位置を選ばなければならぬ[8]」と言って、「便否」に似た「便利」の語を用いている。藤山一雄は、この「便利」に「便否」を重ね合わせて、市民の便否に読みかえたのであろう。

コールマン論文の、棚橋による不十分な引用は、「低湿で排水のよくない土地は避けなければならぬ[9]」にも認められる。これは、コールマン論文では「工費に及ぼす影響」という点から取りあげられていた[10]。棚橋論文における、この文章の位置はこれに準じていたが、論理展開上本来の主旨がわかりにくくなっている。藤山：15の「資料の保存上」の問題に置きかえられるのは、そのためと言える。

そして藤山論文が、棚橋の「博物館を図書館市庁舎其の他の建物に附設することはよくない」に反応しなかった理由は、藤山論文から直接に読み取れないが、藤山が博物館の複合施設化を肯定していたためではないかと考えられる。藤山論文と同じ時期、「全国各師道学校及び国民高等学校などに郷土室を、また全国各都市に小型な郷土博物館の創設を必要とする[11]」と藤山は書いていた。さらに一九四四年には、省・新京特別市立の民衆教育館に郷土博物室を付設する方針が示され、この郷土博物室には国立中央博物館の移動博物館が巡回する計画が示されてもいる。[12]一九四二年のものは複合施設であることが明示的ではないがその可能性は高く、一九四四年のものは複合施設であり、このような方針のあったことが、藤山をして博物館の複合施設化を否定せしめなかったものと思われる。

差異Bは、藤山：14の建設地を「歴史性を濃くする地点」に選定する必要の指摘と、藤山：16の遺跡博物館への言及、藤山：17のグランドキャニオンの小博物館の例示である。「歴史性を濃くする地点」の一節は、新京の都市計画に関する言及[13]――古い都市の歴史性が、その中心部において象徴されること――の参照によって、藤山固有のものとみなすことができる（本書「〔補説〕機能主義ならざるもの、反博物館」参照）。それは、藤山：16で掲げる遺跡博物館と同様に、立地の歴史的合理性を都市の博物館にも求めたものと理解できる。藤山：17は藤山の経験談であるため、もとよりオリジナルである。

準備時代

「順備時代」は、棚橋論文の「仮建物時代」全体と「博物館建築家」の一部に対応している。ここには、おもに差異Cが認められる。

差異Cの第一は、建物を建てる以前に必要なものを、棚橋論文が「博物館は建物よりは寧ろ内部の組織である。組織が具体化せぬ先きに、容物に過ぎない建物の建築を急ぐのは本末顛倒である[14]」と言うのに対し、藤山Ⅱ：18が「運動」を加えている点である。藤山Ⅱ：19が記すように、国立中央博物館新京本館がその施設設置に先だって「庁舎なき博物館」を標榜し、「博物館エキステンション」として種々の教育活動に着手していたことの反映である。これは、今日の博物館一般が、その準備段階において職員を配置し、資料を収集し、収集資料展のような展覧会を一過的におこなうことはあっても、教育活動を全面に展開することの少ないことを考慮するとき、優れて藤山論文の独創とみなせる。

なお、ここで使われる「内部組織」の語について補足すると、棚橋論文のそれが具体的に何を指しているのかが明確ではない。「博物館は建物よりは寧ろ内部の組織である」という一文を、「建物」と「内部」との関係性についての言及ととらえると、「今日欧米国では博物館建築の設計をするに、内部から外部に及ぼす事を原則にして居る」や、「外観上の問題は之れを後にして、先づ建物の内部の間取り」であるとか、「内部の問題がすべて解決した上で、始めて其の建物の外形美観と云ふやうな事を考へることにして居るのである[15]」と続き、「建物の外観を考慮する前に、先づ以て其の内部の設備を工夫せよ[16]」など枚挙にいとまがない。内部に続く用語は、間取り、問題、設備と多様であるが、いずれも建物内の部屋割りのことを言っており、論の展開と論調からすると「組織」もこのことと理解できる。

しかしコールマン論文では、建物に先行して組織 organization が具体化され、それが資金と建設用地獲得のため充分に運営・活動されるべきこと[17]が提唱されていた。棚橋論文の一文から、この主旨を読みとることはできない。一方、藤山論文の言う「運動」は教育活動のことであり、コールマン論文のそれとは性格が異なるものの、博物館準備段階を積極的な動態としてとらえている点で通じあう結果となっている。

差異Cの第二は、建築家の問題である。建築家については、棚橋論文が「博物館の建築には博物館建築に経験のある適当な建築家を得ることが極めて肝要である[18]」と言って、博物館建築家の項目を設けるが、藤山論文は藤山：25で触れるに過ぎない。棚橋は、コールマン論文の「建築家[19]」にならっているのだろうが、トーンがずいぶん異なる。コールマンが、有能な建築家の発見には、理事者側の明確な仕様書の必要を指摘するの[20]と違い、棚橋は強く建築家を批判する。現に「建築の構造様式」の項目で「我が邦では古い欧米国の博物館建築を模範に採り、博物館と云へば何んでも堂々たるものでなければならぬやうな誤つた思想に捉はれ、博物館としては時代後れの実用に適しない建物を造つて、博物館従業員を困らせて居る」「建築家のあることは我が邦博物館事業の発達上洵に遺憾なことである[21]」と被害者意識を隠さない。害を被るのは、博物館従業員である。彼らは博物館の機能的手段であるがゆえに、棚橋にとっては前提となる善であり、建物の不都合は建築家の責に帰す以外に、方法はなかったと言える。

これを言う背景には、日本赤十字社参考館における棚橋の苦い経験、すなわち彼の外遊中に同館が博物館として不適切な建物にできあがってしまったことがあるだろう。それに比べると、藤山：20からは建築家問題に対する切実さは感じられない。藤山：25の後半は、棚橋論文の「欧米国でも昔は政府の局に当つて居る人に、博物館建築問題に就ての理解がなく、又博物館経営者に強い主張が欠けて居た為め、建築家が勝手な博物館の建物を造つてしまつたのである。そしてそれを博物館長に引渡し、博物館で其の建物を受取つて陳列其の他内部の設備に着手すると、不都合な点ばかりで、幾多苦い経験を嘗めさせられ洵に困らされたものである」[22]のリライトである。これは昔日の欧米における話題であるが、藤山論文の場合は、今日の満洲国における、政府当局者、博物館経営者、建築家の三者に対する批判と言ってよい。

建築設計上の条件

続いて、「建築設計上の条件」全体は、棚橋論文の「博物館建築設計上の原則」以下の五項目に対応するが、構成上相当のアレンジが加えられて、別の五項に分け直されている。順に見てゆこう。

（一）一項、藤山：26の敷地問題は、先の「建設地の選定」に含められてしかるべき内容である。棚橋論文には、「博物館建物の増築」の項はあるものの、それにともなう敷地への言及は見られないため差異Bにあたる。ここには、国立中央博物館の新京本館敷地が当初の安民広場に北・西接する一角約四・五万坪から、建国広場東北の一角約五万坪ならびに南湖南岸約一〇万坪へと移転拡大した経緯との関係が認められる。

ちなみにコールマン論文は、第四八章「建設の準備」の「建設地」の項目で、土地は広大であるべきことを掲げており[23]、結果的に藤山論文はこれと一致することになる。

（二）二項の藤山：27－29は、棚橋論文の「博物館建物の増築」を踏襲し、これをリライトしたものである。その棚橋論文は、コールマン論文の「拡張」の七項目[24]を訳すかたちで、次のように書いていた。下線は、藤山：27にほぼ埋め込まれている部分である。

博物館建物の増築　博物館建設の場合には、其の建築資金が必要の額に達しないことが一般に多い。然かし斯う云ふ場合でも、将来実現すべき全設計だけはして置く必要がある。そして将来のあらゆる拡張条件に順応出来るやうにして置かなければならぬ。

一、小規模で始めること。

二、建造される各部分の永続。

三、継続的に種々増築し得る可能性あること。

四、継続的建築に於ける順序の融通性。

五、一層高価な造作の拡充。

六、何の拡張の階段に於ても、博物館の職能を完全に実行し得られること。

七、何の拡張段階に於ても、成る可く外観上の美を失はざること。[25]

ただし藤山論文では、小型であることを、藤山：28の博物館疲労問題から理由づけており、差異Cとみなせる。なお博物館疲労は、藤山一雄固有のテーマであった。

(三) 三項、藤山：30－33は、棚橋論文との直接な対応関係はない。ただし、藤山：32－33で、博物館が備えるべき種々の部屋を列記するようすは、棚橋論文の「博物館の諸室と其の配置」[26]に相当するかもしれない。しかしその場合でも、棚橋論文に見られた部屋の性格分類は欠落しており、差異Aと言える。藤山の論旨は、もっぱら藤山：31「単なる展示場」への反対にある。

藤山：34は、棚橋論文の「地方博物館設計の一例」で詳述された増築モデルを概括したものであったが、方法については違いが見られた。棚橋論文では、「扨て愈同博物館第一期の建築の設計であるが、勿論其の建築地の状況に依て一概には言へぬけれども、仮りにそれが街路に沿つた土地としたならば、先づ其街路に面して、小さい長方形の二階建中央館一棟を新築し、他日必要に応じて、其の左右及び後方へ増築の出来る様にして置くことが最も便利である[27]」という記述と、二つの平面図[28]によって、中央部分の後方と両側へ増築してゆくモデルを提示している。藤山論文では、その一案として中庭のあるロ型の平面形を提示している。あるいは「左右両翼後方」という記述は、棚橋の「左右及び後方」の読み違いかとも思わせるがそうではない。この発想は、建国広場に接する敷地に予定された国立中央博物館の、中庭をもつ収蔵倉庫建設計画と関係していたと思われる。

本館の計画せる収蔵倉庫は中庭及地下室を有せる方形四層約一万坪の面積を有し、第一期工事として先づその一翼、四分の一、約二千五百坪（一階五百坪）を建設し年次建設を完了してゆく。本庁舎完成まで当分その第一階及び第二階を展示場にあて、全力を標品の蒐集保存に集中する。[29]

なお、コールマン論文第四九章「小型博物館の建物」の「拡張」の節では、増築の理論モデルが提示されていた（図42－1）[30]。これによれば、横長の建物から後方へ増築するAは当初の経費がかかり過ぎること、縦長の建物から側方へ増築するBは外観上不都合であることから、AとB

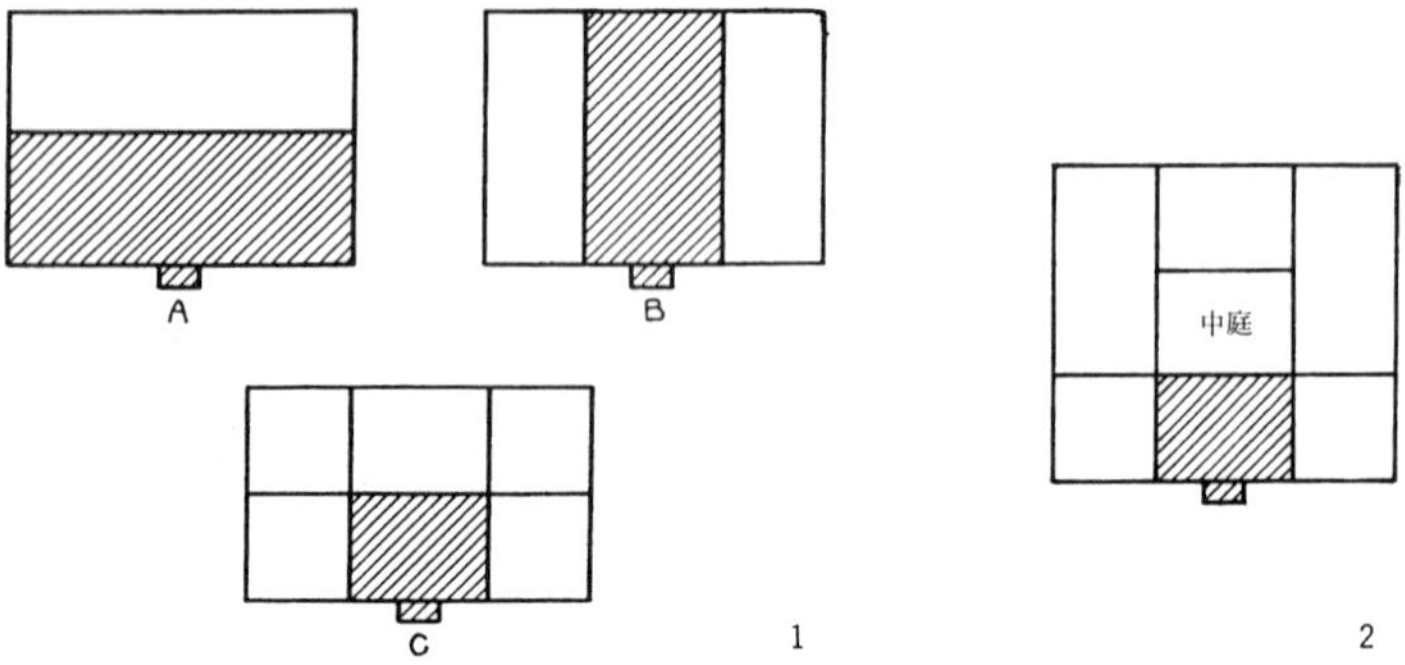

図42　増築の理論モデル（1：コールマン論文、2：藤山論文）

を結合させたCを妥当としている。これを実践的に展開したのがコールマン論文第五〇章「建物増築計画[31]」であり、さらにこれを引用したのが棚橋論文の「地方博物館設計の一例」であった。

藤山論文の増築を理論化すると、最初のユニットから両翼が増築され、この両翼からさらに後方へ増築された後、両翼後方部分の間を埋める増築がおこなわれて完成することになる（図42－2）。これをコールマン論文の理論モデルと照合した場合、Cの後方に三列目が加わり、ただし中心のブロックは増築がなされずに中庭となったものが藤山論文の増築パタンとなる。

コールマン論文は、理論上Cの二列目までの拡張から後の増築は資金と土地によって制約されるとしたうえで、両翼の展示部分が後方へ継続し、作業空間が中央部分の後ろに横向きで増築されるだろうとしていた。そして、この段階とは小型博物館が小型であることをやめ、小型博物館に対する検討の必要が終了するときだとも言っている。このようにして藤山論文の増築モデルは、中庭を持つ点を異にするものの、コールマン論文の理論モデルに大筋で合致する。

もう一案の藤山：34「各々独立せる小建築を建て並べる方法」は、棚橋論文には見られない。これは藤山論文の連載第二回で例示した、国立中央博物館民俗展示場第一号館と朝鮮総督府博物館慶州分館をモデルにしていると思われる。以上の点から、増築モデルに見られるのは差異Cである。

(四)四項は、棚橋論文の「地方博物館設計の一例」中に対応部分があり、内容は基本的に同一である。なお、藤山：37は次の意である。

すなわち基礎地盤の凍結膨脹による建築基礎の被害を防ぐために、基礎の深さを凍結線以下にまで深く掘り下げ、その深さは地盤下一、五ないし二、〇mを必要とした[32]。

(五)五項の藤山：38－44も、前項同様、棚橋論文「地方博物館設計の一例」に対応箇所を認めることができるが、建物の内部と外部という問題で通観したとき、両論文は異なるニュアンスを呈している。藤山：40での記念館や殿堂風の建物の否定は、棚橋論文の「博物館の建築は必ずしも従来の伝統に捉はれて、記念館式或は殿堂式の堂々たるものにする必要はない[33]」に一致する。そして、建築様式など外観の問題は、「今日欧米国では博物館建築の設計をするに、内部から外部に及ぼす事を原則にして居る」、つまり第一節で見たように内部の間取り、設備、すなわちその職能の二の次の問題であるというのが、棚橋論文の一貫した主張であったが、藤山論文は、遺跡博物館に言及した藤山：16にとどまらず、藤山：23後半の「外部的には建築自体のエレベーション、即ち、その機能を表象する外観様式、或は環境との調和連絡等につき慎重なる工夫を積んでゆくこと」や、藤山：30「設計にはまづ内部の間取り工夫よりし、外観はこれにより、環境に即応して考へらるべきである」にあるように、先後関係における内部と外観の格差は棚橋のように極端ではない。さらに言えば、藤山：40「寧ろ実質的にその博物館の有する職能を表現する最も素朴な様式が最も無難である」と言うものの、それはあくまで「記念館、或は殿堂風の堂々たるを」否定するための代替に過ぎず、外観が軽視される理由にはならなかったのかもしれない。いずれにしても、ここに見られるのは差異Cである。

なお、これに続く藤山：41は、棚橋論文の「建築の構造様式」の前掲文をリライトしたものだが、これをふくむ藤山：41－44の主旨は棚橋論文と異なる。すなわち、藤山論文が言わんとするのは小型博物館建設経費の相対的廉価性である。藤山：42・43の例示に加えて、藤山論文の連載第二回めでは、「建築もよいのに越したことはないが、金のかゝつた、巨大なものでなくてもよい。その一例[34]」に、民俗展示場第一号館が掲げられていた。また、「郷土博物館はこういう由緒ある古建物をそのまゝ利用すれば、大きな建築費など余り苦にしなくても創設が容易で反つて有意義な経営の出来る最もよい一例として推奨することが出来る[35]」と結び、朝鮮総督府博物館慶州分館が紹介された。これは、藤山論文が書かれた一九四二年当時の国立中央博物館をとりまく経済情勢を反映した言及であり、小型博物館安上がり論とでも言うべき方法、方便での博物館普及の主張であった。

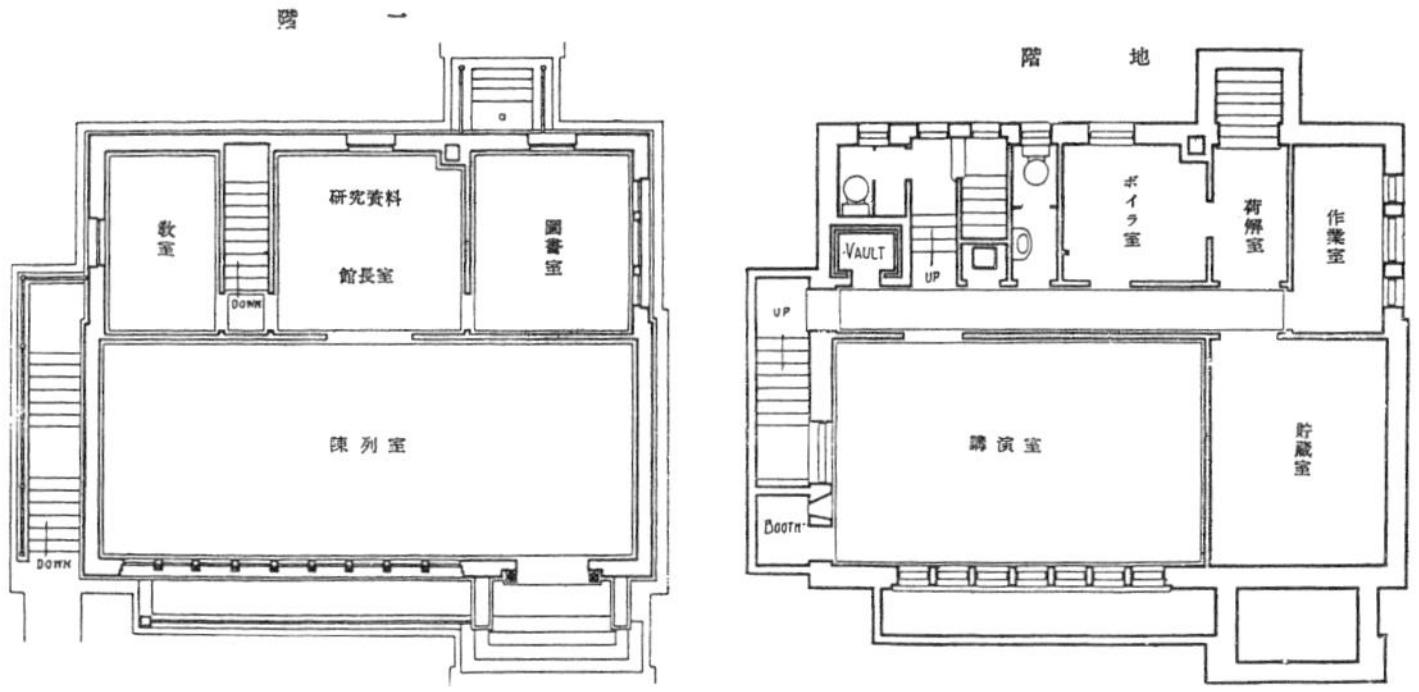

図43　棚橋論文の博物館建物計画

小型地方博物館のモデル

最後に、藤山：45－55の、小型博物館のモデルケースを検討する。細部ではすべての差異が見られるが、全体的に藤山論文による棚橋論文（図43）の踏襲である。

地上階から見ると、入り口で玄関扉を二重にしたことと、相当のスペースのエントランスホールを設けたことは、藤山：47にあるように、いずれも寒冷地の気象条件を考慮したアレンジ、いわゆる風除室である。入り口に関して棚橋論文は触れていないが、コールマン論文では、ホールは必要でないが、もしそれが備えられても展示室に不必要に侵入すべきでないとしていた[36]。藤山論文のアレンジは、必要に基づいたものと言ってよい。

藤山論文でトイレは、一階入り口ホール奥にある。棚橋論文では「公衆用と館員用との二ヶ所[37]」が必要とされ、地上階と地下階を連絡する階段踊り場横と、地下階ボイラー室横に設けられた。いずれが公衆用で、館員用かは不明であり、それはコールマン論文でも同様である[38]。なおコールマン論文は、トイレは通常に地下にあるものとあらかじめ規定し[39]、棚橋も追随していた。

図書室は独立して設けられておらず、研究室・事務室に兼用となっている。ホールでスペースをとったことに由来する措置と考えられる。したがって、棚橋論文で公衆用と位置づけられた図書室は、藤山論文では館員による自己使用の図書室という印象を与えることになっている。藤山論文に、教室は設けられていない。

地下階に移ると、荷解室は棚橋論文では通用口ホールの観があり、藤山論文では独立した部屋となっている。いずれも、貯蔵庫または保存庫の前室のような位置に設けられている点は共通する。ただし藤山論文の場合、地下階への通用口がないため、資料搬入を正面玄関入り口か建物西側の講堂出入口からおこなわなければならなくなっている。これを非合理と見るかどうかはわからないが、棚橋論文が工作室から陳列室への大型資料搬入を、屋外を経由して正面玄関からおこなうことに不都合はないとしていることからすれば、この是非は相対的かもしれない。また、藤山：54「展示室の面積に近い講堂、及び、列品の陳列替えの出来るスペースとして保存倉庫及び荷解室を有することは新しい博物館の構成要素である」と言うが、一方で藤山：55「荷解室は平素は食堂乃至喫茶室に利用してもよい」とも言い、荷解室への切実さは見られない。荷解室を食堂・喫茶室に利用した場合、展示室からの導線が建物内になく、この件は不用意な印象を受ける。

地下階に炭庫がある。満洲では冬季の暖房を石炭によっていたため、機関室に通じる形で炭庫が設けられる必要があった。宿直室は棚橋論文には見られず、本文中の記述に「小使室」があるのみである。しかしコールマン論文では、掃除用流しのある管理人用小部屋は見落とされてはな

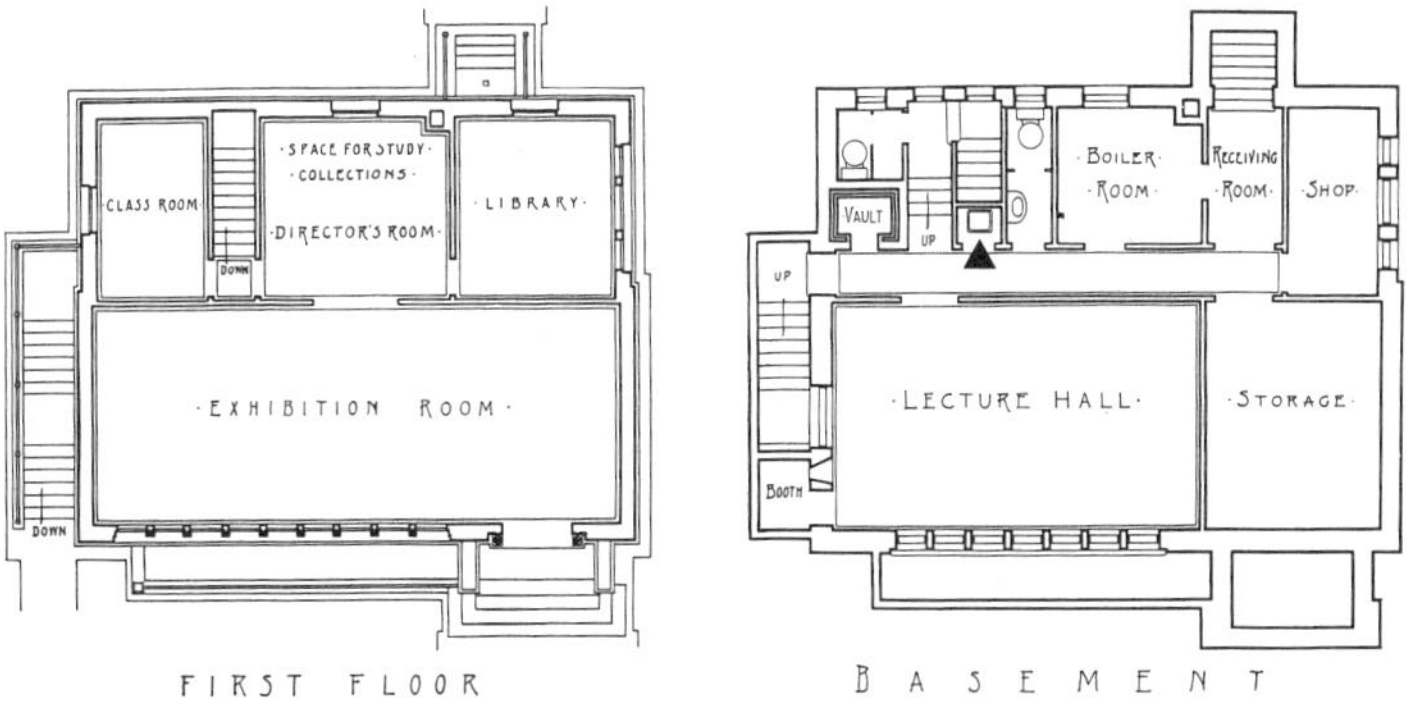

図44　コールマン論文の博物館建物計画

らないとして、[40]キャプションはないが地下階トイレの左側の小区画がその場所であった（図44▲印）。このように棚橋論文が不十分に扱った管理人用小部屋を、藤山論文では宿直室に拡大した形になっている。その理由の第一には、講堂の存在が掲げられるだろう。棚橋論文では講演室を、「閉館後も陳列室其他とは無関係に、独立的に使用し得られるやうに[41]」するため、建物の側面に特別の階段を設けていた。したがって、事務室から監視できないこの部屋の監視の意味が込められていたことが予測され、宿直室と講堂の出入口が相対しているのはそのためのように感じる。棚橋論文が、講演室を「使用の際に限つて、特に監視する必要がある[42]」と書いていたことを考慮すると、「満人には盗癖者多く、ケース内に展示するものすら、尚盗み取るものさへある[43]」という日本人の中国人観や、反満抗日運動に対する危機意識が宿直室となってあらわれていたのであろうか。作業室、金庫、講堂の映写室は設けられていない。

なお、棚橋論文の後半一一項目は、採光と内装に関する諸問題を扱っていた。藤山論文はこれらに言及していないが、執筆者不明ながらこの後に公表された「大阪美術館の構成に就いて[44]」がこの問題について触れており、これが藤山論文を補完するものと思われる。

三　欧米的要素と非欧米的要素

欧米的要素

以上、藤山論文と棚橋論文の構成と内容を比較検討してきた。その成果に基づいてここからは、両論文の性格と意味を考えてみたい。公表時期に差があるため、まずは通時的な関係をながめ、次に他の著作も用いて共時的に見られる関係におよび、これらを総括する意味で戦後期との関係にいたって検討をおこなう。

藤山論文第一章の藤山：1－13では、博物館の教育機関化が主張されていた。これは、藤山一雄が別に「近時アメリカの博物館エキステンションの如き工作に努力すればある水準までの科学意識の向上、その生活化を具現し得るのではあるまいかと信ずる[45]」としたとおり、博物館のアメリカ型化のことであった。

一方の棚橋論文は、その掲載書について「博物館の職能、博物館系統に於ける地方博物館の位置本領を明かにした後、早速郷土博物館、教育博物館、学校博物館、児童博物館等の問題に進んで、博物館学の上からそれぞれ解釈を試み批判し、遂に一切の解決を以て、地方博物館の建設普及に委せんとするに至つたものである[46]」と言い、欧米モデルの地方博物館を鍵概念として、種々の博物館を理論総括する作業であった。地方博物館は中央博物館と対をなす概念であるが、「我が邦が世界の文明国並みに博物館を各地に建設して、其の内容の充実を計ること[47]」を目標にしたときに採用された重点戦略である。そしてこれは、「欧米諸国の大都市に於ける国立博物館乃至中央博物館は、最早それぞれ完成の域に達したので、今日は寧ろ地方博物館の建設所謂小博物館、地方博物館増設問題の解決に向つて、専ら努力しつゝある情勢にある」が、「日本には洵に遺憾ながら、まだ博物館らしいものが殆どない[48]」という現状認識に基づくものであった。

藤山論文と棚橋論文は、ともに欧米モデルに依拠していた。そして、同じように欧米をモデルにすると言うことのなかに、微妙な差異も認められた。藤山にとって博物館のアメリカ型化とは、単にそのことにとどまらない博物館の近代化という意味があった。藤山論文よりも以前に彼は、博物館発達史を概括して次のように述べていた（傍線は引用者による）。

欧洲に於ける博物館発達の歴史を顧みると、その多くは、主として個人の蒐集品に基礎を置き、骨董趣味に端を発したもので、これが後に至り、国家又はその他の公共団体の経営に転身したからとて、初めから一定の計画のもとに列品が展示されたものでないから、単に好奇心の象徴に止まり、明日の為の博物館としての働きのないことは当然である。わが奉天博物館の如きやゝ此の観がある。博物館がかゝる所蔵品の展示に満足せず、民衆の教導、学校教育への助力に尽すこと所謂「博物館」の旧殻を脱するに於て、初めて近代的博物館の活動が初まるのである。[49]

藤山には、博物館の教育機関化＝アメリカ型化＝近代化という図式があった。そして、彼にとってコールマンを孫引きすること、すなわちアメリカの博物館理論を摂取することはまた、次の木場一夫の言葉にあるような、いわば世界史的認識に基づいていたのである。

アメリカ合衆国における博物館の近来の発展はまことにめざましいものがある。この事は、近代における博物館の理論と実際について著しい発展を物語るものである。この国の博物館は、貴族の趣味、あるいは旅行者の好奇心を満足させるために集められたものが、たまたま発展したものとちがつて、国民一般の教育組織の一つとして創設されたもので、ヨーロッパ大陸のものにくらべて比較的新しいものである。[50]

他方、この点に関する棚橋論文の認識は、次の通りであった。

博物館はもと学術研究の機関であり、貴族富豪か美術品鑑賞の場所に過ぎなかつたのである。それが近時一般民衆の教育娯楽の為め公開されるに至つたものである。博物館が既に一般民衆に公開された以上、大体に於て之れを社会教育機関と見て差支ないのである。[51]

ここには木場に見られたような、博物館史の画期に対する認識が希薄である。木場の言葉を借りれば、棚橋の言う博物館は「たまたま」公開された結果、「たまたま」社会教育機関になったかのような印象を呈している。そして、藤山が個別アメリカに注目したことは、戦後的な木場の博物館論と近しい戦略を獲得していたことを意味する。棚橋もコールマン論文を評して、「この書物は著者が今まで見た博物館に関する著書の中で、一番良い書物だと思つて居る」[52]と反応し、それを摂取し展開した内容も近代博物館のそれであった。しかし、棚橋論文による不十分なコールマン論文引用にもかかわらず、藤山論文は博物館を動態としてとらえ、同じく理論モデルにおいて増築を共通させるなど、棚橋論文以上にコールマン論文に近い質を獲得できたのは、近代をめぐる藤山の時代感覚および歴史観ゆえのことと言えるだろう。棚橋は、藤山より二〇歳年長で、知識も経験も勝っていたが、二回のドイツ留学や、ペスタロッチの直観教授に傾倒したことに見られるように、西欧の影響を色濃くしていた。藤山論文と棚橋論文は、コールマン論文を直接、間接に受容する主体において、もとより似て非なるものだったのかもしれない。

非欧米的要素

さらに藤山論文には、アメリカ型化に追随しない意見も認められた。それは、都市の場合「歴史性を濃くする地点」（藤山：14）での博物館設置であり、増築のモデルケースにおける中庭の導入（藤山：34）、そして博物館の職能と外観を差別少なく博物館建築の要素に位置づけていた点（藤山：27）などである。それらは、コールマン論文や棚橋論文が主張する機能優先の博物館建築において、二次的に扱われた地域固有の伝統性や自然であり、藤山論文はこれらを復権させた形になっている。

藤山論文には、アメリカ的なるものと非アメリカ的なるものが同居していた。その意味は、次の一文によって理解可能となる。

> 詮ずるに余は前掲に於て満洲の都市にアメリカのイミテーションはいけないとは言つたが、経済その他の文化様式に於ては、しかく満洲の条件が欧羅巴的と謂ふよりもアメリカ的であり、亦それを余儀なくされるが、その中心精神に於ては終始顕著に東洋的ならしめ度いのである。[53]

「東洋的なるもの」は「日本的なるもの」と書かれることもあったが、ここからその詳細を知ることはできず、藤山一雄の他の著作[54]に求めなければならない。ここでは、それが二〇世紀前半の帝国主義間戦争に媒介された、東洋―西洋の二項図式に規定されたところのものであろうことを示唆するにとどめたい。

東洋的なるものつまり非欧米的なるものは、一方の棚橋論文ではどのようにあらわれていたのか。この問題を考えるにあたっては、棚橋論文の二年後に公刊された『郷土博物館』[55]（一九三二年）との比較検討が有効である。

『郷土博物館』は、棚橋論文の掲載書『眼に訴へる教育機関』を補完しつつ、郷土博物館を主題にして一九三〇年代前半の郷土教育運動に呼応するわが国博物館の理論的再編であった。それは、棚橋論文が英米モデルの地方博物館から、児童博物館、教育博物館を除く種々の博物館を郷土博物館に包摂または関係づける転換である。そして地方博物館は、町村—地方—都市という人口規模ならびに行政規模に基づく博物館分類の一つへと変更されてゆく。こうした地方博物館から郷土博物館への転倒は、一九三〇年代の状況に応じたものであり、思想的には教学刷新評議会答申（一九三六年）が掲げた「西欧思想の醇化—日本精神の昂揚」と相即するものであった。その意味で郷土博物館とは、はじめての日本型博物館だったのである。

以上から、藤山論文における東洋的なるものと、棚橋の『郷土博物館』で完成される郷土博物館概念は、藤山と棚橋の博物館論を横断する非欧米的要素として理解できる。

欧米的要素と非欧米的要素の関係

ここまで、公表時期において一〇－一二年の隔たりのある藤山論文と棚橋論文および『郷土博物館』の通時性に着目した検討をおこなってきた。そこでさらに、藤山論文との共時性へと視点を移して、同時代の棚橋のありようを概観し、ひいては藤山論文の位置を確認することにしたい。

棚橋が主筆として深く関与した『郷土博物館建設に関する調査』（一九四二年）は、興味深い事実を示している。長文になるが引用しよう。

郷土博物館の建築設備　郷土博物館は、貴重な郷土資料を蒐集保管し、且つ各種の事業を行はなければならない。郷土博物館が斯うした重要な使命を果たす為には、第一に、不燃性の安全な建物を必要とする。而してその建築は、陳列室、資料貯蔵室兼工作室、講演室兼特別展観室、研究図書閲覧兼小集会室、事務室等に区画しなければならない。然し、建築資材欠乏の今日、直ちにこの種の理想を実現することは、頗る困難を免れないから、出来るだけ新たに建築することを避けて、既設の建物を利用することを以て本体としなければならない。殊に木造建築の本邦で、既設の不燃性建物を得ることは、殆んど不可能であるから、木造家屋でも可いとして、この場合博物館と民家との間に相当距離があるか、その間に完全な防火壁のあること、別棟の宿直室を設けて閉館後は一切火気を陳列館にをかぬこと等を、絶対必要条件としなければならない。既設の建物としては、旧大名の城郭・館・旧郡役所の庁舎・郷土偉人の住家、その他の由緒ある建物等を挙げなければならぬ。尚不燃性建物でさへあれば、役場、会館等の一部を以てこれに充てることも差支へない。

瑞典の郷土博物館は、自然科学よりも寧ろ人文方面、即ち歴史、考古学、土俗学等に重きを置いて居り、且つ、室内に陳列する蒐集品よりも却つて戸外の建物を主としてゐる。随てその陳列館としても亦古い農家、昔の工場、昔の領主の館、古城、昔の町役場、古い木造の教会堂、教会の牧師館等が利用されて居る。このことは独り瑞典ばかりでなく、スカンディナビヤ諸国全体の傾向である。

重大時局下に建設される郷土博物館としては、現存の建物を利用すべきことは勿論であるが、然し、若しも新たに建築することが許されるならば、成るべく都市の中心に近い位置で、地域内住民の交通上の便利があり且つ、その周囲に公園等があつて、窓から樹木や芝生の見えるやうな土地を選ばなければならない。尚また、博物館将来の拡張を見越して、敷地に若干の余裕あることが必要である。[56]

ここには、次の三点が見られる。

① 不燃性建築の大前提。
② もっぱら兼用を旨とした内部区画。
③ 既存施設利用の正当化。

そして、以前に棚橋論文で主張された諸原則は、万が一の場合として示唆されるに過ぎなくなる。わが国の博物館が関東大震災で被害にあった事情から来す自明（①）を除けば、日本的な郷土博物館の突出は、『郷土博物館』にあらわれはじめていた、郷土博物館安上がり論に基づく現実妥協路線の徹底（②・③）であった。同書では、辛うじて接ぎ木状態で残存していた欧米モデルの博物館近代建築論が、さらに後退していったことがわかる。

伊藤寿朗は、「一九三〇年代後半は、その前半における欧米モデルの否定として郷土博物館を媒介とした博物館論へと移行」したことについて、「欧米博物館活動をモデルに大都市中型単科博物館を中核としたものから、日本精神にもとづく郷土博物館を中核としたものへの二重の逆転を見ることができ」、「時代の政策的基盤をもつとともに否定すべき西欧モデルをもこの点において包括するものであった」[57]と評した。これは一九三〇年代後半でもその前半に関する議論であり、ここで対象としている一九四〇年代前半の前半とは五年ほどの時間差があるが、この間に激変がない以上両時期の博物館論は一連とみなし得る。そのうえで伊藤の言う「包括」の内実は、小型博物館建設論についてみれば、否定というよりは、欧米モデルの換骨奪胎であり、貧しい現実が理論を導くことになっていたと言える。そしてそこに、「日本精神」なるものがあったのかどうかも、怪しいのである。

『郷土博物館建設に関する調査』に附録として例示されたのは、横浜震災記念館（鉄筋コンクリート造）、大垣市郷土博物館（木造天守閣）、加治木町立郷土館（木造洋館、鹿児島県）、尚古集成館（石造洋館、鹿児島市）、開城府立博物館（煉瓦造・木造、朝鮮）、平壌府立博物館（鉄筋コンクリート造、朝鮮）の六館であった。これら植民地朝鮮を含む日本の博物館建築の大勢は展示室中心であり、コールマン論文や棚橋論文とはかけ離れたものであった。いわんや藤山論文をや。

一九四二年の時点で、棚橋の博物館論は、地方博物館に対する郷土博物館の優位となってあらわれていたが、藤山論文では、依然アメリカ型博物館が東洋的なものに対し優位を保っていた。アメリカ型化と東洋化は、藤山一雄においては発展の前後関係として理解されていたようである。さらに、藤山にとって博物館の近代化が綱領だったとするならば、「単なる陳列場」への反対と「生きた博物館」の提示はそのための戦略であり、国立中央博物館の大経路展示場や民俗展示場とともに、藤山論文と小型地方博物館はその戦術だったと言える。そして、彼のいま一つの綱領とみなせる博物館の東洋化は、それ自身が抽象的であったことにも増して、そこでは欧米が対立項とならなかったために戦略を持つことがなく、ただ彼の想念のなかにあるばかりだったのかもしれない。

機能主義博物館論の前史

一九四五年八月をもって、藤山論文を成り立たせ、藤山論文が対象にした満洲国そのものが失われ、藤山一雄も、それ以後博物館にかかわることがなかったため、藤山論文は二〇世紀に一度限りのものとなった。

一方の棚橋は、戦後になって『博物館学綱要』（一九五〇年）を著し、棚橋論文や『郷土博物館』のときと同じように、コールマン論文の抄訳を紹介し続けた。「欧米先進の方式を以て他山の石とし、我が国土民情に適した所謂日本的なものを樹立せんことを冀[58]」うとは言うものの、その五年前まで主張していた郷土博物館は、地方博物館とともに地方的博物館の下位に位置づけられて後退し、ここにかつての「日本的なもの」は存在しない。これより前、棚橋が主筆になって著したと思われる『地方博物館建設の指針』（一九四七年）は、「博物館全体系の中軸を成すべき地方博物館[59]」と規定していた。棚橋論文と『博物館学綱要』の執筆時期が、刊行年から前倒しで見積もって、それぞれ一九二〇年代末と一九四〇年代末であったことを考慮すれば、一九四五年八月一五日があったにもかかわらず、棚橋の小型博物館建設論は変わっていないのである。変わらなかったことに着目すれば、棚橋の一貫した目的とは、博物館を量的に「世界の文明国並みに」することにあったのかもしれない。そうでなければ、質的に「世界の文明国並み」であることから、わが国の博物館を後退させた郷土博物館論は、理解できないのである。そしてそれは、彼が常に国家権力をパートナーとしたこと、つまり博物館権力の中枢であったことに規定された事態でもあったのだろう。国家権力は博物館を「日本精神」の前に拝跪させてその戦術と化し、それを博物館の側で受容し用意したのが、棚橋源太郎とその郷土博物館論だったのである。

なお、戦時下の博物館が戦争賛美の事業を実施したか否かの現象を超えて、一九三〇年代内地日本における郷土博物館論への転換にこそ、博物館の「戦争責任」を読みとるべきと考える。棚橋論文と『郷土博物館』の序が記された間の二年間、一九三〇年一〇月から一九三二年九月までは、昭和恐慌と東北・北海道大凶作、柳条湖事件と満洲国成立、二月事件と五・一五事件など、日本の社会が十五年戦争体制へ転換してゆく時期であった。まさにこの時期の内地日本でおこった博物館理論の転換は、自発的な翼賛だったと言うことができる。その後の博物館が、戦争体制を支える以外の道を持ち得ず、また自由主義的、合理主義的あるいは科学的な精神に基づく批判主体すらも形成できなかった事実を見るとき、博物館および博物館研究にとっては、致命的な出来事だったと言わざるを得ないのである[60]。

やがて敗戦によって、博物館理論における日本的なるもの、東洋的なるものへの志向は影を潜め、欧米、とりわけてアメリカ型の教育機関化の道を進んでゆく。木場一夫の『新しい博物館その機能と教育活動』(一九四九年)は、その記念碑的な位置を占める。そして、木場もまた、この書でコールマン論文を引用していた(61)。

棚橋論文で示されたアメリカ型の小型博物館建設論が、日本においてもっともトーンダウンしたその時に、その主旨を維持していたのは藤山論文であった。私たちは、一九四〇年代前半という一時、小型地方博物館の建設論という局所において、日本人の博物館理論は、藤山が一身に体現していた満洲国の博物館理論にシフト、疎開していたことを発見するのである。

ところで、二〇世紀に一度限りの博物館理論だった藤山論文の戦略が、戦後一度だけ再生したことがある。それをおこなったのは、藤山とともに国立中央博物館にあった木場一夫であった(傍線は引用者による。二二三―二二四頁傍線箇所と対照されたい)。

> 旧い型の博物館は展示室にのみ重点がおかれたが、近代博物館では展示室以外にも教育活動が拡大されたから、学童及び市民の要求を満たすように設計に工夫をこらさなければならない(62)。

また、藤山論文の一部が、棚橋によって参照されたのではないかと思わせることもあった。建設用地の広さに関して棚橋論文は触れていなかったが、『郷土博物館建設に関する調査』の前掲文末尾では、「博物館将来の拡張を見越して、敷地に若干の余裕あることが必要である」とし、さらに『博物館学綱要』では「なほ建設地としては他日の拡張増築を見込んで、相当な余地をもたなければならぬ(63)」としていた。この変化には、コールマン論文への遡及のみならず、一九四二年から一九五〇年の間に起こった変化であることから、棚橋が藤山論文を参照した可能性も考えられる。中庭をもつ建物設計(64)も同然である。

私たちは、コールマン論文にかかわった、棚橋源太郎―藤山一雄―木場一夫という系譜をたどることができる。彼らをとらえたコールマン論文とは、博物館建築のモダニズム、すなわち機能主義博物館論の建設論にほかならなかった。伊藤寿朗は、戦後日本の博物館論を規定する機能主義が、木場一夫―鶴田総一郎という系譜によって完成すると整理したが(65)、ここにはその前史が隠されていたことになる。さらにこれは、単に系譜の発見にとどまらない、日本における博物館研究のジャンルの確立をも、意味していたのである。

注

(1) 藤山一雄「小型地方博物館の組立て(Ⅰ)」『国立中央博物館時報』第一六号、国立中央博物館、一九四二年、一三―一九頁、同「小型地方博物館の組立て(Ⅱ)」『国立中央博物館時報』第一七号、国立中央博物館、一九四二年、四四―五二頁、参照。

(2) 犬塚康博「藤山一雄と満洲国の民俗博物館」『名古屋市博物館研究紀要』第一七巻、名古屋市博物館、一九九四年、八九頁、参照。改稿して本書「藤山一雄と満洲国の民俗博物館」に収録した。

(3) Coleman, Laurence Vail. *Manual for Small Museums*. New York: G. P. Putnam's Sons, 1927、参照。以下、注においては*M.S.*と略記する。

(4) 黒田源次編『熱河　宝物館　避暑山荘　尊経閣』、満日文化協会、一九四一年、参照。

(5) 棚橋源太郎『眼に訴へる教育機関』、宝文館、一九三〇年、四一一頁。

(6) cf. *M.S.*, p.299.
(7) *ibid.*, p.299.
(8) 棚橋源太郎『眼に訴へる教育機関』、四一一頁。
(9) 同書、四一一頁。
(10) cf. *M.S.*, p.299.
(11) 藤山一雄「小型郷土博物舘の創設提議」協和会科学技術聯合部会監修『大陸科学』第一巻第三号、大陸科学社、一九四二年、二八頁。
(12) 耿熙旭「学校と社会教育」、『満洲国教化行政之現状　学校与社会教育』(社会教育資料第一集)、(文教部教化司社会教育科、一九四四年)、二二一－二二四頁(「満洲国」教育史研究会監修『「満洲国」教育資料集成Ⅲ期「満洲・満洲国」教育資料集成』第一一巻(社会教育)、エムティ出版、一九九三年、八六一－八六四頁)、参照。
(13) 藤山一雄「国都建設について」『帰去来抄』、東光書苑、一九三七年、六四－六五頁、参照。
(14) 棚橋源太郎『眼に訴へる教育機関』、四一一－四一二頁。
(15) 同書、四一二頁。
(16) 同書、四一五頁。
(17) cf. *M.S.*, p.297.
(18) 棚橋源太郎『眼に訴へる教育機関』、四一二頁。
(19) cf. *M.S.*, pp.297-299.
(20) *ibid.*, pp.298-299.
(21) 棚橋源太郎『眼に訴へる教育機関』、四二四頁。
(22) 同書、四一二－四一三頁。
(23) cf. *M.S.*, p.299.

(24) *ibid.*, p.307.
(25) 棚橋源太郎『眼に訴へる教育機関』、四一八頁。
(26) 同書、四一六-四一七頁。
(27) 同書、四一九頁。
(28) 同書、四二三頁、参照。
(29) 藤山一雄『新博物館態勢』(東方国民文庫第二三編)、満日文化協会、一九四〇年、二三四頁。
(30) cf. *M.S.*, pp.307-308, PLATE 25.
(31) *ibid.*, pp.311-316, PLATE 27, PLATE 28, PLATE 29.
(32) 満洲国史編纂刊行会編『満洲国史』各論、財団法人満蒙同胞援護会、一九七一年、一〇五七頁。
(33) 棚橋源太郎『眼に訴へる教育機関』、四二四頁。
(34) 藤山一雄「小型地方博物館の組立て(Ⅱ)」、四四頁。
(35) 同論文、五二頁。
(36) cf. *M.S.*, p.312.
(37) 棚橋源太郎『眼に訴へる教育機関』、四一七頁。
(38) cf. *M.S.*, p.305.
(39) *ibid.*, p.306.
(40) *ibid.*, p.305.
(41) 棚橋源太郎『眼に訴へる教育機関』、四二〇頁。
(42) 同書、四一六頁。
(43) 藤山一雄『新博物館態勢』、二三七頁。
(44)「大阪美術館の構成に就いて」『国立中央博物館時報』第一八号、国立中央博物館、一九四二年、三一-四三頁、参照。

(45) 藤山一雄「博物館運動の方向」満鉄哈爾浜図書館編『北窓』第一巻第二号、満鉄哈爾浜図書館、一九三九年、二一頁。
(46) 棚橋源太郎『眼に訴へる教育機関』、七頁。
(47) 同書、八頁。
(48) 同書、八頁。
(49) 藤山一雄『新博物館態勢』、一二―一三頁。
(50) 木場一夫『新しい博物館　その機能と教育活動』、日本教育出版社、一九四九年、三頁。
(51) 棚橋源太郎『眼に訴へる教育機関』、六頁。
(52) 同書、五四頁。
(53) 藤山一雄「国都建設について」、六五頁。
(54) 同「日本的なるもの」『帰去来抄』、二一―五〇頁、同「「日本的」なる凝視の必要」協和会科学技術聯合部会監修『大陸科学』第一巻第六号、大陸科学社、一九四二年、九頁、参照。
(55) 棚橋源太郎『郷土博物館』、刀江書院、一九三二年、参照。
(56) 社団法人日本博物館協会編『郷土博物館建設に関する調査』、社団法人日本博物館協会、一九四二年、八―九頁。
(57) 伊藤寿朗「日本博物館発達史」伊藤寿朗・森田恒之編『博物館概論』、学苑社、一九七八年、一三七頁。
(58) 棚橋源太郎『博物館学綱要』、理想社、一九五〇年、四頁。
(59) 社団法人日本博物館協会編『地方博物館建設の指針』、社団法人日本博物館協会、一九四七年、(緒言)。
(60) 筆者は、満洲国の博物館および藤山一雄研究を開始したとき、先学に導かれながら次のように書いた。一つめは、関東軍に反対した藤山一雄を「反骨精神」として実体化、物象化する意見に対し、「〝反骨精神〃それ自体は、程度の差こそあれ、様々な局面で、様々な立場の人が抱き表現したのだろうと思量する。この意味で〃反骨精神〃は相対的なものである。藤山氏の〃反骨精神〃もこの中に位置付き、評価の対象となるであろう。しかし、敢えて後藤氏の如く絶対的なものとして戦時下の〃反骨精神〃を捉えようとするのであれば、廣松渉『〈近代の超克〉論』（講談社学術文庫九〇〇、株式会社講談社、一九八九年）が「戦後の〃常識〃として、戦時中には資本主義批判はタブーであったと言われるとき、それは「科学的社会主義」の立場からする資本主義批判を指すものでなければならない」（八四頁）と言うように例えば考古学界では、岡本孝之「大日本帝国下の考古学――日本＝東亜（朝鮮）考古学批判（二）――」（〈異貌〉編集委員会編『異貌』第四号、共同体研究会、一九七六年）にも明らかなように、それは赤松啓介氏のことでなければならず、残念ながら博物館界ではこれまでのところ不在と言わざるを得ない」と批判した。犬塚康博「博物館史はどう読まれてはならないか――『博物館基本文献集』の書評にかえて――」『博物館問題研究』No.23、博物館問題研究会、一九九三年、二三頁、参照。二つめは、博物館の戦争責任問題一般について、「網戸武夫『情念の幾何学　形象の作家中村順平の生涯』、㈱建築知識、一九八五年）は、ブルーノ・タウトを引用して、「「何人にとっても戦前の伝統のどんなものも、使用することは出来ない。それは過去の不幸の原因であり、戦争の原因でもある」。／このような過去との断絶がバウハウス思想と無縁であるはずはなく、やがてインターナショナル様式に通ずる宿命が約束されていた」（一九四頁）と、第一次世界大戦後ドイツの建築運動を概括したが、第二次世界大戦後日本の博物館が、こうした痛苦な「断絶」を意識化し肉体化し得たかは甚だ疑問である。（略）今日の博物館が、その華やかなブームとは裏腹に、次の戦争の原因を用意していないとは決して言えないのである。一九九一年湾岸戦争の折、無邪気にピンポイント爆撃を繰り返したアメリカ軍兵士とは、かのアメリカの博物館が育てた子弟なのではなかったのか。（戦争の参加・体験!?）アメリカの博物館をいまなおプラグマチックに学び続ける日本の博物館現状は、この危惧を促進することは出来ても打ち消すことはできないだろう。かと言って、アプリオリな戦後現在への肯定と、これと対を成す戦前・戦中の否定＝思考停止が、これにかわるわけでもない。

廣松渉『〈近代の超克〉論』が言うように「昭和思想史に関する〝事実〟誤認が定着」したところでの「常識に安住していたのでは、いわゆる「日本的ファシズム思想」に対して無防備となり、一旦時潮が変われば、戦前・戦時の「近代超克論」の変種や粧いを変えたファシズムに易々と罹患しかねない」（八四頁）であろうこともまた確かである」と述べた。同論文、二四頁、参照。然り而して、ただいま二〇一六年の戦争危機、ファシズムへといたるのである。

(61) 木場は、コールマン論文の Plate 26・27 を図7（四〇頁）に、同じく Plate 28・29 を図8（四一頁）に改変して引用した。前者は過去に棚橋が引用しなかったものであり、棚橋が使用してきた後者には新訳が付されている。

(62) 木場一夫、前掲書、三九頁。

(63) 棚橋源太郎『博物館学綱要』、二九七頁。

(64) 同『博物館教育』、創元社、一九五三年、二三八―二三九頁、参照。

(65) 伊藤寿朗、前掲論文、一六九頁、参照。

資料
小型地方博物館の組立て（I）

I

1時局の緊迫とともに文化的事業は次第に後廻しにされがちであるが、近代の総力戦や長期戦が単に消耗や破壊のみでなく、直ちに新秩序創造、生産を附帯し、その暗澹たる瓦壊裡に新文化の嫩葉がすくすく芽立ってこそ最後の勝利が確保されるので、民生、わけて学問のことはしばらくも等閑に附せられない。2学制の改革、教員素質の向上及びその施設の充実等に万全を期し、一般生活の科学化、合理化、その水準昂揚それ自身が強力なる武装となり、かねてその文化前進となるのである。

3私共の職域、博物館運動の普及の如きも新社会出現の基盤をなすもので、稍々軽視されがちでありながら、地方より此の運動が抬頭しつつあるのは此の消息を物語つてゐる。4史蹟名勝天然記念物や特別保護建造物、国宝等の保存の如き不急の如く見える事業すら尚国民精神昂揚上忽せにせられぬことでこれを国家総動員の計算外に除去される筋合のものではない。5宣なり、中央政府の指示なくして既に通化省輯安、興安西省林東、牡丹江省東京城及び熱河省承徳等に小型郷土博物館の建設を見、散佚せんとする貴重なる各般資料の蒐集、整理、保存、及びその展示が営まれるに至つたことは慶賀すべきことである。

6しかしながら、この種地方小博物館の一二を視察して見ると、中央との連絡なき為めに統制を欠ぎ《ママ》各地思ひ思ひに企画されるため、その建築や、内部構成等に多少の遺憾な点が看取される。7そこで本建築の如きはあまり急か《ママ》ず、一刻も忽儲に附せられない資料の蒐集、整理保存、及びその研究に重点を置き、その間充分諸条件を具備する本建築の設計を用意し、機を見てその建築にかかればよい。8以下小型地方博物館の構成についてかいて見る。

9勿論地方博物館といつても、各々その性格を異にし、あるものは歴史考古的、あるものは自然科学的あるものは民俗的乃至観光的、あるものは史蹟、名勝天然記念物の教育利用上、その監視、保存の必要等により自らその建物の外観も内容も異り、一概には言へないけれども、これら博物館はその土地のためと、旅行者のためにつくられるものとの大体二種類に大別することが出来る。10その土地のためにつくつたものでも、勢ひ旅行者の為めになり易いのが通常である。11従つて多くのものは博物館といつたら単なるものの陳列場に終り、その陳列品は殆んど陳列替といふことなく、化石してその地方人から全く顧みられないやうになるのが常套である。12そこで博物館といふものの従来の認識を革め、その経営者の地方人来観者に教へたいことは何であるか、乃至その疑問、宿題に快答を与え、また新しき宿題を胎生させるやうに計画する必要がある。13つまり生きた博物館の設計をせねばならぬことである。

Ⅱ

14一．建設地の選定。市街の中心で、その市街の発展とともに歴史性を濃くする地点、市民の観覧研究に便利な地位なることが必要であるが、余りに熱閙の地域で、交通烈しく、音響、震動、及び塵埃、煤煙等の甚だしき所は避けねばならぬ。15また資料の保存上、低湿にして排水のよくない土地は好ましからず、最も適切な地域としては公園内や中央広場に接近し日当りよく、窓外に芝生や樹林の鬱蒼たる光景の見渡さるる所なら洵に申分ない。16勿論、歴史博物館の如く、由緒ある古蹟、名所環境の保存、維持等を目的とするもの例へば熱河とか輯安、或は東京城等の如き広域の古蹟を記念するために建設するものであれば、その管理が経済的で、且つ景観と最も調和することを主眼に選定するを要する。17一例すればグランドキヤニオン国立公園（米国）に於ける路傍博物館は米国博物館協会の経営する、小博物館であるが、その地点は大峡谷にのぞむ断崖上即ちグランドキヤニオン鉄道の終点駅及びその鉄道ホテルに近きプラトーの尖端になり、展示室の窓より数十哩に亘り展開される大峡谷が一望に集る絶好の地位にあり、まことに地の利を得て居るが如きである。

18二．順備時代、博物館の構成については既に述べし如く、展示といふことはその機能の一部分であつて、博物館工作の未だ熟しないうちに、早急本庁舎建築に著手するが如きは本末顛倒といふべく、建設地さへ適当の地に、適当の面積を確保して置けば、あとはその内部組織の充実とその運動の加速するにつれ、自ら建築に著手すべき最適当の時期は到来するのであるから、それまでは仮庁舎にあり努めて研究、資料の蒐集、及び民衆指導、等の展示以外の工作に努め、尚且つ余裕生じた時その蒐集資料の一部展示にあたることである。19国立中央博物館の創業以来の発展経過はかかるコースを辿つて居る。

20勿論その過程中に於て、建設予定地の地相や、本館の実施せんとする事業目的の達成の種々なる要求を充たすため、学芸員、建築家、その他有識者の合議、乃至他の既成博物館組織等を参酌し、完全なる建築設計は順次進めて行くことである。21従来の博物館は、西洋でも古城とか宮殿等が利用せられ、博物館として建築されたものが割合に少い・22あつても展示目的に偏し、近代博物館の目的を達成するに参考となるべき建築が割合に見当らぬ。23それ故、その順備時代に於て、その博物館の本来の目的を達成するに足る種々の条件、言ひ換へると内部的にはその建物の間取り、部屋の形状、大小、採光、換気、除塵及び煖房、保温は勿論、外部的には建築自体のエレベーシヨン、即ち、その機能を表象する外観様式、或は環境との調和連絡等につき慎重なる工夫を積んでゆくことである。

24博物館建築については種々の意見問題がある。25博物館は一国、一都市の「文化の象徴」であるから、最も代表的な建築でなければならんといつて、殿堂の如き豪壮、華麗さを要求するものがあるかと思へば、政府の局にあるものが、割合に文化についての理解乏しく、博物館経営者自体も、また適確な意見なく、その主張に欠けて居り、博物館本質に知識乏しき建築家の机上的な設計が具体化され、建築完成後に於て種々な点に不都合が多く、幾多苦い経験を嘗めるのが常套であるから、念にも念を入れる順備時代の経過を要するわけである。

三．建築設計上の要件

26 1．敷地は可及的に増築拡張を可能ならしめる広域を用意して置くこと。

27 2．建築資金が豊富な場合には如何なる条件をも満足することが出来るが、そういふことは稀なことであるから、継続的に増築し得る融通可能性を以つて小規模に始めること、換言すると拡張段階に於てもなるべく外観上の美を失はないやうに、またその職能を実現し得るやうにするためには、大建築の一部分を年次的に増築してゆくといふやり方よりも、管理上には多少の不便、不経済はあつても、むしろ小規模に、建造される各部分が永続性を持つ、ある程度の完全さを具備した小建築でよいと思ふ。28といふわけは、既成の大きな博物館を観覧する場合には得て心理的に一旦入館すると、その全部を見ようとするため、その出口に達した際には、全く入口での健康を失ひ、疲労困憊して、その記憶も、印象も薄く、なんのために入館したのやらわからないやうな経験をしばしば持ちがちである。29それ故博物館の価値は必しも大建築であり、また巨万の列品を所蔵するといふことだけではなく、一科一目でも学問的に観覧者を導きその宿題を解決させ、乃至宿題を胎生さすことである。

30 3．設計にはまづ内部の間取り工夫よりし、外観はこれにより、環境に即応して考へらるべきである。31旧来の博物館といへば即ち単なる展示場であつた。32然しこれは博物館機能を迅速に硬化せしめるもので展示作用はその一部分で、或は研究、資料の蒐集、保存、並に整理室民衆指導のための講堂、単独研究室、図書室等々を必要し、民衆教育機関としての設備を一応具備しなければならぬ。33更に事務室、作業室等を具備し、相互の連関、即ちなるべく経済的に管理の可能なやうに間取りを工夫せねばならぬ。

34建物の経済的であり、且つ美観を比較的失はない設計上の一要領は小さい長方形二階建位の、前記諸条件を具備した一館を先づ建設し、その都市の発達と資金の充実につれ他日必要に応じその左右両翼後方へ増築が出来、最後には此の両翼を中庭を挟んで連絡するロ型の型態を最初より予想し、完成を期するか、或は各々独立せる小建築を建て並べる方法も考へられる。

35四．展示室は公衆が安易且つ愉快な心持ちで自由に出し得るやう設計されねばならぬ。36小博物館ではその面積は全体の二分の一位を割愛し、室には隔壁を設けず、陳列ケースの適宜な配置、組合せにより、その全般を観覧し得、館長なる、学芸員は全室の監視、指導が最も容易且つ効果的なることを要する。37わが国に於ては建築構造上、どうしても地下室を必要とするから、最初の設計に於て全面積の地階を用意し、これに多くの機能をもつ部屋を配置することである。

38五．建築の様式はその地の風土、民俗に適応し、最も郷土色豊なものにすればその地を訪問する旅行者にとりても印象的である。39朝鮮扶余博物館の如きは好例である。40外観は従来の伝統の如く必しも記念館、或は殿堂風の堂々たるを要せず、寧ろ実質的にその博物館の有する職能を表現する最も素朴な様式が最も無難である。

41世人ややもすれば古い欧米諸国の博物館建築を規範の如く考へ、博物館と言へば、無条件に堂々たる大建築でなければならぬやうな錯覚から、自然その建築資金を高価に予想し、その実現が遅れ、此の事業の発達が荏苒昿日するのは洵に遺憾千万なことである。42新京南湖の国立博物館の民俗展示場の如きは此の啓蒙の一助として参考になるだらう。43前記アメリカ合衆国に於ける多くの路傍博物館の如き、博物館運動の戸外工作としてのみならず、容易なる小博物館の実現とその大なる効果を顕著に物語る好例である。44習作として小さな博物館の設計図を参考にする。

45此の小博物館は地方の小都市向きの建築である。46平屋建てであるが地下室の天井をレベルより少し持ち上げ、建築費を節約するために多分に利用したのである。47玄関の扉を二重にしたのは保温上満洲では注意すべく、ホールの面積も建物に比較して豊にしてある。48展示室はなるだけ道路に近く、安易な気持ちで入場出来るやうに設計する。49事務室兼用の研究室と展示室とを連絡したのは展示室の管理、及び入場者の指導を顧慮するためである。50研究室の内壁にはブックケースを並べ、図書室としての機能をも完からしめる。51此の室より地下室に降る階段がある。

52地下室には館の西側から入る石階がしつらへられる。53講堂は優に百名を収容し得、

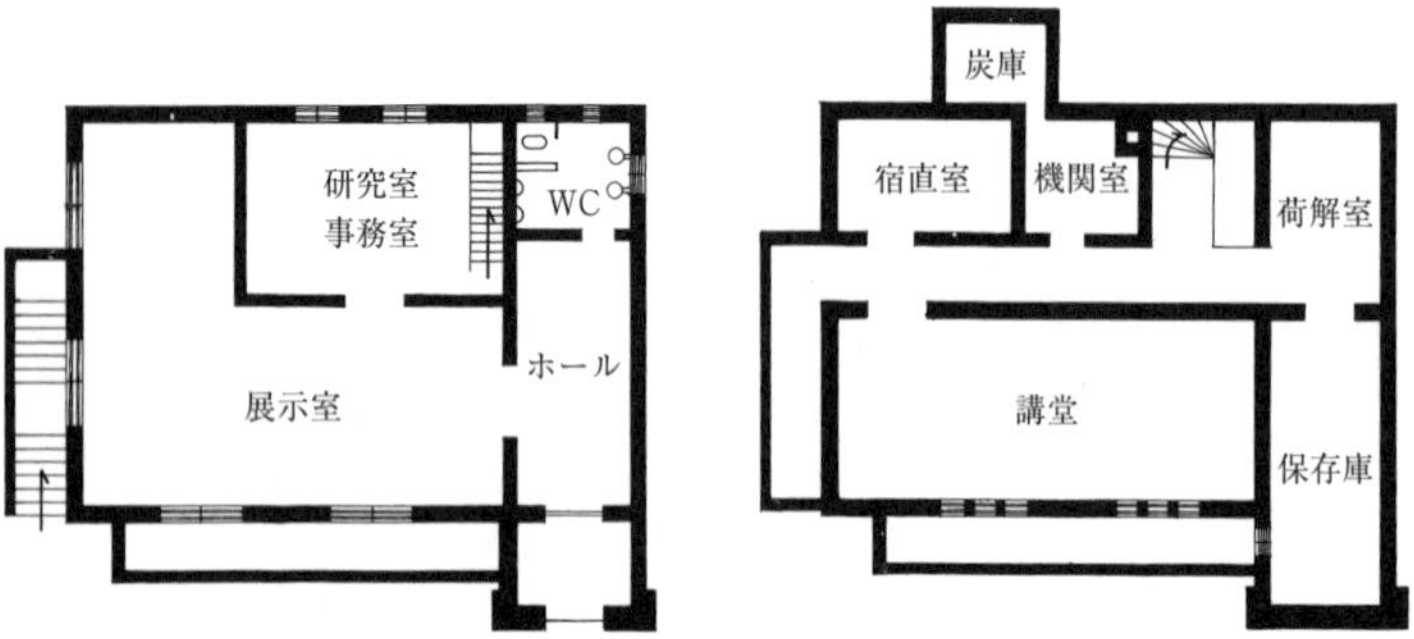

図　小型地方博物館平面図
左　第一階　右　地下室

常に市民の為めに利用されねばならぬ。54展示室の面積に近い講堂、及び、列品の陳列替えの出来るスペースとして保存倉庫及び荷解室を有することは新しい博物館の構成要素である。55荷解室は平素は食堂乃至喫茶室に利用してもよい。（藤山）

注　文中ゴシック体の番号は節番号。上下に配置されていた図を左右にするのにともない、キャプションの「上」「下」を「左」「右」に改変。

Ⅲ

二つの「博物館国家」

一　川村湊の「博物館国家」

一九九〇年代の中ごろ、川村湊の「満洲追憶」と泉眞也の「ミュージアムがつくる新しい文化」において、「博物館国家」という語が使用されることがあった。期せずして二つの「博物館国家」は、現代における藤山一雄の意味と意義を、端的に浮かび上がらせることになったのである。

まず川村湊は、「博物館国家」の語を次のように用いた。

藤山一雄は、その『ロマノフカ村』中で繰り返し、ロマノフカ村の人々にとって「信仰はほんとうの意味のリクリエーションである」と書いている。信仰中心の小さな村落共同体は、また〝リクリエーション〟の共同体でもあった。彼が構想した南湖湖畔の新京国立博物館の民俗博物館も、「五族協和」や「王道楽土」というスローガンを〝リクリエーション〟として楽しもうという発想に因っていたように思われる。つまり、藤山一雄にとっては、満洲国も「新世界」も千年王国も、一つの遊園地であり、博物館であるという考え方が、どこかに潜んでいたのではないだろうか。遊園地国家、博物館国家としての満洲国。私のこうした言い方は、歴史に対してあまりにも不謹慎なものだろうか[1]。

川村湊の「博物館国家」は、満洲国国立中央博物館副館長藤山一雄のロマノフカ村理解と民俗博物館理解を通じて導き出されており、その内容は「リクリエーション」の概念に等しい。別に明らかにしたように[2]、満洲国の民俗博物館は、藤山の「生活芸術」理念の試験場であるとともに、ミニSL、シンボルタワー、ベースジャンプ、ミュージアムレストラン、ネイチャートレイルなどエンターテインメントをちりばめた文字通りの遊園地であり、「楽しみながら学問出来る、その学問がすぐ自分の生活の設計に役だつ、或は情操を陶冶して生活を豊醇にする[3]」ことを目的にしたものであった。

そして、川村が藤山に認めた「博物館国家」の特質は、飯塚浩二の藤山評を援用することによってさらに鮮明になる。川村が藤山をディレッタントとみなしたのと同様、飯塚も藤山をそのように見ていたことは注意される。一九四五年四月二九日、新京の藤山宅を訪れた時のことを、飯塚は次のように記す。

図45　新京の家と藤山一雄・弥寿夫妻

博物館長の藤山一雄氏の私宅、むしろこれは私邸、を訪問。ロシア人のイコーナの蒐集など珍しいものを見せてもらえた。ジレッタントが建てそうな邸であり、室内装飾、家具一式が藤山氏の趣味に忠実な一つの別天地を作っている。政治的な含みをもたせるなら、関東軍の満洲国なんておれは知らないねといったような感じの別天地である。(4)

「ジレッタントが建てそうな邸」とは、シェークスピア博物館の建物をモデルにして新京特別市北安南胡同に作られた家のことで(図45)、一九二九年秋、イギリスのストラトフォード・アポン・エイボンにあるこの博物館を藤山は見学していた。飯塚をして「別天地」different world と言わしめた藤山の「趣味」、すなわち思想が、「関東軍の満洲国なんておれは知らないねといったような感じ」であったことは、関東軍との確執を常としてきた藤山には正鵠を射た評価である。藤山の博物館もこの意味において想念されていたに違いなく、「民俗博物館≦満洲国≦生活芸術（ユートピア）」＝「別天地」という式で理解することができる。

飯塚の藤山評を国家論に引き寄せると、川村が藤山に認めた「博物館国家」とは、「権力としての国家」ではないそれと言うことができるだろう。「現実の満洲国という巨大な政治、軍事、産業をめぐるパワー・ポリティックスの世界では、まさに何物でもありえな(5)」かったという、藤山をはじめ武藤富男、星野直樹らクリスチャンの共同性に対する川村の評もこのことを支持している。

ところで、飯塚が訪問した時の藤山は、自宅のボイラー室で火傷を負い、また満洲を離れる決意を公然にした直後であった。肉体的にも精神的にも疲弊していたにもかかわらず、飯塚が藤山にそうしたようすを認めていないのは、藤山がそれを見せなかったからであろうか。あるいは飯塚が、単に書かなかっただけかもしれない。藤山は、一七歳年下の飯塚――東京帝国大学法科大学経済学科（後に経済学部）の後輩であり、なおかつ辛辣な、現役の東京帝国大学東洋文化研究所教授――を前に、「別天地」を演じていたとしても不思議ではないのである。

二　泉眞也の「博物館国家」

泉は、次のように「博物館国家」を提唱した。

ではここ（フォーディズムのこと―引用者注）からどこに向かってもう一度旅立っていくべきなのか。そこに私はこのムーセイオン・ステート「博物館国家」というものがあるのではないかという気がしております。神と出会い、自分と出会い、そして世界と出会うということは、別の言い方で言えば文化と出会うということです。

（略）

古来から日本は海外の文化をみごとに吸収してきました。インド、中国、オランダ、イギリスなど当時の先進国から多くのことを学び日本的にアレンジして今日の文化をつくりあげてきたのです。そのことが日本は東洋文明の終着駅であると同時に西洋文明の終着駅でもあるといわれる理由でもあります。日本人は戦後五〇年の間に、物質的繁栄にのみ関心があったため肝心なことを忘れてしまったのです。

もういちど日本の原点にかえって考えてみようではないでしょうか。そうすれば、二一世紀の日本が目指すべきはミュージアム・ステートミュージアム国家、すなわちムーセイオン・カントリーであることがみえてくるはずです。(6)

「博物館国家」という用語の使用を除くと、泉の所論は凡庸と言い得る。なぜなら、泉が扱ったテーマは、わが国の博物館発達史に学べば、満洲国の藤山一雄において、すでに体験済みだったからである。藤山は言う。

思ふに近代の文明は次第に人間の主体力喪失への邪道を辿りゆく傾向にある。従つて凡てが作為に傷つき、病弱に流れ、情愛は全く枯渇し、メカニズムの絶対支配に制せられ、人間はその下に圧殺せられゆくかの観がある。民俗博物館の志すものは飽くまでも文化を人間の主体性に基礎づけ、物質万能のうちに荒みゆく人間力の確保に任じなければならない。芽をあげ延ばす働き、The working of the ground in order to raise Crops でなければならぬ。(7)

これは、満洲国の民俗博物館に関して述べた文章だが、藤山の博物館論の基調をなしてもいる。その主旨は、作為・病弱・メカニズム・物質万能への反対と、情愛・人間の主体力・人間の主体性・人間力の回復に概括でき、泉のフォーディズムへの反対と、「神」「自分」「世界」「文化と出会う」という提唱を、思想的に包括して余りある。

三　先駆する藤山一雄

藤山一雄は、次のようにも語る。

日本人は由来創始性といふよりも、模倣性及びそれを摂取、培養且つ生長せしめるモビリチーを多分に所有して居り、その多彩なる文化もかゝる結果であると言はれて居るのであるが、さて満洲に於ける過去三〇年間の生活過程を回顧して見ると案外左様でもなく、むしろ伝統的、保守的で、先住民族の亜寒帯に順応せる生活様式の如き、一向研究調査もしなければ、その長を摂り、短を補ふ努力精進の跡すら見えないのはまことに残念なことである。（略）彼等（ロシア人のこと―引用者注）の民俗を研究し、調査するといふことも、私共の大陸に於ける実際生活と遊離しないで、実際に所謂日本人独自のモビリチーを強度に発揮し、此の満洲といふわれわれには不慣れな亜寒帯地域に処する、先住民族のかなり念の入つた生活様式、その体験を摂取採用するやうにせねばならぬ。八紘一宇といふやうな概念的なスローガンの呼号や、産業計画その実施等も勿論結構なことにちがいないが、一番大切な人的資源の培養は豊かな日常生活にあるので、これを今日の状態に委して置くといふことは到底耐えられないことである。況やロシヤ人はその極東政策に関して満洲に於てこそ現在破れた形にあるけれども、その勝敗は一世紀二世紀といふ長い眼を以つて見なければ軽々に断じることは出来ない。といふのは政策的には敗れて居ても移住生活の本質に於ては確かに成功して居る。日本人は反対に政策的には成功して居るといつてもよからうが、人口移動の指導原理が決して適正とは考へられず、その生活設計に於て、その生活現状に於て成功とは言はれない、むしろ大きな破綻への断面が随所に露出して居る。私はその政治的、経済的企画もさることながら、その日常生活に対する聡明なる指導者を得て、早急に北満日本開拓民の適正なる生活様式、言ひかへれば文化樹立の緊要さを熱望する。(8)

「モビリチー」mobilityは、藤山が好んで用いた、日本人の特質に関する概念だが、泉の言う

「日本の原点」を基礎づけたそれに等しい。そして、先に掲げた「民俗博物館≧満洲国≧生活芸術（ユートピア）」という式は、満洲において政治的勝者―文化的敗者の日本という構造を転換し、「適正なる」「文化樹立」の基礎に博物館を位置づけることを主張するこの文章でも追認できる。藤山にとっての、未来かつ理想の満洲国の原像を、民俗博物館で用意しようとしたのである。

他方、泉眞也の「博物館国家」は、博物館≧博物館都市≧博物圏≧博物国家≧博物館国家という関係のうえで成立するものであった。このように両者は、博物館から国家にアプローチするという方法論は無論のこと、博物館の概念で国家を総括的にとらえ返す、あるいはとらえ返し可能である点においても共通している。すなわち、泉が構想する「博物館国家」としての二一世紀の日本は、川村湊が発見した、一九三〇－四〇年代前半満洲国における藤山の構想と通じるのである。

あるいは、博物館界に登場するや否や、泉は藤山のエピゴーネンと化したのかもしれない。「昨日もCW・ニコルさんと話をすることになりました」「彼は黒姫に住んで青少年を《ママ》のために自然学校を行っています」「ニコルさんの学校を簡単に言えば、世界中どこへ行ってもナイフ一本あれば生きていける人間をつくる学校です(9)」と、泉が例示したC・W・ニコルは、よく知られるようにヘンリー・デイヴィッド・ソローの影響を深く受けた人である。ソローの*Walden, or Life in the Woods*（邦題『森林生活』『森の生活――ウォールデン』など）は一九一一年に邦訳され、その後も版を重ねた。このことに明らかなように、多くの日本人読者を獲得し、藤山もそのひとりであった。しかも彼は、単なる読者にとどまらず、長門一宮（現在の下関市一の宮住

図 46　長門一宮の家

吉）において六年間にわたり、櫟林を開き住宅を建築して生活をするという、ソローの生活様式の追体験を試みていた（図46）。「文化に対して、技術に対してそういう人間（「ナイフ一本あれば生きていける人間」――引用者注）をつくる、それが実は私の言うムーセイオンだ[10]」とするならば、藤山は博物館副館長となる以前に、泉の言う「ムーセイオン」を実践していたのである。

さらに泉の文脈に沿えば、藤山は満洲で自覚的かつ目的意識的に異「文化と出会」い、そこから満洲国をイメージしていたことになる。藤山の、満洲における漢族中国人やロシア人等の異文化との遭遇は、中学時代のアメリカ人教師、大学時代のデンマーク農民に続くものだが、実は異「文化と出会」っていたのは独り藤山にとどまらなかった。少なくとも一九四五年以前の日本人の五〇人に一人が、何らかの満洲体験を有していたという指摘[11]を想起すれば、泉の言う「文化と出会う」というテーマの一部が、日本人と日本の博物館にとっては経験済みであったことがわかる。したがって、仮に「文化と出会う」ということが向後の博物館の主題になるとするのであれば、決して新規かつ無前提におこなわれるべきでないことも、泉は明らかにしなければならなかった。「ここ数年我が国は政治も産業もだめになりました」「日本人は戦後五〇年の間に、物質的繁栄のみ関心があったため肝心なことを忘れてしまった」[12]等々戦後日本の五〇年間、さらには日本の二〇世紀に対して批判と反省を繰り返す泉だが、満洲を等閑に付した戦後日本、満洲国をはらんだ二〇世紀日本を問い返すことはなかったのである。

四　隠される権力

満洲国は終焉したが、日本は続いている。泉の「博物館国家」物語も終わらない。次のように展望する。

ものづくりで国をつくるのではなく、心づくりというのはいやな言葉ですが、ミュージアムというものによって、日本全体が大きなミュージアムになろう、世界の若者たちが日本に集まってきて、世界というのはこんなにすばらしいものだということを日本から学び、そして世界に向かって旅立っていく、日本が世界のムーセイオンになりたいということを私は考えておりまして、そういうことが実はミュージアムがつくる新しい文化だろうと思っております。[13]

ここに明らかなのは、泉の「博物館国家」の拡張イメージが、権力問題を抜きにして語られていることである。しかし、現実の世界におよぶとき権力問題は不可避であり、しかもそれが現前する関係——泉の表現を借りれば「二〇世紀の日本は、世界の産業国家でありエンジン・カントリーを目指して今日の地位を築きあげてきました[14]」という下部構造——に規定されざるを得ない以上、この展開は文化帝国主義化を宣言したものとみなすことができる。「そういうこと（＝文化帝国主義化—引用者注）が実は（日本ミュージアム・マネージメント学会がその第一回総会で掲げたテーマであるところの—引用者注）ミュージアムがつくる新しい文化」であり、この文化帝国主義化を「ぜひ皆さんが肩を組んで全国各地からいっせいに声を上げていただきたい[15]」。そのように、一九九〇年代中期日本の博物館（学）界は泉から要請されたことになる。さらにこれは、当時の文部省の政策スローガン「文化立国」とも相即する。博物館（学）界が、「文化立国」政策を博物館の側から支える「博物館立国」のトーンを濃厚にしたことを考慮するとき、産学官が協同する博物館全体主義の萌芽を認めることも容易であろう。

一方、川村湊が藤山一雄に発見した「博物館国家」には、権力からの距離が明らかに存在した。権力からの逃走と言ってよいかもしれない。権力の前には無力な存在であったが、権力が意識され相対化されていることを意味してもいる。しかし、泉の「博物館国家」には権力との関係が感じられない。相対化されてもいない。いわば、内在されていると言え、この意味において泉の「博物館国家」は、「権力としての国家」に限りなく近い。

満洲国において、官吏藤山一雄は左遷の一途を辿る「敗者」であった。パワー・ポリティクスにおいて、「敗者」がたどりつく場として博物館はふさわしい。そして、大阪万博、沖縄海洋博、筑波科学博、愛知万博などの万国博覧会に関わった泉眞也は、戦後の博覧会界においてメインストリームを進む「勝者」であった。藤山と泉の「博物館国家」のズレは、権力との関係性の違いとして理解できるのである。

五　廣瀬鎮の博物館

ところで、戦後日本の博物館界において異彩を放ち続けた人に、廣瀬鎮がいる（図47）。彼は、博物館について誰よりも多くを語り、書いた。

廣瀬は言う。「今日は、茅ヶ崎の駅を降りてからここまで三〇分かけてやってきました。裏通りに面白いものがありますね」、「茅ヶ崎でもフィールドノートにたくさん書いてきました[16]」

図47　廣瀬鎮

と――。講演会場までの町の様子をつぶさに観察、収集しながらその特徴をとらえ、「博物館を発見するという観点からいえば、茅ヶ崎の住環境、生活環境はあきらかに生活博物館を形成しています[17]」と評する。これは、国際博物館会議の定義を引用しながらも、独自に敷衍して解釈された彼の博物館像に基づいている。

海外では「学問的に価値のあるもので、恒常的に見せる施設を持っている所、それを環境も含めてすべて博物館といおう」といっています。価値が生ずるのには、歴史のプリズムを経たり、珍しいというプリズムの場合もある。大きいとか小さいとかということもあるでしょう。多くの方が価値を与えることができて、いつも見られて、〝学問〟と〝楽しい〟、この二つのことに関わっている、これが国際博物館会議の定義です。価値があり、勉強になり、楽しいというものであれば、なんでも博物館ではないかと思われます。

（略）

茅ヶ崎の町のウオッチングも、ひとつの博物館づくりではないかと思います。[18]

この主旨は、茅ヶ崎と同様、地域学習を進める名古屋の市民に向けた講演でも貫かれていた。[19]廣瀬は「博物館国家」とは言わなかったが、ここには「権力」からは程遠い、いわば人々の生活に基づく博物館像がある。「博物館国家」とは言わなかった藤山一雄に「博物館国家」を認めた川村湊にならえば、廣瀬にも藤山に類する「博物館国家」があったと言ってよいだろう。民俗博物館計画に関係するものを含めて、藤山がおこなった民俗調査は、張百泉住宅、ロマノフカ村、新京小盗児市場、烏拉、山海関、紅窰鎮であった。なかには、調査と言うよりも、廣瀬の言う「ウオッチング」に近いものもあった。そして、「楽しみながら学問出来る、その学問がすぐ自分の生活の設計に役だつ、或は情操を陶冶して生活を豊醇にする」は、「価値があり、勉強になり、楽しいというものであれば、なんでも博物館」という理解と、ほとんど重なっている。

藤山と廣瀬に違いがあるとするならば、それは、博物館を語るその先に展望していたものが何であったかにあるだろう。いま私たちに明らかなのは、少なくとも藤山には「生活芸術」が存したことである。博物館を離れた戦後の藤山は、家郷にあってもなお、これに基づき自らを「モデル農家[20]」と位置づけ、生産と生活をおこなった。一九五八年、今和次郎が藤山に贈った画賛「自然即庭園　生活即楽技[21]」が示すところは、川村が言ったように、レクリエーションであったということである。それが、彼の「民俗博物館」と「満洲国」の実践でもあった。

それでは、廣瀬は何を見据えていたのであろうか。

茅ヶ崎という町の文化、宝物の発見のなかから博物館づくりをなされればと思います。『全ての場所に文化はあるんです。それは生活です』というようなことをおしゃべりさせていただきました[22]。

廣瀬の博物館も、生活に強くかかわって存在する。「生きた人生との関係がないために全く国民生活がら《ママ》遊離し、孤立したのが多くの博物館の現状である[23]」と、博物館を批判した藤山一雄と、通じあっているのである。

注

（1）川村湊「満洲追憶」（「「大東亜」の戦後文学」第二回）『文学界』第四九巻第九号、文芸春秋社、一九九五年、二一〇頁。
(2) 犬塚康博「藤山一雄と満洲国の民俗博物館」『名古屋市博物館研究紀要』第一七巻、名古屋市博物館、一九九四年、七五-九六頁、参照。改稿して本書「藤山一雄と満洲国の民俗博物館」に収録した。
(3) 尊田是「民俗博物館に関する座談会記録」『国立中央博物館時報』第一〇号、国立中央博物館、一九四一年、一六頁。
(4) 飯塚浩二『満蒙紀行』、筑摩書房、一九七二年、一五八頁。
(5) 川村湊、前掲論文、二一〇頁。
(6) 泉眞也(日本ミュージアム・マネージメント学会事務局文責)「ミュージアムがつくる新しい文化」『JMMA会報』No.1、日本ミュージアム・マネージメント学会、一九九六年、四-五頁。
(7) 藤山一雄『新博物館態勢』(東方国民文庫第二三編)、満日文化協会、一九四〇年、一八七頁。
(8) 同「ロマノフカ村の「住」相について」『国立中央博物館時報』第七号、国立中央博物館、一九四〇年、一-二頁。
(9) 泉眞也、前掲論文、九頁。
(10) 同論文、九頁。
(11) 西原和海・田中益三「対談 「語りあえば満洲」」(連載 旧植民地の文学)朱夏の会編『朱夏』第三号、せらび書房、一九九二年、四八頁、参照。
(12) 泉眞也、前掲論文、五頁。
(13) 同論文、六頁。
(14) 同論文、五頁。
(15) 同論文、六頁。
(16) 広瀬鎮「都市と市民と博物館」茅ヶ崎の博物館を考える会編『茅ヶ崎に博物館を』二一号、茅ヶ崎の博物館を考える会、一九八九年、三一-四頁。

(17) 同論文、六頁。
(18) 同論文、八－九頁。
(19) 同（編集部文責）「生きものにとって、いま――志段味、足もとの自然と歴史を活かし文化を育てるために――」(4) 志段味の自然と歴史に親しむ会・世話人会編『私たちの博物館　志段味の自然と歴史をたずねて』第六号、志段味の自然と歴史に親しむ会・世話人会、一九八六年、一四－一五頁、参照。
(20) 藤山一雄『新しい農家』（現代教養文庫98）、社会思想研究会出版部、一九五三年、三七－四八頁。
(21)『壷南荘来訪貴名録』。本書図35参照。
(22) 広瀬鎮「都市と市民と博物館」、一三頁。
(23) 藤山一雄「新しき博物館工作」『博物館研究』第一三巻第一号、日本博物館協会、一九四〇年、六頁。

屹立する異貌の博物館

一　博物館法から逃れて

満洲国国立中央博物館とは何であったのか——。そのように問うことは、問いかけそれ自体を問うことであり、問いかける主体が何なのかを問うことである。

博物館研究者の伊藤寿朗は、現在の博物館の「足もとを問い直すため」に、満洲国国立中央博物館の副館長であった藤山一雄の著書『新博物館態勢』（一九四〇年）を、その刊行の半世紀後に翻刻した。そして筆者は、一九九五年の展覧会「新博物館態勢　満洲国の博物館が戦後日本に伝えていること」（名古屋市博物館）に際して、「日本人による博物館近代化過程を、ひとまず一九五一年制定の博物館法に収斂する文脈を座標軸にした際のひとつのケース[1]」とこれを位置づけ企画した。博物館法は、それまで無規律に発達し、かつ戦争で疲弊もした博物館の「健全な発達」を企図して、そのあるべき姿を示したものである。世の博物館はこれを参照し、博物館の支配的様式が醸成されていった。このように、伊藤による博物館の現在への問いは博物館法を問うことと同義であり、そのために筆者の動員した戦術が満洲国国立中央博物館だったのである。したがって、このときこの博物館に与えた「進取的」という評価も、そこに博物館法の地平が開示されていたという以上、以下でなく、翻れば博物館法とそれを生み出した戦後なるものの存在拘束性を示したに過ぎない。むしろ課題は、このとき「権力のモニュメント」と仮定した博物館の本質へとすでに誘われ、「博物館法に収斂する文脈を座標軸にした」「観方自体の有効性」が問われていたのである。

なお〈権力としての博物館論〉論への思考は未完だが、金子淳の『博物館の政治学』[2]（二〇〇一年）が発表されて機運は醸成されつつあり、ラフ・スケッチは別稿[3]で試みた。しかしこれのためにも、「博物館法に収斂する文脈」とは別の文脈をたどるという、一九九五年当時の問いにしばし立ち戻ってみたいと思う。

二　博物館エキステンションというプレ戦後

満洲国国立中央博物館は、既存の南満洲鉄道株式会社教育研究所附属教育参考館と満洲国国立博物館とを統合して、一九三九年一月に官制施行された。国立博物館はそのまま奉天分館となったが、教育参考館の資料とスタッフとを移転して成立した新京本館は自前の建物を持つことができず、複数の貸ビルに分散入居した。その一箇所は、一九四〇年にナチュラル・ヒストリーを主とする大経路展示場となるが、これの開設以前から博物館は、アメリカのミュージアム・エクステンションに範をとる活動「博物館エキステンシヨン」を繰り広げた。

博物館エキステンションとは、一九二九年の世界恐慌以後、財政危機に陥ったアメリカの博物館が、生き残りのために市民からの寄附等の獲得を目指して博物館の外へとそのサービスを拡大した経営策である。戦時統制下で本庁舎を建築できず、いわゆる博物館外での活動を不可避とした満洲国国立中央博物館であったから、博物館エキステンションは危機下の博物館経営策として合理的に受容されたようだ。標本と映写機・フイルムを携え小中学校を巡回した移動講演会、現役の小学校教員を受け入れて標本整理・講義・実験指導をした現地入所科学研究生、不特定多数の市民に向けて講演・映画・コンサートを提供した博物館の夕、レクリエーションを兼ね野外で自然観察をおこなった科学ハイキング、戦後の博物館友の会の先駆けとも言える満洲科学同好会、外部の学術団体である満洲生物学会との連携、その他展覧会開催、文献発行などと多岐にわたり、一九四四年にいたってもなお、移動博物館や通信講義という新規事業計画を公表していた。

この様子は、旧来の単にモノを陳列する博物館の対立項として新しく、一九三〇年代の自然科学者たちによる博物館運動がめざしていたところとも通じ合っていたが、これを総合的かつ一挙に実施した点に、満洲国国立中央博物館の他に対する優位性があった。そして博物館エキステンションを含め、この時期に懐胎された博物館論が、博物館法として戦後に定着してゆくのである。

三　副館長藤山一雄の民俗博物館

また満洲国国立中央博物館には、民俗博物館計画があった。これは、「南満農家、北鮮民家、日本開拓民住居、ゴルヂの校倉式小屋、オロチヨンの天幕、北満農民の家、乾燥地帯に於ける泥土の家、小廟、ラマ僧の家、蒙古包、及び三河地方ロシヤ人の丸太小屋等」(4) 満洲国内の民家を建て、そこに住民をも住まわせて生活を展示する野外民俗博物館である。新京の南湖南畔の用地を民俗展示場として漢族の住宅一棟を建て、開館することなく終焉した。

民俗博物館のモデルはスウェーデンのスカンセンにあったが、民俗文化の保存にとどまらず、これを推進した副館長藤山一雄の意向を色濃く反映するものとなった。一九一〇年代前半、北海道に酪農指導に来たデンマーク人農家での体験で彼は、後に〈生活芸術〉としてまとめあげてゆく考えを抱く。そして渡満以前の一九二〇年代前半に、R・W・エマソンおよびH・D・ソローにも傾倒して、〈生活芸術〉を家族で実践した。キリスト教信仰を核に、疎林を開き、自ら住居を建て、食を律するその生活は、「文化を人間の主体性の上に基礎づけ、機械主義、物質万能のうちに亡び行かんとする人間力の確保」(5) という民俗博物館の基本理念を先行的に体現するものであった。つまり民俗博物館とは、藤山一雄の〈生活芸術〉を満洲国のレヴェルで実現する際の方法論だったのである。この直接の原型も、一九三五年に彼が提言した農村生活博物館に認めることができ、文字通り藤山一雄の博物館であった。

「現住諸民族の生活を如実に展示し北圏生活を自然に順応せしめ、合理化して生活文化の水準を向上せしめようとする」[6]「生活試験場ともいふべき機関」[7]という民俗博物館だったが、かかる教育的な構成のみならず、ミニSL、シンボル・タワーとそこからのパラシュート降下、ミュージアム・レストラン、ネイチャー・トレイルなど多彩な娯楽施設が敷地内に予定され、遊園地としても構想されていたのである。

四　産業を削除した博物館法

さて藤山一雄は、文化人としてではなく産業人として満洲国の博物館づくりに携わった旨、戦後に回想している（本書「産業と博物館と藤山一雄」参照）。藤山家に保管される自筆原稿に認められるもので、これが脱稿されたのか否か、さらに公表されたのか否かはわからない。しかしこの回想は、満洲国国立中央博物館、とりわけその民俗博物館が、産業というテーマのもとに教育、文化財保護、娯楽を総合する博物館であったことを知らせている。では、この藤山一雄の回想に止目するとき、照らし出される博物館の現在とはいったい何なのであろうか。

現行の博物館法が、産業ということがらに触れているのは、「この法律において「博物館」とは、歴史、芸術、民俗、産業、自然科学等に関する資料を収集し（略）」として博物館資料の種類の一つに掲げる第二条のみである。しかし一九五一年二‐四月段階の法案では、博物館法の目的に「教育、学術及び文化の発展に寄与するとともにあわせて産業の振興に資する」ことが登場し、博物館の目的でも「「博物館」とは、歴史、芸術、民俗、産業、自然科学等に関する有益で価値のある資料（以下「博物館資料」という。）を収集し、保管又は育成し、展示して教育的配慮の下に一般公衆の利用に供し、その教養、レクリェーション、調査研究、産業等への応用に資し、あわせてこれらの資料に関連する調査研究及び事業を行うことを目的とする施設」として、産業への積極的なかかわりを定義しようとしていた（傍線は引用者による）。しかしその年の一二月、産業への関係を削除して博物館法は公布される。この転変の理由は不明だが、通俗的には大日本帝国期の産・軍・学協同を分断する意図の作用を認めてよいのかもしれない。いずれにしても、すでに帝国の軍隊は解体され、産業からも切断されて、博物館は専ら学の範疇となることにおいてその戦後を開始したのである。

五　産業系博物館の脱博物館化

では、博物館法以前の日本において、博物館と産業とはいかなる関係を有していたのであろうか。博物館研究者の椎名仙卓の研究成果に学べば、おおよそ次のように整理できる(8)。日本の博物館は、そのはじまりにおいて資本主義近代化に関わる諸テーマを未分化のうちにはらみ、一八七五年の段階で、おおむね内務省の博物館（現在の東京国立博物館の前身）が殖産興業と古器旧物保存を、文部省の博物館（現在の国立科学博物館の前身）が教育振興をあつかうという関係に整備されてゆく。産業というテーマを有した内務省の博物館は、その後、一八八一年に内務省から分離した農商務省の所管となり、さらに一八八六年、宮内省の所管となった段階でこのテーマを喪失する。

こうして日本の博物館発達史上のシンボル館から産業というテーマがなくなるが、シンボル館を手放した後の農商務省は、一八九六年、農商務省貿易品陳列館を設置し、それはじきに農商務省商品陳列館（一八九七年）に改組、改称されてゆく。[9] そして、こうした中央の動向と相前後して、全国に物産陳列所（館・場）、商品陳列所（館・場）の設置が進み、一九二〇年、農商務大臣の定める「道府県市立商品陳列所規程」の公布へといたる。これ以降、全国の物産陳列所等および商品陳列所等は商品陳列所と名称を統一し、農商務大臣の監督下に置かれたのである。

往事から現在までを貫く、博物館すなわち教育系のそれとする観方からすれば、物産陳列所等は博物館とみなされない。椎名は、物産陳列所等を「一種の〝産業を主体とした博物館〟」[10]ととらえたが、商品陳列所等にまでにはおよぼさなかった。しかし、商品陳列所等が物産陳列所等から展開したものであることに基づけば、商品陳列所等も「一種の〝産業を主体とした博物館〟」であろう。それでもなお博物館でないとするならば、これらは脱博物館化した博物館とみなすべきである。

戦前・戦中、博物館関係者は博物館の基準を定める博物館令の制定を求め、かつ中央—地方博物館の関係整備を語り、総じて合理的な博物館システムの確立こそが博物館振興の要諦と考え運動した。しかし、博物館・美術館・動物園・植物園・水族館等々扱う資料の属性ごとに、そして官・公・私立等設置主体ごとに、複雑かつ不規則に在る博物館側のロビイストとしての力量と、博物館の所轄部局たる文部省の力量とが、一九五〇年以前にこれを実現させることはなかった。こうした過程に照らすとき、産業系博物館が「道府県市立商品陳列所規程」というスタンダードとシステムを確立していったありようは、まさに博物館関係者の望むそれであったことの発見にいたる。この意味で産業系博物館は、脱博物館化した博物館だったのである。

六　企業博物館というポスト戦後

明治以来わが国の博物館は、産業主義的活用と教育主義的活用という大きく二つの外在的作用の消長のうちに推移した。それは産業から教育へのシフトであり、これを決定的にしたのが博物館法である。しかし、産業を扱う博物館がなくなったわけではなく、例えば一九三一年、「農業専門の博物館として、当業者はもとより一般大衆に農業知識を普及涵養し、農業日本の進捗発達に貢献」するために、財団法人富民協会農業博物館が大阪府高石町浜寺に開館した[11]。また、一九三七年に開館した大阪市立電気科学館は、一階を「電気器具百貨店」たる陳列所市電の店とし、館の目的である「電気其の他の科学知識及技術の普及並に向上を図る[12]」ことにとどまらず「産業開発と生産能率の増進に万全を期せんとする[13]」ことをうたった（図48）。とは言え、戦後も含め産業を扱う博物館の存在はスプロール現象の一部であり、教育系の博物館を主流とみなすことに変わりはなかった。

ところが、一九八〇年代末に企業博物館論ブームが起きる。企業立の博物館それ自体は常に存

図 48　大阪市立電気科学館

在してきたが、そこからの博物館論の提起は、博物館法が来した支配的様式に変動のはじまりを告げるものであった。企業博物館論とは、概括すればポスト・モダンな消費社会の絶対視を背景とし、それに対応した企業の論理を博物館に適応するものである。しかし、企業博物館論は不自由であった。論者の非論理性はもとより、戦後の教育主義的博物館活用の動向に規定されていたからである。すなわちこのブームは、教育主義への反対派として現れざるを得ず、したがって産業というテーマのうちに教育をとらえ返すことは無論、産業総体を展望することもできなかった。先に見たように、戦後の博物館法はテーマとしての産業を排除し、教育という領域に博物館を軟禁して彼我を棲み分けた。そのいわば聖域に挑んだのが企業博物館論だったわけだが、これが企業という形をとらなければならなかったところに戦後の博物館の陥穽があったと言えるのである。このブームが短命で、じきに国家主導のミュージアム・マネジメントにとって代わられたのも当然の成り行きであった。

　そして、事態はこれを超えて進む。一九九六年一二月に閣議決定された「経済構造の変革と創造のためのプログラム」の「新規産業創出環境整備プログラム」では、博物館は活用の対象にとどまっていたが、いまや国公立館を含め博物館それ自体が一種の企業──産業となりつつある。

七　満洲国国立中央博物館とは何であったのか

以上、藤山一雄の回想に端を発して、近代日本の博物館発達を概観してきた。では、満洲国国立中央博物館とは何であったのか――。すでに明らかなように、博物館エキステンションは、戦後の博物館法の先行的体験としてあった。そして、脱博物館化していった産業系博物館に対するとらえ返しを、民俗博物館にみいだすことも容易だろう。しかしそれは、資本主義近代化の道具として純化していった商品陳列所等ではもとよりなく、ましてや世界資本主義への適応とその延命の走狗たる企業博物館やミュージアム・マネジメントでもない。戦前・戦後と通じながら、いずれからも切断された異貌の満洲国国立中央博物館は屹立するばかりである。

このように見来ると、満洲国国立中央博物館という個体発生には、明治から現在にいたる日本の博物館の系統発生が――その途上であったにもかかわらず――凝縮されているかのようにみえる。加えて、七年に満たない期間の活動のリストとボリュームは、あたかも戦場の銃弾、市場の消費物のごとく、過剰な観念とモノに満ちた近代を一瞬のうちに体現しているかのようでもある。

ところで博物館は、辛うじて遺されたモノやコトに不滅を強いながら永遠の時間を――しかし、絶対的に不完全に――支配する。それは、空調管理のもとでレーニンや毛沢東のミイラを不滅化するのに等しい。あるいは、「千代に八千代に」「T is the star-spangled banner: O, long may it wave」。しかし、満洲国国立中央博物館の凝縮と過剰は、こうした博物館の権力性によってなし得るものではない。それでは、いったいこれは何であったのか。ここで想到するのは、永遠の時間の支配とは似て非なる、時間そのものが消去された世界の体験、つまりユートピア的体験として満洲国国立中央博物館があったのではないかということである。このことは、〈生活芸術〉という地平が現実の満洲国の地平と併行してはじめて、オロチョンの天幕と遊園地とを一つに描き得た民俗博物館にも通じている。戦後の博物館様式が隠蔽し来たり、いまなお凡百の博物館人によって隠蔽され続ける満洲国国立中央博物館は、ここに〈ユートピアとしての博物館〉をも暗示して、現代博物館批判―〈権力としての博物館〉批判の進路を指し示している、と言うことができるのである。

畢竟するに、狭義には乖離の一途をたどった教育と産業というテーマを一重に体現するという不可能を可能ならしめ、進んでは如上の洞察を惹起する満洲国国立中央博物館とは、藤山一雄が博物館と出逢った、しかも満洲国で、という奇跡だったのである。

注

(1) 犬塚康博「展覧会の肉声」犬塚康博・名古屋市博物館編『新博物館態勢　満洲国の博物館が戦後日本に伝えていること』、名古屋市博物館、一九九五年、二八頁。
(2) 金子淳『博物館の政治学』(青弓社ライブラリー17)、青弓社、二〇〇一年、参照。
(3) 犬塚康博「ジャッカ・ドフニから眺める」『月刊『あいだ』』七四号、『あいだ』の会、二〇〇二年、二一–九頁、参照。
(4) 藤山一雄「ある北満の農家」『国立中央博物館時報』第二号、国立中央博物館、一九三九年、一六頁。

（5）同「民俗博物館について」『国立中央博物館時報』第四号、国立中央博物館、一九四〇年、二頁。
（6）同「〝ある北満の農家〟のこと（三度民俗博物館について）」『国立中央博物館時報』第一五号、国立中央博物館、一九四二年、一頁。
（7）同「再び民俗博物館について」『国立中央博物館時報』第八号、国立中央博物館、一九四〇年、一頁。
（8）椎名仙卓『日本博物館発達史』、雄山閣出版、一九八八年、参照。
（9）伊藤寿朗「日本博物館発達史」伊藤寿朗・森田恒之編『博物館概論』、学苑社、一九七八年、一〇六頁、には、「一八九二（明治二五）年農商務省（貿易品）陳列所が設立され」たという記述があるが、確認できない。同書より後出となる、倉内史郎・伊藤寿朗・小川剛・森田恒之編『日本博物館沿革要覧』、財団法人野間教育研究所、一九八一年、にも登場しない。
（10）椎名仙卓、前掲書、二二三頁。
（11）「財団法人富民協会農業博物館」『博物館研究』第六巻第一一号、日本博物館協会、一九三三年、三－四頁、参照。
（12）小畠康郎編『電気科学館二十年史』、大阪市立電気科学館、一九五七年、一七七頁。
（13）同書、一五六頁。

産業と博物館と藤山一雄

一　藤山一雄と産業人

満洲国国立中央博物館の副館長だった藤山一雄は、戦後、次のように書いている。

> しかし最後に産業界から離れ国立中央博物館の創設にあたらされたが南湖畔に建てた民俗展示場の目的は日本移民の真の動向を示すための鮮満中国・ソヴェート人の北満に於ける生活実態の展示で、僕としては文化人というよりもあくまでも一産業人として堤《ママ》身する意に外ならなかっ□《?》し、努力したつもりであったが、亡国と共に一切が□《?》滅した。[1]

これは、藤山家に保管されている自筆原稿「山本丈《ママ》太郎と満洲の畜産」のなかの一文である。

また、別の原稿「山本丈《ママ》太郎と乳牛」は次のように書く。

最後の七年間の仕事は国立中央博物館の創設にあたったが、満洲経済振興の夢は棄て得ず、南湖畔の広域に満洲五族の民俗展示場を建設し、その生活実態展示に努めた。が凡てが敗戦の余波をうけ亡び尽した。(2)

山本条太郎と藤山の縁を、一瞥しておこう。一九二七年に北満・内蒙古を見学した藤山は、東支鉄道沿線に暮らすロシア人の生活様式に、満洲植民の合理性を認めることになる。そして、ロシア人とは対照的な、満鉄社員の生活様式を批判する随筆を新聞に載せたところ、当時満鉄の総裁であった山本がこれを読んで藤山に興味を抱き、藤山に会う。山本は藤山に、産業視察のための洋行をすすめ、受諾した藤山は満鉄嘱託として一九二九年七月から一九三〇年一月にかけて欧米を旅行した。これが機縁となって藤山は、関東軍から「満洲国独立宣言」案の起草を依頼されたり、満洲国国務院実業部の初代総務司長に就任するなど、満洲の中央各界との関係ができてゆく。

藤山にとってキイ・パーソンとも言える山本を回想した二つの文章は、タイトルや構成から、同じ原稿の別バージョンと考えられる。先後関係は不明であり、公表されたか否かも確認できていない。しかし、満洲国国立中央博物館新京本館の民俗展示場（以下、民俗博物館と称する）への藤山の関与が、「文化人というよりもあくまでも一産業人として」あるいは「満洲経済振興の夢は棄て得ず」おこなわれていたとするくだりに、注意が向けられることになった。

民俗展示場と「産業人」「経済振興」という組み合わせは、今日的にいささか異様である。博物館の「健全な発達を図」ることによって、「国民の教育、学術及び文化の発展に寄与する」とした博物館法の目的から逸脱しているように見える。本章は、藤山のこの言説の意味を、政治のアナロジーを用いながら、博物館発達史のなかに問おうとするものである。

二　綱領としての産業

ここで、同じころの日本に目を転じよう。一九二八年三月に誕生した、文部省外郭団体の博物館事業促進会は、設立の趣旨を「欧米の諸国が到る所に完備せる博物館を有し、教育、産業、美術其の他に盛に利用せられ文化の向上に寄与しつゝあることは、足一たび欧米の土地を踏みたるものゝ誰しも経験せし所ならん[3]」と開始し、文中で「博物館の職能と其の教育学芸及び産業等に及ぼす影響とを力説して[4]」ゆくことが急務と主張した。設立前の二月、同会発起人会が各方面に発送した勧誘状でも、博物館事業の不振により、「教育、産業、美術等一国文化の発展上其恩恵に浴することが出来ず非常な不利益を蒙つて居ります[5]」と訴えていた。

博物館に関する言説において、教育、産業、美術あるいは学芸を挙げるのは、このころまでには通有のことだったようである。たとえば、一八九六年の「博物館設立ノ建議」にある「諸学科ニ関スル各種ノ用品ヲ初メ実業上ノ物件ニ至ルマテ悉ク網羅シテ遺スコトナシ[6]」の句の背景には、教育・学問と産業の契機が感じとれる。一九一九年の「（帝国―引用者による）博物館完成ニ関スル建議」では、「学者ノ研究ニ資シ一ハ民衆ノ智徳ノ増進ニ資シ、延テ産業ノ発達ニ貢献スル」[7]ために博物館設置を求め、一九二二年の「理化博物館建設ニ関スル建議」も、「産業経済貿易」[8]を導き手として理化博物館の要を説いていた。

任意に掲げると、このほかにも、一九二七年一一月、秋田県教育会が県知事に建議した博物館建設は、「本県ノ産業教育ノ振興ヲ期スルヲ以テ目的トスル」[9]もので、一九二五年一〇月、当時の皇太子（のちの昭和天皇）が同県を行啓した際に言った「一層教育産業ノ振興ヲ期スベシ」[10]を根拠にしていた。一九二八年八月、仙台市議会議員有志による市長、市議会議長にあてた建議は、「郷土博物館ヲ建設シテ、教育産業ノ向上発展ヲ計ル外無之」[11]とする。一九二九年五月、文部省主催の博物館講習会で文部大臣も、博物館の目的を二つ掲げ、「一つは之を以て国家文化の発達に資せなければなりませぬ」とし、「他の方面に於きまして産業の発展改良、之に処する方法も社会教育の一つでなければならぬのであります」[12]と訓示していた。

一方で、同月の博物館並類似施設主任者協議会では、文部大臣祝辞が博物館について「教育ノ振興」[13]のみを言い、来賓祝辞が「学芸教育ノ機関」たる博物館の不振によって「我ガ文化発展ノ上ニ及ス影響、殊ニ産業教育、芸術等ノ上ニ蒙テ居ル不利益ハ実ニ非常ナモノデアリマス」[14]と指摘する。さらに別の来賓祝辞が博物館を「社会教育上将タ産業上、必要欠ク可カラザル機関」[15]と言うなど、一様でないようすも認められた。教育と産業は、人びとのあいだでゆるやかに意識され、そのときどきの状況に応じ、あらわれたりあらわれなかったりしていたように思われる。

三　綱領的産業の後退

そして、綱領的に産業を語ることは、次第に見られなくなってゆく。一九三〇年、博物館事業促進会から文部大臣に宛てた「博物館施設ノ充実完成ニ関スル建議」は、「中央並ニ地方ニ於ケル各種ノ博物館並ニ類似施設ヲシテ能ク其ノ特色ヲ発揮シ、教育学芸上大ニ貢献スルトコロアラシメントスル[16]」と書いていた。一九三〇年一〇月、同会主催の第二回全国公開実物教育機関主任者協議会では、会長の林博太郎が、博物館を「公衆のために、教育のために利用されるといふ風にしたいものだと思ふのであります[17]」と言い、文部大臣祝辞も博物館を議論することで「大イニ国家教育ノ伸張ニ寄与セラレムコト[18]」を期す旨述べている。一九三二年六月、第四回全国博物館大会がおこなった、文部省諮問「博物館に関する法令制定に当り留意すべき事項如何」に対する答申は、「博物館は学芸に関する資料の蒐集保管陳列及び研究をなし、一般の教育並に学術の研究に資するを以て目的とすべきこと[19]」を第一に掲げた。このように「産業」が見られなくなり、「教育・学術」が前面に出てくるのである。

綱領的な産業をあらわす語の最終的な放逐は、戦後の博物館法がおこなう。日本博物館協会による一九四六年の「博物館並類似施設に関する法律案要綱」の第一項、「国民の教養慰安学校教育の補充及び学芸の研究に資することを以て目的とする[20]」とした。一九五〇年、棚橋源太郎が作成した「博物館動植物園法」の第二条も、博物館を「公衆の鑑賞及び教養、児童生徒の学習、並に学芸の研究に資することを目的とする施設をいう[21]」と定義している。関係者による一九五〇年の「博物館、動物園及び植物園法草案」は「学術、文化の振興に寄与する[22]」とし、その修正案は「国民の教育と文化の発展[23]」に寄与するへと変更した。ちなみに、未発に終わった一九四一年の「博物館令（勅令案）」第一条も、「国民ノ教養並ニ学術研究ニ資スルヲ目的トス[24]」であった。教育・教養と学術に資することが前景化する点において、戦中、戦後は等しい。

一九五〇年の後半以降、文部省内で進められた法案の検討で、一瞬、綱領的産業が復活するものの、すぐに削除されて、一九五一年一二月、博物館法制定にいたるのであった[25]。

四　産業の地方的継続

産業の語は、博物館全体にかかわる綱領的な位置から失われてゆく。しかし、これにて絶滅したわけではなく、博物館の部分、すなわち地方の博物館にかかわる言説では継続していた。

一九四六年、「本邦博物館、動物園及び水族館施設に関する方針案」は、第八項で「地方博物館、地方動物園、地方植物園、地方水族館は、中小都市に建設し、主として当該地方民衆の知識及び趣味の向上、地方産業の発展家庭生活の改善等に資することを目的とする[26]」とし、第一一項で「郷土博物館は各都市及び町村に建設し、学童、青年及び住民の愛郷精神の涵養、公民的教養の向上並に郷土の経済的発展に寄与することを目的とする[27]」と定義した。

一九五〇年の「博物館動植物園法」は、第二四条で「都道府県が設置経営する博物館動植物園は、当該地方の中心的都市、または特に必要と認められる土地に設置し、その地方の文化及び産業発達のために必要な資料、並に地方的特色ある資料を備え、同地方をおもな対象として運営するものとする[28]」としている。加えて第三二条も、「市町村が設置経営する博物館動植物園は、その地域内及び付近の、文化及び産業発達のために必要な資料、並に郷土的資料を備え、その地域をおもな対象として運営するものとする[29]」と書いた。

「本邦博物館、動物園及び水族館施設に関する方針案」が、中央博物館動植物園について「社会教育学芸研究及び慰安休養を目的とする[30]」施設であることを記し、同時に提出された「博物館並類似施設に関する法律案要綱」も、先述のとおり「国民の教養慰安学校教育の補充及び学芸の研究に資することを以て目的とする」としていたことに照らすと、中央と地方の差は、「地方産業の発展」および「郷土の経済的発展」の有無ととらえることができる。「博物館動植物園法」もまた、「知識趣味の向上並に学芸の進歩に資するものとする[31]」と記しており、中央の博物館動植物園と地方のそれらとのあいだには、「産業発達のため」の有無による差異があきらかである。これらから、「産業」のない中央博物館と、「産業」のある地方博物館という、二重構造を見て取ることができるだろう。

なお、地方博物館における産業の言説は、この時期あらたにあらわれたわけではない。博物館の中央―地方を説く博物館外部システム論[32]も、当初から二重構造のそれではなかった。博物館外部システム論の嚆矢となる、一九二八年の「本邦ニ建設スヘキ博物館ノ種類及配置案」は、中央博物館を「一国ノ学芸教育及産業等ノ発達ニ資スルタメ[33]」のものとし、地方博物館にも「当該地方人民ノ啓発産業ノ発達ニ資スル」[34]ことをその任務の一つに掲げて、産業は中央、地方に共通して存在し、一重だったのである。

ここまでをまとめると、博物館事業促進会が設立された一九二八年以降、まず、博物館全体にかかる綱領的な産業の言説が後退しはじめる。そして、中央博物館に関する産業の言説も減衰し、戦後まもなく消滅する。一方、地方博物館に関する産業の言説は継続していったが、これも博物館法制定によって終焉をむかえるのであった。

五　産業の降格

以上が、博物館に外在するところの、産業にかかわる言説の推移である。戦後博物館における産業振興のテーゼの不在は、このように形成されていった。しかし、形而下の産業がなくなったわけではなく、それは産業博物館として活況を呈するようになってゆく。

産業博物館とは、博物館の種類の一つで、博物学博物館とともに科学博物館の分化した博物館として、棚橋源太郎が位置づけたそれである。これは、科学の「基礎」と「応用」という構造を根拠にするもので、東京博物館官制（一九二一年六月二四日公布）および東京科学博物館官制（一九三一年六月一〇日改正、一九四〇年一一月九日改正）の、いずれも第一条の定義「自然科学及其ノ応用」[35]がこれに対応する。

前出「本邦ニ建設スヘキ博物館ノ種類及配置案」は、自然科学すなわち「基礎」を博物学博物館に、「応用」を産業博物館にそれぞれ分かち、その中央博物館を東京と大阪に配置することを求めていた。産業博物館は、理化、天文、数学、運輸交通、各種製造工業を包括し、さらに農事、蚕業、畜産、水産、林業などを包括する農業博物館、商業博物館、拓殖博物館、運輸交通博物館などに分化してゆくことが示された。産業博物館は、別の機会には理工学博物館と言いかえられてもいる。

本章で見てきた綱領的な産業とは、メタ・レベルとしての産業の意である。これからすれば、産業博物館の産業とはメタ・レベルから降格した産業であり、博物館分類の一つになりさがったと言うことができるだろう。

ところで、綱領的な産業を直接に体現した博物館が、かつて全国に存した。明治以降、不定形に、不安定に、断続あるいは継続しておこなわれてきた、物産や商品にかかわる博物館である。これらは、一九二〇年の「道府県市立商品陳列所規程」を固有のスタンダードとなして、脱博物館化する。[36] 脱博物館化した商品陳列所に対し、博物館側は「改造」や「拡張」を言い、博物館化をはたらきかけたが状況は変わらなかった。[37] このようにして、綱領的、メタ・レベル的な産業の博物館は基本的に失われ、以後誕生する産業（系）の博物館は、産業博物館としてしかあり得なくなっていったのである。

そして博物館法は、「この法律において「博物館」とは、歴史、芸術、民俗、産業、自然科学等に関する資料を収集し」と、ただ一度、産業の字句を記すのみとなる。産業は、博物館のあつかう資料の一分野にまで、零落するのであった。

その結末の一例が、人口に膾炙する「産業遺産」であり、それを保存・活用する博物館であろう。かつて、郷土博物館の特別展覧会が、「地方の発展特に地方産業の改善住民の健康福利の増進民風の作興に効果の多いものであらねばならぬ」として、「この趣旨から云ふと、地方産業の改善奨励に直接の関係ある農産品・畜産品・水産物・副業製品などの共進会・品評会の類を、郷土博物館で開催することも亦必ずしも不適当とは思はぬ[38]」と主張されたような、遺産などではない、行動的な産業は見る影もないのである。

六　産業、教養、大衆

藤山一雄の回想に戻ろう。「産業人」「経済振興」が出来する直接の理由は、彼が満洲国国務院実業部の初代総務司長であったことに求めることができる。実業部に登用されたのは、藤山がデンマークをモデルとする満洲国の社会を構想していたためで、冒頭で触れた、満鉄を批判した新聞投稿も「満洲国独立宣言」案も、この構想を披露したものであったと言う。

デンマーク化は、藤山の提唱した「生活芸術」とほぼ同意である。その着想は彼の大学時代にさかのぼり、渡満以前の一九二〇年から一九二六年には一家で実践もしていた。みずから「生活芸術」のモデル家族となったのである。これを一つの国のレベルに拡張したのが満洲国のデンマーク化であり、民俗博物館をそのモデルに位置づけた。

文化の概念であった「生活芸術」だが、形而下には藤山家の経営、経済の問題、満洲国の経営、経済すなわち産業の問題となる。したがって、そのモデルである民俗博物館は、「産業人」による「経済振興」のための博物館であり、「産業人」「経済振興」は民俗博物館のメタ・レベル、綱領となるのであった。

ここに、明治以降、産業化によって資本主義近代を進んだわが国の、産業イデオロギーの投影を見てよいだろう。満洲国国立中央博物館がはじまった一九三九年、明治維新をはるかに過ぎ、初期のように産業振興が強烈に意識されなくなった時代に、新興の満洲国においてこその「産業人」「経済振興」だったのかもしれない。言い方を変えれば、日本資本主義にとって「地方」の満洲国ゆえに、産業主義が「地方」の中央博物館に残存したとも。

そして、藤山の博物館論は、教養主義も有していた。総じて、産業と教養の圏内にあったのである。

加えて民俗博物館は、諸民族の建物と生活の展示のほかに、ミニSL、シンボル・タワー、ベース・ジャンプ、ミュージアム・レストラン、ネイチャー・トレイルなどを設ける構想であった。本章の主題から逸れるが、ここには、産業主義や教養主義ではない、現在のテーマ・パークやアミューズメント・パークに通じる大衆主義とでも言いうるものがある。

藤山と民俗博物館を、如上の「産業」と「教養」、さらに「大衆」において確認するとき、戦後の博物館について次のような理解を得ることができる。すなわち、戦後の博物館が産業を喪失したことは、わが国の産業化が完了したことの、精神史的あらわれだったと言える。その結果としての、教養主義の残存である。そして、一九九〇年代にいたり、博物館にも大衆主義がおとずれ、教養主義を相対化していった、と。

畢竟するに、満洲国の藤山一雄および民俗博物館とは、産業、教養、大衆という近代日本の博物館精神のトータルな体験だったのである。

七　博物館とユートピア

今回の検討を終えて、あらためて気づくのは、民俗博物館以前に藤山一雄が、産業と教養の博物館構想を示していたことである。それは、一九二六年に藤山が執筆した「五十年後の九州」に見られた（図49）。

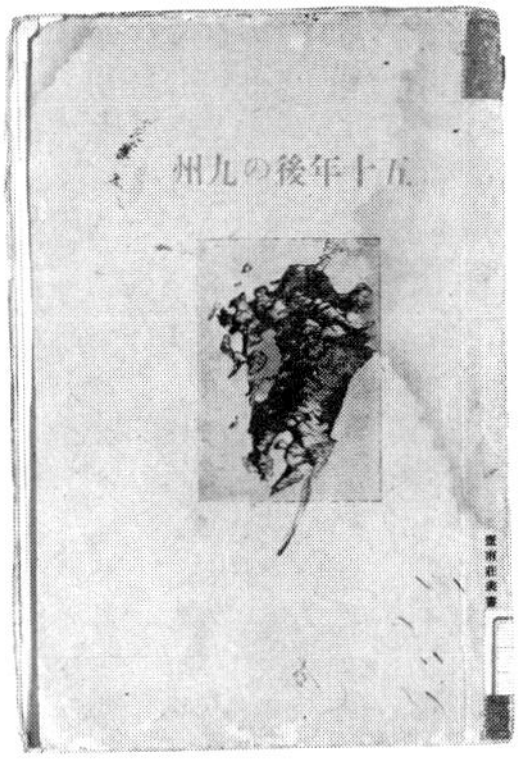

図49　『五十年後の九州』

二〇話「「陶器の都」小倉」に「陶器博物館」が登場する。これは、実在の東洋陶器株式会社を下敷きにしたと思われる架空の会社「東洋陶器」が設置した博物館で、「販売政策上の一宣伝機関でもあらうが、その結構の荘麗とその内容の豊富なる、ある外国通をして旧ドイツ帝室陶器陳列所を凌駕するものと誇称せしめてゐる[39]」と書く。「でもあらうが」による接続には、陶器博物館が「販売政策上の一宣伝機関」でない意が込められている。「その陳列は時代的に地理的にあらゆる世界の製品を組織的に網羅し、学問上に、産業上に、社会を裨益する所少くない[40]」との行文がこの理解を支持する。「学問上に、産業上に」が、本章で見てきた教養主義と産業主義の表明であることは言うまでもないであろう。

これは、道府県市立商品陳列所規程が施行された一九二〇年の六年後に書かれた。規程のことは知らずとも、各地にあった商品陳列所を藤山が知らなかったはずはない。「販売政策上の一宣伝機関」に学問的な性格をもたせながら、博物館的再構築をはかろうとしているようすが読み取れる。短い記述ではあるが、同じ「五十年後の九州」の三七話「大種苗場と植物園」が描く「九大附属植物園[41]」も、帝国大学の附属施設であることによって学問との交通が確保されていた。

そして東洋陶器は、博物館のみならず学校をも有する。

その需要は殆ど世界的で同工場が一面に複雑宏大なる工作過程による大量機械生産をなすと同時に、一面英米仏の如き老大先進国の嗜好が機械製品より更に手工芸品に移りつゝあるのを看破し、構内に大工芸徒弟学校を開設して硬質陶器の手工製作を企て今や三万の工手を抱擁するに至り、紫川に沿ふ小倉背面の土地は全部同会社の構内と化しその雄を誇りつゝある、[42]

東洋陶器の学校は、普通学校ではない職業訓練校、専門学校だが、それで一向にかまわない。それは、「陶器」というテーマによる総合、一体であり、ここで構想されているのは、「陶器の都」、陶器のユートピアなのだから。学校と博物館の関係は書かれていないが、やはり学問を介して両者が交通することは自明だったであろう。企業のもとの博物館と学校というイメージは、産業のもとの学問、教育等を総合するイメージと相似する。
民俗博物館も、このような構造を抱いて「社会を裨益する」ことが企図されていたに違いない。その社会とは、さらに前述の大衆主義をも動員することによって、もはや何ら狭義の形容をもつことのない、端的かつ全的なユートピアだったと言いうるのである。

注

（1）藤山一雄「山本丈《ママ》太郎と満洲の畜産」（原稿、八葉）。資料の調査について、梅光学院大学の佐藤睦子氏に協力いただいた。
（2）同「山本丈《ママ》太郎と乳牛」（原稿、一〇葉）。資料の調査について、梅光学院大学の佐藤睦子氏に協力いただいた。
（3）「博物館事業促進会設立の趣旨」『博物館研究』第一巻第一号、博物館事業促進会、一九二八年、一五頁。
（4）同論文、一五頁。
（5）「会務報告」『博物館研究』第一巻第一号、一四頁。
（6）「国立博物館と帝国議会」『博物館研究』第一巻第一号、四頁。
（7）同論文、四頁。
（8）同論文、四頁。
（9）「博物館ニュース／秋田県の記念博物館建設建議」『博物館研究』第一巻第二号、博物館事業促進会、一九二八年、一一頁。
（10）同論文、一一頁。

(11)「仙台市の大典記念郷土博物館建設」『博物館研究』第一巻第四号、博物館事業促進会、一九二八年、一一頁。
(12)「内外博物館ニュース/博物館講習会」『博物館研究』第二巻第六号、博物館事業促進会、一九二九年、七頁。
(13)「本会主催博物館并類似施設主任者協議会」『博物館研究』第二巻第六号、一二頁。
(14)同論文、一三頁。
(15)同論文、一三頁。
(16)「博物館施設ノ充実完成ニ関スル建議」『博物館研究』第三巻第五号、博物館事業促進会、一九三〇年、一-二頁。
(17)「雑録/本会主催第二回全国公開実物教育機関主任者協議会」『博物館研究』第三巻第一一号、博物館事業促進会、一九三〇年、一六頁。
(18)同論文、一七頁。
(19)「文部省諮問に対する答申」『博物館研究』第五巻第六号、日本博物館協会、一九三二年、三頁。
(20)「協会消息/本会調査会/博物館並類似施設に関する法律案要綱」『博物館研究』復興第一巻第一号、日本博物館協会、一九四六年、四頁。
(21)「博物館動植物園法」『博物館問題研究会会報』No.4、博物館問題研究会設立準備委員会、一九七一年、三二頁。
(22)「〔A-三〕博物館、動物園及び植物園法草案(二五、一一、二二)」『社会教育法制研究資料』XIV、日本社会教育学会社会教育法制研究会、一九七二年、二一頁。
(23)「〔A-四〕博物館、動物園及び植物園法草案修正案」『社会教育法制研究資料』XIV、二五頁。
(24)「〔F-一〕博物館令(勅令案)」『社会教育法制研究資料』XIV、一九二頁。
(25)犬塚康博「大東亜博物館の機構の特質」『博物館史研究』No.2、博物館史研究会、一九九六年、二

六-三二頁、同「制度における学芸員概念――形成過程と問題構造――」『名古屋市博物館研究紀要』第一九巻、名古屋市博物館、一九九六年、三九-五八頁、参照。いずれも改稿して、同『反博物館論序説――二〇世紀日本の博物館精神史』、共同文化社、二〇一五年、に収録した。
(26)「協会消息/本会調査会/博物館並類似施設に関する法律案要綱」、五頁。
(27)同論文、五頁。
(28)「博物館動植物園法」、三五-三六頁。
(29)同論文、三六頁。
(30)「本邦博物館、動物園及び水族館施設に関する方針案」、四頁。
(31)「博物館動植物園法」、三四頁。
(32)犬塚康博「博物館外部システム論」千葉大学大学院人文社会科学研究科編『千葉大学人文社会科学研究』第一九号、千葉大学大学院人文社会科学研究科、二〇〇九年、九一-一〇六頁、参照。
(33)「博物館施設に関する建議」『博物館研究』第一巻第四号、一頁。
(34)同論文、二頁。
(35)国立科学博物館編『国立科学博物館百年史』、国立科学博物館、一九七七年、二一三・二七〇・三四三頁。
(36)犬塚康博「屹立する異貌の博物館」『学芸総合誌　環』Vol.10、藤原書店、二〇〇二年、二二八-二二九頁、参照。改稿して本書「屹立する異貌の博物館」に収録した。
(37)同「商品陳列所改造論」千葉大学文学部日本文化学会編『千葉大学日本文化論叢』第一一号、千葉大学文学部日本文化学会、二〇一〇年、九三-一〇六頁、参照。
(38)棚橋源太郎『郷土博物館』、刀江書院、一九三二年、二六七頁。
(39)「一等当選論文(6)/五十年後の九州/洞海を懐く大都市の出現/世界的陶器の都となれる小倉市/大連　藤山一雄」『大阪毎日新聞〔九州版〕西部毎日』、一九二七年一月一二日。

（40）同記事。

（41）「一等当選論文（10）／五十年後の九州／牛の歩を続ける久留米市／有明海を圧する大干拓事業の進捗／大連　藤山一雄」」『大阪毎日新聞〔九州版〕西部毎日』、一九二七年一月一六日。

（42）「一等当選論文（6）／五十年後の九州／洞海を懐く大都市の出現／世界的陶器の都となれる小倉市／大連　藤山一雄」。

〔補説〕機能主義ならざるもの、反博物館

藤山一雄の博物館実践と博物館理論の特徴は、機能主義と機能主義ならざるものとからなる二重性にあった。

学芸員を寸考したとき、「このようなことを考えなくても実務はできる!? 左様、狗もまた、自分がなぜ狗なのかを考えなくても、走ることはできるのだった(1)」と結んだように、現実の博物館を運営するだけであれば、内には博物館資料の収集保管、調査研究、公開教育の機能が備わり、それが果たされていればよく、外には、時代の流行に応じて産業主義や教養主義、大衆主義などの機能があればよい。それ以上それ以下でもない。そうした戦後博物館の理論的基礎たる機能主義を視軸にすえるとき、それとは別の時間、空間が藤山にあったことの理解にいたるのである。

藤山の初期博物館論は、一九二六年の懸賞論文「五十年後の九州」に応募した作品のなかで披露された。五〇年後、つまり一九七六年ごろの博物館を想像するという意味において、おのずと

藤山の理想する博物館が描かれることになり、それが陳列場中心ではない研究機能を前景化する博物館となったことは、別に検討と評価をおこなったとおりである。[2] 一九三〇年代後半における、研究機能を中心とする自然博物館の設立運動や、一九九〇年ころ、新設の公立博物館で喧伝された研究主導型博物館に先駆けた、博物館発達史から見て正鵠を射た博物館論であった。これが、藤山をして表出せしめた、わが国博物館研究の主流であるところの機能主義である。

こうした機能論に加え、九州という歴史・社会のなかで博物館論がものされたことに注目して筆者は、藤山において「博物館は、内的な機能の集合体としてのみでなく、地理的景観や都市計画といった空間のデザインにおいても考えられていた」として、「グランドデザインのなかの博物館」[3]と呼んだことがある。このときは、博物館から公園、「公園から都市、都市から地域、地域から国家への連鎖」、あるいは「国家のなかの、地域のなかの、都市のなかの、公園のなかの博物館」[4]が感得できると言ったように、抽象性に引き寄せて評価した。しかし、「グランドデザインのなかの博物館」は、初期博物館論以降も藤山の博物館実践、博物館理論に、具体的に通奏してゆくのであった。そのようすを、以下に一瞥したい。

公園

藤山一雄の博物館論は、公園論とともによくおこなわれた。それは、早い時期の著作に見ることができ、副館長に就任して時間が経つにつれ、自身の民俗博物館に収斂してゆく。

その最初となる「五十年後の九州」は空想だが、「水前寺を中心とする森林公園は近来著しく発達し、ベルリン郊外におけるグリユーネワルドを思はせる、同園内における植物学研究所、火山博物館[5]」と、直截に書いていた。

次に一九三五年執筆の「博物館小考」では、まず、ケズウィック博物館、ヤバパイ地質学博物館、スカンセン、ロンドン科学博物館の名があがる。これらの博物館に公園は明示的でないが、ケズウィック博物館はフィッツパーク、ヤバパイ地質学博物館はグランドキャニオン国立公園にあり、スカンセンはそのものが公園のような博物館である。ロンドン科学博物館は、スカンセンが「生ける博物館」であることを言うために参照されているため、公園論の要請によるものではない。続く、チューリッヒの博物館、モナコ海洋博物館、ナショナル・ギャラリー・オブ・ブリティッシュ・アート、シェークスピア博物館、セガンティーニ美術館の列記も、ヨーロッパ各地に博物館が多数設けられていることの例示であり、公園論との関係はない。さらに、満洲国の現状分析において、満洲国国立博物館、故宮博物館、哈爾浜博物館の名があがるが、同然である。

そして満洲国の博物館を展望するに際して、「新国都の公園区域はかなり広大であるが」「スカンセンの博物館の如く満洲農村生活を彷彿せしむる博物館を造ること[6]」を提唱して、公園論から博物館論へとアプローチする。それは具体的に、黄龍公園における農村生活博物館設置を指示して、これがのちの民俗博物館となってゆくのである。

一九三九年の「博物館運動の方向」は、ベルリンの博物館島、パリ中央部の博物館群、ケズウィック博物館、カルナヴァレ博物館、ヤバパイ地質学博物館、朝鮮総督府博物館、李王職博物館、スカンセン、オランダ野外博物館の名があがり、前作と博物館を重複させながら、公園に触れてはいない。[7]

一九三九年の「満洲国立中央博物館の近況」と「博物館の使命」には、自館以外の記載はない。[8] 一九四〇年の「新博物館の胎動」は、朝鮮と内地日本の博物館一三館を挙げて視察の印象を記すが、公園との関係に言いおよぶものはない。ただし、朝鮮総督府博物館慶州分館の項で「慶州を中心とする環境が博物館そのものであることを感じさせます」[9] と言う。また、自身の民俗博物館について「新京人の大人も子供も安心して清遊出来る遊園地風にしたい」とも書く。[10]

以上から、つぎの点がわかる。

① はじまりにして公園―博物館論であったことを、「五十年後の九州」が告げている。

② 公園内にあるケズウィック博物館、ヤバパイ地質学博物館、スカンセンの三館は、その名の列記にとどまらない記述をともなって、複数の著作に登場するため、藤山の公園―博物館論参照の中心にあったと考えられる。

③ 新京での博物館論が、公園論から導入されている。

①は個別九州論に託した一般論、③は個別新京論という違いがあるものの、いずれもの開始が公園論をともなっており、藤山を象徴している。そして、③の実践となる民俗博物館が公園となってゆくところに、藤山の博物館論の中心があり、その際いつも参照されるのが②であった。

ちなみに藤山は、「余は満洲国に於て、特に丁抹に於けるが如く「国土緑化」の必要を力説すると同時に文化の地方分布、人口分布の必要と同時に、都市の森林化乃至田園化を切に提唱する」[11]として、公園論の原理とでも言うべき緑化政策を、中枢たる新京に提示している。すなわち、新京を囲繞する森林帯、郊外の広大な森林公園、伊通河上流での造林造池が、ゴビ砂漠の防砂、気候緩和、水源涵養をもたらすと説く。[12]その背景には、藤山が深く関与して開始した「東方国民文庫」の第三編『満洲の森林と文化』で、「森林の盛衰は実に国家の盛衰であります」[13]と書くのにあきらかなように、森林と国家の接続があった。藤山の博物館論は、森林―公園論に深く抱かれていたのである。

都市の中心

森林が形成されてきたものであること、また形成されてゆくものであることを考慮すれば、森林は時間を抱えた空間と言いうる。公園もそうであろう。その点を強くするのが、都市の中心部への注目である。藤山一雄は、次のように書く。

勿論中老及び老年期の都市に於て例へば回教寺院の尖塔の如き宗教的建築がその中央に恰も他の文化様式に対抗せる如く圧迫的に聳ゆる景観など、その個性的特徴を明示し、都市の品位をあげるものである、ハッセルトも『都市の建築様式はその都市の歴史、地理的位置、古さ、大きさ及び市民の精神によりて出来上つた総計である』と言つてゐるが、その住居聚団の基礎少くもその中心部が保守的な要素に富むことは、その聚落に品位永続性を与へるもので、国都建設の衝に当るに際し特に今日以後に於ても偉大なる設計者の必要が要る様に思ふ。勿論経済的様式の変化と共に常に新しき要求が住居聚団の内に入り込むことは事実で、古き保守的な中心部すら近世的目的に依るところの質的変化が、事実上起つて来る。それ故非常に長期に渡る基礎面図の決定といふが如きことは考へられないし、亦それは無益である様に思ふ。更に経済及び政治事情の変化により余りに巨大なるが為め、殆んど中心部なきが如きプランにより計画されし都市が、一朝にして整理すべからざる状態に衰頽することがある。(14)

小型地方博物館の建設地を、「市街の中心で、その市街の発展とともに歴史性を濃くする地点(15)」に選ぶべきとする件は、本書「藤山一雄の小型地方博物館論」で観た。そのうち「歴史性」の意については、上記引用文の主旨によって、たいへんよくくみ取ることができる。

「市街の発展」は、棚橋源太郎の言う「其の土地の将来が、都市の計画並市の発展する方向と何う云ふ関係にあるかと云ふことをも考慮する必要がある。斯う云ふ土地は価格も昇り、市民との接触も益繁くなる見込があるのである(16)」に対応するものであった。しかし、「市街の発展」に藤山が、土地価格上昇を展望していたとは考えにくい。重点は「歴史性」に置かれていたものと思われる。都市中心部も森林も同様に藤山が観じ、そこに小型地方博物館を設けるよう訴えたことについて、「過去と未来と現在がそこで一点に収束する〈時〉に向かって求心する上代のひとの時間(17)」の現出、あるいは反近代の徴候を詮索するのは過ぎるであろうか。

歴史、地理、自然科学

無論、藤山一雄は近代の人であったから、「上代のひとの時間」が無垢にあらわれていたわけではなく、戦略的な構成であったと思われる。藤山の短いエセーにある次の一文は、そのことを簡潔に伝えている。

六ケ敷くはなくても自ら時間的には歴史になり、場所的には地理になり、或は物的には自然科学になる。[18]

凝視することが日本文化の根源であり、ヨーロッパ的なものの観方すなわち唯物的なそれへの偏りから、唯心的なものの観方を強化することを求めた文脈の中で、凝視する対象の性格について言いおよんだ箇所である。所論の当否は別として、歴史、地理、自然科学の三項で、藤山が社会、世界を観ていたらしいことがうかがえる。すなわち、戦略である。

確かに藤山の著述は、これのどれかにあてはまることが追認できるが、歴史、地理に比して、自然科学はいささか明瞭さを欠く。それに関連して、次のようなことがあった。藤山が「五十年後の九州」でおこなった初期博物館論には、「熊本の火山博物館と植物学研究所[19]」が登場していた。それらの出自を、それまでの藤山の博物館体験のうちに探った際、「植物学は、藤山の著作を見渡すとき直接に植物分類学的なそれはなく、藤山のなかに積極的な理由が見出せない。なぜ、植物学であったのだろうか[20]」と問い、直前までの勤務先であった梅光女学院の学院長廣津藤吉の盛んな植物収集活動に接してのことだったのではないかと想像した。しかし、藤山自身が、植物ひいては植物学に通じていたようなのである。そのように想い到ると、「直接に植物分類学的な」著作の片鱗は、『満洲の森林と文化』[21]に見られるといえそうである。ほかに、次のような一文にも目が留まる。

七月といふのに沿道の野原には最う可憐な桔梗の花が淋しく咲いている、曠野の車站に停車するたびに私は窓下から果もなく展がる野原に飛び降りて色々な雑草を採集した（略）一帯に蓼科、菊科禾本科、及び莎草科のものが多く稀にはワレモカウの様な薔薇科のものや荳科に属するものも見られた、（略）私はハママツナ、コアカザ、ノビエ、ウシノシツペイ、キンエノコロ、メハジキ、シナガワハギ、タマガヤツリハマヨモギ、ヤスヒヂキ、や磯松科のハマサヂと思はれるものや珍らしいもの拾数種を採集した、大連あたりの野原で見る雑草も数多く見た、[22]

一九二九年七月後半、藤山が北満地方、内蒙古地方を旅行した際、白音太拉（パインタラ、通遼）から鄭家屯に向かう旅程で登場する記述である。さらに、国土緑化にかかわる森林論においても、植物学的基礎は不可欠かつ自明であるため、「物的には自然科学になる」の謂は、歴史や地理とともに、藤山には一般論ではなかったと言える。総じて、星野直樹による「彼はまた同時に、すぐれた誠実な科学者でもあった。／ことに満州の地質、植物、動物などについて、その知識の広いこと、観察の鋭く独創的なことは、驚嘆すべきものがあった」[23]との評に合点がゆくのである。[24]なお、上の例は、植物（学）に限られていて、博物全般にわたる藤山の経験や知識のようすは不明だが、植物を導入としてアクセシブルであったと思われる。

藤山の構えは、次のように整理できる。

a：唯物的　時間＝歴史
　　　　　場所＝地理
　　　　　物　＝自然科学
b：唯心的　日本的なるもの

ちなみに藤山は、「経済その他の文化様式に於ては、しかく満洲の条件が欧羅巴的と謂ふよりもアメリカ的であり、亦それを余儀なくされるが、その中心精神に於ては終始顕著に東洋的ならしめ度いのである」[25]と言い、満洲の都市計画について同様の構造でとらえていた。

タワー

さて、民俗博物館に構想したタワーにも、藤山一雄の歴史的、地理的動機があった。「高い塔を造つては展望台としたり、安全にパラシユートで飛びおりる事の出来るやうにし[26]」たいという藤山の弁は、民俗博物館にはいささか突拍子もないものに感じられた。テーマパーク、アミューズメントパークを援用すれば理解できるが、それは現代の後知恵であり、筆者も最初、そこに安住した。

しかし、藤山にとってタワーは、次のような次第であった。

古き長春の町の回顧を彩りしものは、実にかの赤き夕日に映ゆる、上水タンクの姿である。此の上水タンクは、遮るものなき平野面に成長せる満鉄沿線都市の姿態を、如何にメランコリックに、亦言ふべからざる甘き悲しみに似たる賑やかさを添えたことだらう。余はよく友人に語るのである。満鉄人は何故にあの上水タンクを単に上水タンクとしてのみ使用し、人間の征服欲を満足させる楽しき足場に使用させせないのか。新京附属地には今一つ、灰色の巨大な上水タンクが築造されたが、やはり市民の何人の登ることをも許さない只冷たい鉄とコンクリートの結合に過ぎない大塔である。かしこにフラツト・ルーフを造り、エレベーターを設け、カツフエの一つも許してやれば、此の上水タンクは些少ではあるがその財源にもなるだらうし、タンクそのものも生きる。(27)

引用末尾の「タンクそのものも生きる」とは、なんということであろう。上水タンクにまで、「生きる／死ぬ」の二項がおよんでいるようすには驚かされる。もちろん、藤山がそこまで考えて書いたのではなかったとしてもである。

ここで展開されているのは、新京のランドマークタワー論である。これは、「一体に平野、フラットな地盤に成長する都市はその横顔が、誠に平凡単調で、なんらかの変化を必要する[28]」から開始されていたように、自然地理、人文地理の範疇から来していた。遼陽、錦州の白塔、ニューヨークのウールワースビル、ミラノのドゥオーモ、シカゴのルネッサンス・ブラックストーン・ホテル、エディンバラ城、ホーエンザルツブルク城、ハイデルベルク城、ケルン大聖堂、サン・ピエトロ大聖堂、ノートルダム大聖堂の例をあげて、「全くその都市の姿と切り離しては考えられない程、性格的特徴をなせる、実に不可思議なる人文と地文の因果的対照であると言はねばならない[29]」と概括した。

民俗博物館のタワーの根拠がここにある。これを論じた論文「国都建設について」が、のちの民俗博物館にあたる「農村生活博物館[30]」を提起した論文「博物館小考」と、同じ著書『帰去来抄』に収録されていることは、両者の緊密な有縁を告げる。脱稿時期が、順に一九三三年、一九三五年と隔たりはあるが、この間の藤山に形而上下の大きな変化はなく、一連とみなしてよい。藤山の民俗博物館は、ランドマークという一部においてではあれ、狭くは満洲国の国都建設論、広くは世界の都市論までをも、包含するものとしてあったことが知れるのである。

リトルマンチョウクオ

筆者は、藤山一雄の民俗博物館を、「全体としてリトル満洲さらにはリトル東北アジアを描こうとしていたことがうかがえる[31]」と書いた。これは、民俗博物館の展示計画を直接に反映してのものであった。いま、博物館から公園、「公園から都市、都市から地域、地域から国家への連鎖」、あるいは「国家のなかの、地域のなかの、都市のなかの、公園のなかの博物館」という構造認識を介するとき、次のように添えたいと思う。狭義の民俗博物館はリトルマンチョウクオ（小満洲国）であり、満洲国は最大限民俗博物館である、と。それはほかでもない、藤山の生きられた世界、すなわち機能主義ならざるものの別の謂いでもある。

反博物館

さて筆者は、藤山一雄の実践と理論を編み込み、満洲国の博物館を戦略的基礎にもしながら、二〇世紀日本の博物館史を別に分析したが、(32)「博物館」の実証の一方で反証される「反博物館」の地平にたどり着くことになった。

その成果からながめると、藤山の機能主義が「博物館」であることは、言うを俟たない。あらためて、わが国の博物館論の構造を、藤山の博物館論を考慮してまとめると次のようになる。

A：機能主義（内在）博物館資料の収集保管、調査研究、公開教育
　　　　　　（外在）産業主義、教育主義、大衆主義

B：機能主義ならざるもの

そして、藤山の機能主義ならざるものが「反博物館」として横たわっている。それは、藤山の生活芸術でもある。世の博物館研究は、藤山の機能主義、「博物館」を愛でることはあっても、

機能主義ならざるもの、「反博物館」に言いおよぶことは決してないであろう。それが博物館研究でしかない限り――。

「博物館」と「反博物館」の双方を抱え、藤山一雄の博物館芸術は日本と満洲国を駆け抜けたのであった。

注

（1）犬塚康博「〈学芸員〉は〈キュレーター〉ではなかった!!」『名古屋市博物館だより』第一〇六号、名古屋市博物館、一九九五年、六頁。

（2）同『反博物館論序説――二〇世紀日本の博物館精神史』、共同文化社、二〇一五年、四四―五六頁、参照。（初出は、「藤山一雄の初期博物館論――「五十年後の九州」の「整へる火山博物館」――」『地域文化研究』第二二号、梅光学院大学地域文化研究所、二〇〇七年、一―一一頁。）

（3）同書、五四頁。（初出論文、七頁。）

（4）同書、五三頁。（初出論文、七頁。）

（5）「一等当選論文（16）／五十年後の九州／欧米先進国に匹敵する／熊本の火山博物舘と植物学研究所／大連　藤山一雄」『大阪毎日新聞（北九州版）西部毎日』、一九二七年一月二三日。

（6）藤山一雄「博物館小考」『帰去来抄』、東光書院、一九三七年、一一一頁。

（7）同「博物館運動の方向」『北窓』第一巻第二号、満鉄哈爾浜図書館、一九三九年、一九―二一頁、参照。

（8）同「満洲国立中央博物館の近況」『博物館研究』第一二巻第八号、日本博物館協会、一九三九年、三―五頁、同「博物館の使命」『国立中央博物館時報』第一号、国立中央博物館、一九三九年、一―二頁、参照。
（9）同「新博物館の胎動」『民生』第三巻第一号、民生部、一九四〇年、五頁。
（10）同論文、八頁。
（11）同「国都建設について」『帰去来抄』、五九頁。
（12）同論文、六〇頁、参照。
（13）同『満洲の森林と文化』（東方国民文庫第三編）、満日文化協会、一九三七年、五頁。
（14）同「国都建設について」、六四－六五頁。
（15）同「小型地方博物館の組立て（Ⅰ）」『国立中央博物館時報』第一六号、国立中央博物館、一九四二年、一四頁。
（16）棚橋源太郎『眼に訴へる教育機関』、宝文館、一九三〇年、四一一頁。
（17）真木悠介『時間の比較社会学』（岩波現代文庫　学術108）、株式会社岩波書店、二〇〇三年、一〇七頁。
（18）藤山一雄「「日本的」なる凝視の必要」協和会科学技術聯合部会監修『大陸科学』第一巻第六号、大陸科学社、一九四二年、九頁。
（19）「一等当選論文（16）／五十年後の九州／欧米先進国に匹敵する／熊本の火山博物館と植物学研究所／大連　藤山一雄」
（20）犬塚康博、前掲書、四九頁。（初出論文、四頁。）
（21）藤山一雄『満洲の森林と文化』、参照。
（22）同『滌靄記』、壷南荘、一九二七年、一三－一四頁。
（23）星野直樹『見果てぬ夢――満州国外史――』、経済雑誌ダイヤモンド社、一九六三年、四三頁。
（24）戦前は東京の震災復興、哈爾浜や新京の都市計画、戦後は東京の戦災復興ほか、都市計画・公園緑地行政に多くの業績をあげられた佐藤昌氏のご教示も、このことに連なるであろう。一九四二年に佐藤氏が満洲緑地協会を創設したとき、藤山一雄に評議員就任を依頼したのは、藤山の「博識と芸術に対する深い識見とによるもの」であったと教えられ（一九九五年）、具体例に藤山の森林論を示された。
(25) 藤山一雄「国都建設について」、六五頁。
(26) 尊田是「民俗博物館に関する座談会記録」『国立中央博物館時報』第一〇号、国立中央博物館、一九四一年、一六頁。
(27) 藤山一雄「国都建設について」、六六頁。
(28) 同論文、六五頁。
(29) 同論文、六六頁。
(30) 同「博物館小考」、一一一頁。
(31) 犬塚康博「藤山一雄と満洲国の民俗博物館」『名古屋市博物館研究紀要』第一七巻、名古屋市博物館、一九九四年、八八頁。改稿して本書「藤山一雄と満洲国の民俗博物館」に収録した。
(32) 同、前掲書、参照。

おわりに

満洲国は、日本人の政治、経済、科学、都市計画、写真芸術など諸分野にとり壮大な「実験場」であった。そう言われるようになって久しい。「新博物館態勢」を打ち出した博物館の分野もこのリストに加わる。それには藤山一雄が不可欠だった。藤山一雄と満洲国が交通して、博物館が躍動した。その物質と精神を、本書はながめてきた。

「はじめに」で触れたことを復そう。本人の弁にしたがえば、その思想を規定したのは、真言密教の三密の業であった。特に身密は、食生活への強い関心を彼にもたらした。さらに、このモデルをデンマークに認めて、食を軸にした生活の改善を確信するにいたる。これが、藤山の「生活芸術」のはじまりであった。その後満洲に渡ると、産業の改善、特に新しいタイプの農業の創出というテーマを具体化してゆく。彼が志向したのは酪農だったが、満洲に先住する中国人やロシア人の生活に、日本人が学ぶべきことを主張した。そのモデルを作ろうとしたのが、国立中央博物館での民俗博物館である。戦後に、文化人としてではなく産業人として博物館づくりに携わったと回想したように、これは産業の現在を変革し、その将来を展望する場たらんことを博物館に求めたこととの別の謂いである。したがって、現実に生きる人々の生活と生産に、博物館が具体的に関わるためには、従来の「単なるモノの陳列場」では能わず、「生きた博物館」へと、まず博物館自身が変わらなければならなかったのである。博物館エキステンションも、国策レベルの科学振興のための一方途であると同時に、藤山にとっては「生活芸術」実現のための前提となるべき自己変革だった。これが藤山一雄の「新博物館態勢」である。

ところで藤山は、その生涯を通じて、絵画や短歌を制作し、楽器を奏で、ものを著し、義太夫をかたり続けた。これは、自己の内部にたち帰る＝自己と対話する＝内省するための回路を持っていたことを意味するだろう。このことの証左が、満洲国国務院総務長官だった星野直樹による藤山評に見えている。星野は、藤山の多才を賞揚したあとで、「ただ、このように才能に恵まれたこの人に、一つの盲点があった。それは人と議論すること、争うことができない点であった。したがって、人と交渉して談判をし、事をまとめていく行政の仕事や、議論、闘争、妥協、和解との混合物である政治は、彼の最も不得意の分野であった」（星野直樹『見果てぬ夢——満州国外史——』、一九六三年）と書いていた。「役所の仕事が思うようにならないときには、気分転換のため、ただ一人でかみしもをつけて端座し義太夫をやると、邪念ことごとく去ると始終いっていた」（同書）とも。こうした藤山のすがたは、内向的に見えるが、外に向けてよく書く人であったことを忘れてはならない。

彼の博物館論は、欧米、とりわけてアメリカの博物館をならう近代化の主張であったが、同時に古いヨーロッパに並行させながら日本的なもの、東洋的なものを求める言説は、彼の「内省」の時代的な表現だったと言える。モダニズムそれ自身が内包するプレモダン―ポストモダンとしてのロマン主義であり、そうした彼の、内部と外部をつなげていたのが、キリスト教的な愛であった。そういうことになるであろうか――。

藤山一雄が博物館にいたのは、わずか六年半であった。博物館の専門家が、自明の職に就いたのではない。現在のように、大学などの学芸員養成課程を経て資格を有していたわけでもない。もちろん、「資料の専門家」(伊藤寿朗「第三回　資料・統計報告　学芸員問題」、一九七二年)でもなかった。

藤山が自認する「博物館のことはずぶの素人」(藤山一雄『新博物館態勢』、一九四〇年)が、博物館の内と外を隔てず関与することのできた時代があった。いいえ、「ずぶの素人」が日本の博物館を生成してきたのだと言える。その意味で日本の博物館は、大衆文化でありサブカルチャーであった。博物館の高度化、専門化が課題となるなかで、教養文化やハイカルチャーとの蜜月が期待された。わが国の博物館は、つねにこの二重性のうちにあった。

博物館が自由で居られた時代のあったことを、藤山一雄が身をもって示し、私たちに証明している。「高度」や「専門」といったスローガンを掲げながら、「資料の専門家」にとって都合のよい博物館が目指されるこんにち、そうした藤山を憶持することの重要を深く惟わずにはいられない。博物館を、生かすも殺すも、作るも潰すも大衆であり、そこに宿っているに違いない誰にも束縛されない自由が、博物館発展の根拠だと思うからである。藤山一雄の博物館芸術こそ、その自由なのであった。

謝辞

この本ができあがるまで、藤山家のみなさんにはたいへんお世話になりました。

一九九一年八月一五日、藤山家にはじめてお電話したとき、電話に出られたのは一雄さんのご長男の光太郎さんでした。光太郎さんは、この日が父一雄さんの作った満洲国の博物館の開館予定日であったことを私に告げました。まもなくして、由宇町の藤山家を訪問し、光太郎さん、奥さまの多美子さん、一雄さんのご次男の雄治郎さん、奥さまの信子さんとお目にかかりました。長州征伐の尖兵たる尾張藩の地からの来訪者は、異なものに映ったことでしょう。以来、こんにちにいたるまで、何度も訪問して、お教えをいただきました。一雄さんのご長女玲さんのご令嬢陽子さんは、幼少のころ祖父一雄さん、祖母弥寿さんと暮らした経験をお持ちでした。一雄さんと観を交わした際のお話には、はっとさせられるものがありました。いまも忘れられません。

光太郎さんは、一九九四年にお亡くなりになりました。私事ながら、ご葬儀を執りおこなった柳井の牧師さんの前任地が、私の中学の同級生が住んでいた名古屋教会だったことには、少なからず驚いたものです。そして、二〇〇七年に雄治郎さんが、二〇一〇年には信子さんが天に召されました。

いま、多美子さん、そして私と同年生まれのご子息浩一郎さんと奥さまが、藤山家を守っていらっしゃいます。この間、いくどかあった出版の機会は潰えて、ここにようやく果たすことがで

図 50　レストホーム独歩の跡

きました。惜しむらくは、お亡くなりになったみなさんにご覧いただくことができなかったことです。

満腔の敬意と感謝を表します。

本書は、株式会社共同文化社の長江ひろみさんに編集の労をとっていただきました。記して御礼申し上げます。

藤山一雄略年譜

一八八九年　四月一六日　藤山浅治郎・千賀の長男として、山口県玖珂郡神代村平原（現岩国市由宇町神東）に誕生。
一八九八年　六月二八日　母千賀逝去。
一九〇四年　三月二五日　鳴門村立高等小学校卒業。
一九〇九年　三月二五日　岩国中学校卒業。
一九一二年　七月二〇日　第五高等学校第一部甲卒業。
一九一三年　七月　農業指導で来日したデンマーク人農家（札幌近郊）で就農。
　　　　　八月　三日　伊藤小太郎・富の長女、弥寿と結婚。
一九一六年　一月　二日　長男光太郎誕生。
　　　　　七月二〇日　東京帝国大学法科大学経済学科卒業。祖父の命にしたがい帰農。
　　　　　一〇月　「新しき村」第二種会員になる。
　　　　　一二月　一日　一年志願兵として歩兵第一一聯隊に入隊。（－一九一八年二月二〇日）
一九一八年　三月　湯浅商店（湯浅貿易株式会社）に入社。（－一九一九年一〇月）
一九一九年　一月　二日　二男雄治郎誕生。
　　　　　一〇月　三力商店を設立。（－一九二一年）
　　　　　一一月　下関日本基督教会で受洗。
一九二〇年　五月二六日　父浅治郎逝去。
　　　　　七月　「新しき村」に武者小路実篤を訪ねる。
一九二一年　三月　三日　三男三郎誕生。

一九二三年　四月　一日　梅光女学院教師に就任。（－一九二六年一〇月三一日）
一九二六年　九月二二日　長女玲誕生。
一九二六年一〇月二〇日　渡満、大連着。福昌華工株式会社の創設に参画。同社庶務主任に就任。後、調査役に就任。（－一九三一年一〇月一日）
一九二七年　二月一〇日　毎日新聞懸賞論文「五十年後の九州」で一等当選。
一二月一五日　大連基督教青年会常任理事に就任。（－一九三二年三月）
一九二九年　五月　一日　満鉄嘱託を命じられ、産業組合および港湾労働事情調査研究のため渡欧、渡米。（七月二〇日－一九三〇年一月）
一九三〇年一〇月　一日　関東庁方面委員に就任。（－一九三二年三月）
一九三一年　九月　板垣征四郎、石原莞爾、河本大作の要請で「独立宣言」文案を起草。
女子人文学院講師に就任。
一九三二年　三月一四日　国務院実業部総務司長に就任。（－九月一六日）
九月一六日　監察院総務処長に就任。
一九三三年　二月　八日　官衙建築計画委員会委員に就任。
一九三五年　七月二九日　国務院恩賞局長に就任。（－一九三七年七月一日）
一九三七年　七月　一日　辞官。民生部嘱託として東方国民文庫刊行会設立、委員長に就任、同文庫の執筆・刊行。国定教科書編輯も。また、国務院総務庁嘱託として恩賞事務顧問に就任。（－一九三九年一二月二八日）
八月二七日　満洲国協和会参与に就任。
八月三〇日　国都建設記念式典委員会委員に就任。
一二月一〇日　新京特別市諮議会議員に就任。
一九三九年　三月　一日　国立中央博物館副館長に就任。（－一九四五年八月一五日）

一九四一年　五月一七日　司法部調停委員に就任。
一二月　一日　協和会首都本部委員に就任。
一二月一〇日　新京特別市諮議会議員に再任され、議長に就任。
一九四三年　三月二六日　建国十周年慶祝委員会委員・幹事に就任。
四月　一日　国歌並び国民訓起草委員に就任。
五月　一日　帝国教育会理事に就任。
五月二五日　民生部視学委員に就任。
一一月　一日　国語調査委員会参与に就任。
一九四三年　六月二五日　満洲出版協会企画審査委員会委員に就任。
七月　一日　民生部から文教部の独立にともない、文教部視学委員に就任。
一九四六年　七月二六日　引き揚げのため長春出発。（－九月三一日帰郷）
一九四七年一二月　一日　周東畜産協会創立、会長に就任。
一九四九年　四月二八日　長女上西玲逝去。
一〇月　一日　柳井女子商業高等学校長に就任。（－一九五二年三月）
一二月　一日　周東養鶏農業協同組合理事長に就任。
一九五一年　六月　三日　山口県地方労働委員会委員に就任。
一〇月　五日　神代村教育委員会教育委員長に就任。
一九五四年　一月　五日　山口県労働福祉対策審議会委員に就任。
三月　農山村文化研究会を設立し、会長に就任。
五月　七日　山口県顧問に就任。
一九五五年　この年以降、町村合併促進審議会委員、農山漁村振興対策審議会委員、町村合併調整委員、新市町村建設促進審議会委員、農業会議会員、農業改良委員会専門委員、

一九五七年一一月　三日　公明選挙推進協議会会長など、山口県の各種公職に就任。
一九六四年　五月一八日　第一四回中国文化賞受賞。
一九七五年　四月一〇日　妻弥寿逝去。
一九九〇年一一月一八日　逝去（八五歳）。
一九九五年　九月　九日　『新博物館態勢』、伊藤寿朗監修『博物館基本文献集』第四巻（大空社）として復刻。名古屋市博物館特別展「新博物館態勢　満洲国の博物館が戦後日本に伝えていること」開催。（－一〇月一五日）
一九九六年　六月　九日　由宇町町政施行七〇周年記念特別展「――郷土の先覚――藤山一雄と博物館」（由宇町歴史民俗資料館）開催。（－八月三一日）
二〇〇六年一〇月三〇日　梅光学院創立一三五周年記念・第一一回企画展「梅光女学院と藤山一雄――その人と生涯をみつめて――」（梅光学院大学博物館）開催。（－一二月一六日）
二〇〇七年　二月　一日　藤山家、藤山一雄文献等資料を梅光学院大学博物館に寄託。これ以後同館は、資料整理と展覧会を継続実施。

犬塚康博「藤山一雄略年譜」犬塚康博・名古屋市博物館編『新博物館態勢　満洲国の博物館が戦後日本に伝えていること』、名古屋市博物館、一九九五年、一一八頁、に加筆して作成。

藤山一雄主要編著書一覧

刊行年月日	書名（シリーズ名等）　発行地：発行所　＊印は編集　＊＊は広告のみ
一九〇四年　一月三〇日	少年文学会報（第一号）　神代：少年文学会＊
一九一六年一一月一五日	潮声夜話　鳴門：（自費出版）
一九二五年　五月　一日	清貧饗盤抄（壷南荘叢書第一編）　下関：梅光女学院
一九二六年　九月　一日	住宅芸術（壷南荘叢書第二編）　勝山：農民文化研究所
一九二七年一一月一五日	滌靄紀（壷南荘叢書第三編）　大連：壷南荘
月日不明	信仰の人本間先生　下関：ワーン福音書店＊
一九二八年　二月二〇日	食卓三昧（壷南荘叢書第一編）　大連：還元社
一〇月二〇日	五十年後の九州（壷南荘叢書第四編）　大連：還元社
一九三〇年　三月　五日	心境の世界（壷南荘叢書第五編）　大連：還元社
六月二〇日	碧山荘生活風景（三版）　大連：福昌華工株式会社＊
一二月一五日	群像らをこをん　大連：多以良書房
一九三一年　六月一五日	碧山荘　大連：福昌華工株式会社＊
一九三三年　四月一六日	于監察院長哀思録　新京：満洲国監察院総務処＊
四月三〇日	南山雑記（壷南荘叢書第六編）　大連：還元社
一九三五年　三月二八日	赭土に還る　群像ラオコオン　東京：大日本報国会本部
一九三六年　六月一〇日	三密抄（壷南荘叢書第八編）　新京：満洲行政学会
一九三七年　九月一八日	帰去来抄　新京：東光書苑
九月二〇日	新満洲風土記（東方国民文庫第一編）　新京：満日文化協会

刊行年月日	書名（シリーズ名等） 発行地：発行所 ＊印は編集 ＊＊は広告のみ
一二月一五日	満洲の森林と文化（東方国民文庫第三編） 新京：満日文化協会
一九三八年 三月二六日	満洲森林与文化（東方国民文庫第三編） 新京：満日文化協会
五月三一日	農民の世界（東方国民文庫第七編） 新京：満日文化協会
一九三九年 一月 一日	満洲の地理学（建国読本第二編） 新京：満洲帝国教育会
一九三九年 二月	満洲国民歌曲集 第一輯（東方国民文庫外編） 新京：満日文化協会＊
五月二〇日	新しくシベリアを観る（東方国民文庫第一二編） 新京：満日文化協会
七月 一日	シベリア記念展 面白読本 附録シベリアに関する文献 新京：満日文化協会＊
七月 五日	清貧饗盤抄 改訂版（第三版） 新京：満洲図書株式会社
一九四〇年 三月一〇日	大陸随想 新京：満洲帝国教育会
五月三〇日	ある北満の農家（満洲民俗図録第一集） 新京：満日文化協会
一〇月二〇日	新博物館態勢（東方国民文庫第二三編） 新京：満日文化協会
一九四一年 四月 一日	北満に於ける白露エミグラントの農牧生活 新京：満洲帝国協和会中央本部
四月二〇日	ツングース民族の宿命 新京：満洲帝国教育会
九月二〇日	ロマノフカ村（満洲民俗図録第二集） 新京：満日文化協会
一九四二年一一月一〇日	ロマノフカ村 東京：満洲移住協会
一九四三年 五月二〇日	伊藤公の生涯 新京：藝文社
六月 五日	大東亜戦争と文化母胎（大東亜文化建設叢書第一輯） 新京：満洲帝国教育会
一九四四年 九月一〇日	満洲風土記 上巻（共著） 奉天：満洲日報奉天支社
一一月一五日	冬を愉しく（共著） 新京：国民画報社
一九四五年 三月	烏拉（満洲民俗図録第三輯） 新京：満日文化協会＊＊
（一月一日以降）	満洲博物館めぐり 不明：大陸少国民刊行会＊＊

一九四九年一〇月一〇日　鶏との協同生活　柳井：周東養鶏農業協同組合孵化場＊
　　　　一二月二五日　農民の世界　札幌：北海道農産漁村文化協会
一九五〇年　六月　五日　周東のヒヨコ　柳井：周東養鶏農業協同組合孵化場＊
一九五一年　四月二八日　白き躑躅　上西玲追悼録　由宇：（私家版）
　　　　　　六月二五日　廣津先生の生涯　下関：梅光女学院＊
一九五三年　六月　五日　新しい農家——明日の農村——（現代教養文庫九八）　東京：社会思想研究会出版部
　　　　　一一月　　　えほんせいしょ　第一巻　（武藤富男共著）　東京：キリスト新聞社
一九五四年一二月　　　　えほんせいしょ　第二巻　（武藤富男共著）　東京：キリスト新聞社
一九五七年　三月二〇日　スイス山村の生活（新生活シリーズ九）　東京：新生活運動協会
一九六〇年一二月一五日　冷たい炎　第一部　東京：くろしお出版
一九六三年　一月　三日　歌集　三密抄（壷南荘叢書第九編）　近江八幡：湖声社
一九六四年　七月　一日　藤山一雄妻弥寿哀思録　弥寿（壷南荘叢書第一〇編）　由宇：（私家版）
一九七二年　四月一六日　イエスの世界　京都：マリア書房

犬塚康博「藤山一雄編著単行書一覧」犬塚康博・名古屋市博物館編『新博物館態勢　満洲国の博物館が戦後日本に伝えていること』、名古屋市博物館、一九九五年、一一八頁、に加筆して作成。

図・表一覧

図1　家郷の景色　一九九四年　筆者撮影
図2　『清貧饗盤抄』（一九二五年）藤山家提供
図3　『住宅芸術』（一九二六年）藤山家提供
図4　「五十年後の九州」新聞連載初回　『大阪毎日新聞〔九州版〕西部毎日』（一九二七年）
図5　太平洋上の藤山一雄　一九三〇年　藤山家提供
図6　周東養鶏農業協同組合、農林大臣賞受賞　一九五六年　藤山家提供　（前列中央付近賞杯をもつ白髪の人が藤山一雄）
図7　『帰去来抄』（一九三七年）藤山家提供
図8　満洲国国立博物館　一九三六―一九三八年ごろ　『新博物館態勢　満洲国の博物館が戦後日本に伝えていること』（一九九五年）（以下、新博物館態勢展図録と略す）
図9　哈爾浜博物館　一九四〇年　新博物館態勢展図録
図10　本城ビル前の藤山一雄と博物館員　一九三九―一九四一年ごろ　新博物館態勢展図録
図11　日本博物館協会第九回全国博物館大会　『博物館研究』第一二巻第一一号（一九三九年）（前列座る人左から三人目の後ろが藤山一雄）
図12　斎藤報恩会博物館　『斎藤報恩会開館記事』（一九三三年）
図13　『天象館案内　星の劇場』（一九四〇年）
図14　鳳来寺山自然科学博物館　二〇一三年　筆者撮影
図15　『新博物館態勢』（一九四〇年）藤山家提供
図16　新博物館態勢展チラシ（一九九五年）

図17　慶州博物館　藤山一雄画　一九三九年　『新博物館態勢』（一九四〇年）　藤山家提供
図18　国立中央博物館新京本館施設位置図　筆者作成
図19　『ある北満の農家』（一九四〇年）
図20　民俗博物館の新聞記事　一九三九－一九四〇年ごろ　藤山家提供
図21　『ロマノフカ村』（一九四一年）　藤山家提供
図22　民俗展示場平面図　『国立中央博物館時報』第八号（一九四〇年）から筆者作成
図23　張百泉の住宅　藤山一雄画　『ある北満の農家』（一九四〇年）
図24　張百泉の住宅平面図　『ある北満の農家』（一九四〇年）
図25　民俗展示場第一号館平面図　『国立中央博物館時報』第一七号（一九四二年）から筆者作成
図26　民俗展示場第一号館外観（南東から見る）　『国立中央博物館時報』第一五号（一九四二年）
図27　民俗展示場第一号館内部（南東から見る）　『国立中央博物館時報』第一五号（一九四二年）
図28　民俗展示場第一号館正房　『国立中央博物館時報』第一五号（一九四二年）
図29　民俗展示場第一号館西廂房・西外廂房　『国立中央博物館時報』第一五号（一九四二年）
図30　民俗展示場第一号館外観（建国忠霊廟から見る）　『国立中央博物館時報』第一五号（一九四二年）
図31　樺太庁博物館　『博物館研究』第一五巻第二号（一九四二年）
図32　天理教の朝鮮館　『天理参考館四十年史』（一九七三年）
図33　『宗教公園五色園』　一九九六年
図34　『周東のヒヨコ』（一九五〇年）　藤山家提供
図35　『壷南荘来訪貴名録』　藤山家提供
図36　民俗展示場跡地　一九九四年　筆者撮影
図37　『樺太原始民族の生活』（一九四三年）
図38　赤松啓介　一九八五年　見晴台遺跡（名古屋市）　筆者撮影

図39 『案内』（一九四〇年） 新博物館態勢展図録
図40 博物館員（前列左から四人目藤山一雄、五人目遠藤隆次） 新博物館態勢展図録
図41 棚橋源太郎 『棚橋源太郎――博物館にかけた生涯――』（一九九二年）
図42 増築の理論モデル（一：コールマン論文、二：藤山論文） *Manual for Small Museums*（一九二七年）、『国立中央博物館時報』第一六号（一九四二年）から筆者作成
図43 棚橋論文の博物館建物計画 『眼に訴へる教育機関』（一九三〇年）
図44 コールマン論文の博物館建物計画 *Manual for Small Museums*（一九二七年） 筆者加筆
図45 新京の家と藤山一雄・弥寿夫妻 一九三五年ごろ 藤山家提供
図46 長門一宮の家 一九二〇年－一九二六年ごろ 藤山家提供
図47 廣瀬鎭 一九八五年 志段味地区会館（名古屋市） 筆者撮影
図48 大阪市立電気科学館 『電気科学館二十年史』（一九五七年）
図49 『五十年後の九州』（一九二八年） 藤山家提供
図50 レストホーム独歩の跡（一九七二年に藤山一雄が予告した美術館「イスラエル館」の地） 一九九四年 筆者撮影（藤山雄治郎・信子夫妻の案内による）
表1 『新博物館態勢』の構造（章・節・図版）
表2 『新博物館態勢』の章の関係と構造
表3 藤山論文・棚橋論文・コールマン論文の構成の対応関係

初出一覧

はじめに：「渡満以前（一八八九－一九二六年）」犬塚康博・名古屋市博物館編『新博物館態勢　満洲国の博物館が戦後日本に伝えていること』、名古屋市博物館、一九九五年、八〇頁、「在満時代（一九二六－一九四六年）」犬塚康博・名古屋市博物館編、前掲書、八四頁、「引き揚げ後（一九四六－一九七五年）」犬塚康博・名古屋市博物館編、前掲書、九四頁。「「博物館」以前の藤山一雄」は書き下ろし。

I

『新博物館態勢』の徴候——「博物館小考」：「「博物館小考」解説」『博物館史研究』No.1、博物館史研究会、一九九五年、一〇－一四頁。

ダブルアレンジメントの先駆——「新博物館の胎動」：書き下ろし。

二重性の博物館論——『新博物館態勢』：「藤山一雄『新博物館態勢』を読む」橋本裕之編『パフォーマンスの民族誌的研究（二〇〇五～二〇〇七年度）』（人文社会科学研究科研究プロジェクト成果報告書　第一四四集）、千葉大学大学院人文社会科学研究科、二〇〇八年、七一－九〇頁。

II

藤山一雄と満洲国の民俗博物館：「藤山一雄と満洲国の民俗博物館」『名古屋市博物館研究紀要』第一七巻、名古屋市博物館、一九九四年、七五－九六頁、「朝鮮館とユートピア」『博物館史研究』No.6、博物館史研究会、一九九八年、一一－一二頁、「君知るや満洲国の民俗博物館をII　藤山一雄の民俗博物館論」『歴史民俗学』五

号、批評社、一九九六年、二四三―二六一頁（一部）。

民俗博物館生活展示の難題：「隠蔽のディスクール――佐々木亨「満洲国時代における観光資源、展示対象としてのオロチョン」批判」『博物館史研究』No.12、博物館史研究会、二〇〇二年、二一―二八頁。

藤山一雄の学芸員論：「藤山一雄の学芸員観　補論――博物館制度一九九六年改定批判」『名古屋市博物館研究紀要』第二〇巻、名古屋市博物館、一九九七年、九五―一〇四頁。

〔補説〕藤山一雄の博物館は恩恵だったのか――学芸官と民衆：書き下ろし。

藤山一雄の小型地方博物館論：「藤山一雄と棚橋源太郎――小型博物館建設論から見た日本人博物館理論の検討――」『名古屋市博物館研究紀要』第一八巻、名古屋市博物館、一九九五年、四三―五九頁。

Ⅲ

二つの「博物館国家」：「「博物館国家」小考」『博物館史研究』No.5、博物館史研究会、一九九七年、六―一二頁。
屹立する異貌の博物館：「屹立する異貌の博物館」『学芸総合誌　環』Vol.10、藤原書店、二〇〇二年、二二五―二三一頁。
産業と博物館と藤山一雄：「産業と博物館と藤山一雄」『地域文化研究』第二五号、梅光学院大学地域文化研究所、二〇一〇年、一―八頁。
〔補説〕機能主義ならざるもの、反博物館：書き下ろし。
おわりに：「なぜ、〈新博物館態勢〉という考えが生まれたのか？」犬塚康博・名古屋市博物館編、前掲書、七九頁。

藤山一雄の博物館芸術

——満洲国国立中央博物館副館長の夢

二〇一六年四月十六日　初版発行

著　者　犬塚康博
装　丁　須田照生
発行所　株式会社　共同文化社
〒〇六〇-〇〇三三
札幌市中央区北三条東五丁目五番地
電話〇一一-二五一-八〇七八
http://kyodo-bunkasha.net/
印　刷　株式会社　アイワード
製　本　株式会社　石田製本

Museum as Artistic Creation by Kazuo Fujiyama:
Dream of Vice Director of National Central Muse-
um of Manchoukuo

ISBN 978-4-87739-283-3 C3000

著者略歴

一九五六年二月、名古屋市生まれ。関西大学文学部史学科卒業、千葉大学大学院人文社会科学研究科博士後期課程修了。博士（文学）。名古屋市博物館、北方少数民族資料館ジャッカ・ドフニなどに勤務。現在は、考古学、博物館史を論じる。著書に『反博物館論序説――二〇世紀日本の博物館精神史』（共同文化社、二〇一五年）、『戸山屋敷銅鐸考』（名古屋市博物館、一九九二年）、共編著書に『北方少数民族資料館ジャッカ・ドフニ展示作品集［改訂版］』（二〇〇二年、ウイルタ協会）、『新博物館態勢　満洲国の博物館が戦後日本に伝えていること』（一九九五年、名古屋市博物館）、論文に「古墳時代」（『新修名古屋市史』第1巻、一九九七年）など多数。

索　引

凡例　（　）は索引語中のもの。〔　〕は補足説明。

カ　行

サ　行

タ　行

ナ　行

ハ　行

マ　行

ヤ　行

ラ　行

ワ　行